西南民族大学法学院学术文库

文化财产的刑法保护

国际和国内的视角

CRIMINAL PROTECTION OF
CULTURAL PROPERTY

INTERNATIONAL AND DOMESTIC PERSPECTIVES

赵 琪／著

社会科学文献出版社
SOCIAL SCIENCES ACADEMIC PRESS (CHINA)

目　录

引　言

　　物品一旦成为财产，有了可用金钱衡量的价值，人类社会便有了对这种物品的法律规范。文化财产最初便是由国内财产法上的规范才逐渐进入国际刑法领域的，这不仅因为文化财产的金钱价值，更因为人类社会对于文化财产的历史、文学、宗教、考古及科学价值的衡量。总体而言，即文化财产的价值也就是打击文化财产犯罪所要保护的文化财产的两种价值：财产价值和文化价值。对于这类财产在国际领域最早的破坏来源于战争，故而这也使得战争法成为保护文化财产最古老的法律形式。和平时期出现的盗窃、非法贩运及非法交易则让文化财产的保护有了一种新的保护形式，在国际社会的全面禁止与通力合作下对犯罪行为的打击，也让各个国家对此类犯罪的情形有了更多的认识。

　　在叙述文化财产犯罪及其刑事制裁前，笔者先讨论两个概念——文化财产与文化遗产，也为后文文字上的运用做个说明。

　　总体来说，文化财产是一个历史范畴，其内涵和外延随着历史的发展而不断变化；而文化遗产则是现代社会的产物，是为配合非物质文化遗产概念的出现而诞生的一个术语。而且，由于各国或地域用语习惯的差别，两个概念也出现相互混用之势，二者在使用上并没有泾渭分明的禁忌。

　　文化财产一词首次在国际法律文件中出现是在 1954 年的《海牙公约》（即《关于发生武装冲突时保护文化财产的公约》）中。之前的各个国际法律文件虽然明确对文化财产进行刑事上的保护，但多以"专用于宗教、艺术、科学等建筑物或历史纪念物"或相关财产这样的表述表明对于文化财产的保护。而 1954 年的《海牙公约》明确提及文化财产一词，同时以列举的方式昭告全世界哪些财产属于在武装冲突下受法律保护的文化财产，其范围包括了可移动的或不可移动的有形文化财产。1954 年的《海牙公约》也首次提及了"文化遗产"一词，公约全文有 3 处提及文化遗产，其中两处出现在序言——"缔约各国……确信对任何民族文化财产的损害亦即对全人类文化遗产的损害，因为每一民族对世界文化皆作有其贡献；考虑到文化遗产的保存对于世界各地民族具有重大意义，该遗产获得国际保护至为重要"，另一处出现在定义文化财产范围之时——"为本公约之目的，'文化财产'一词应包括下列各项，而不问其来源或所有权如何：1. 对每一民族文化遗产具有重大意义的可移动或不可移动的财产"①。从公约的序言来看，文化财产的范围大致相当于文化遗产，公约将对任何民族文化财产的损害视为对全人类文化遗产的损害，也可以说，民族文化财产就是人类的文化遗产。但在公约第 1 条对文化财产范围的规定来看，文化财产的范围又明显大于文化遗产的范围，公约所指之文化财产除包括民族文化遗产外，还包括"主要和实在目的为保存或陈列"民族文化遗产之可移动文化财产的建筑和纪念物中心。② 但对于文化遗产的范围公约未明确注明。

对于文化遗产范围有明确规定之公约当属 1970 年《关于禁止和防止非法进出口文化财产和非法转让其所有权的方法的公约》，它不仅明确了文化财产的范围，对之前国际公约所指之文化财产进行了扩充性阐释，将文化财产的范围扩展至古生物学意义上的标本、具有历史意义的家具物品及古乐器等有形的财产，还第一次对文化遗产的范围做了明确的说明：认定对国家具有重要意义的，经原主国主管当局同意由考古学、人种学或自然科学团体所获得的，经协议实现交流的，作为赠送品而接收或合法购置的所有文化财产都是缔约国的文化遗产。③ 但公约中所指之文化遗产是有形文化财产的一部分，还未出现无形文化遗产之概念。

此后，大量的公约开始使用文化遗产这一术语。1972 年在巴黎通过的《保护世界文化和自然遗产公约》不仅确立了具有历史、艺术、科学价值的文化遗产的范围，还提出了自然景观、考古地址也具有自然遗产的属性。1975

---

① 《关于发生武装冲突时保护文化财产的公约》（1954 年）序言、第 1 条第 1 款。

② 《关于发生武装冲突时保护文化财产的公约》（1954 年）第 1 条第 2、3 款。

③ 参见《关于禁止和防止非法进出口文化财产和非法转让其所有权的方法的公约》（1970 年）第 4 条。

年世界遗产委员会颁布的《实施世界遗产公约操作指南》以及 1994 年对该《指南》的修订都使用了"文化遗产"这一概念，并且在《指南》及其修订中规定了收录在《世界遗产目录》中的 6 大标准，1994 年《指南》还扩大了文化遗产的范围，增加了"技术类、现存文化"类遗产。2001 年联合国教科文组织通过了《水下文化遗产公约》，文化遗产内涵继续扩展，从陆上扩展至水下。2003 年联合国教科文组织通过的《保护非物质文化遗产公约》在上述公约基础上又有一大突破，其将保护的对象从有形的物质文化遗产扩展至无形的非物质文化遗产。

从国际公约的历史发展可以看出：首先，文化财产与文化遗产两个概念几乎同时产生，但文化财产范围的确定早于文化遗产，也就是说对于文化财产保护的意识先于文化遗产保护；其次，文化财产和文化遗产的范围相互重叠又各自有所突破，文化遗产包括有形的和无形的文化财产，但不是所有的有形文化财产都可以被称作文化遗产。对于受保护财产的刑事立法，国际社会仍以文化财产叙述：如 1998 年的《国际刑事法院规约》规定，受保护的对象包括具历史、宗教、科学等价值的文化财产，而没有突出文化遗产这一概念。国际社会区别这两个概念并不是出于财产权和人权的原因，简单来说更可能是保护的时期从武装冲突时期走向和平时期，保护的对象从有形扩展至无形而产生的结果。

不过，与国际公约不同的是，文化财产与文化遗产两个概念在各国家的国内立法之中，却常常被相互交错使用，也有一些国家使用另外的术语，如我国的文物概念。在两个概念诞生之前，各国通常在立法中明确表明保护的文化财产的种类，如英国 1882 年的《古代遗址保护法》、1887 年的《历史纪念物保护法》以及 1913 年的《保护历史古迹法》，日本陆续颁布的《古器旧物的保存法》、《古社寺保存法》等都通过受保护的具体文化财产的名称来对法律法规进行命名。之后逐渐过渡到古物、国宝等类似的称谓，如日本的《国宝保存法》、中国民国时期的《古物保护法》等。随着文化财产和文化遗产在国际社会的通用，这两个词语也为大多数国家所接受，各国开始在设立文化财产保护法律之时，冠以"文化财产""文化遗产"的名称，如美国 1983 年的《文化财产公约执行法》、加拿大 1975 年的《关于加拿大出口文化财产和向加拿大进口非法从外国出口的文化财产法》、意大利 2004 年的《文化与景观遗产法典》、澳大利亚 2012 年的《保护世界文化和自然遗产法》、日本和韩国的《文化财保护法》。而以"文物"这一称谓进行立法的也存在，如埃及 1983 年的《文物保护法》（2010 年修改为《文化遗产保护法》）、我国 1982 年的《中华人民共和国文物保护法》等。这些立法之中也均有刑事制裁措施的规定，并未对文化财产与文化遗产这两个概念做严格意义上的区分。

基于此，本书采用"文化财产"这一概念展开论述，也符合与国际社会针对财产犯罪的刑事打击相吻合这一目的。但在述及特殊的法律规定之时，如相关文化遗产的国际公约以及特定国家立法之时，本书保留其原有称谓不做更改。

第一章　有关文化财产刑法保护的国际条约述论

在漫长的历史进程中，人类创造了不计其数的文化财富。这些文化财富构成了人类文明的基石，奠定了民族文化的基础，它们"增进了对人类文明的认识、丰富了各国人民的文化生活并激发了各国之间的相互尊重和了解"①。遗憾的是，这些文化财富并非每一笔都能得以传承和发展，一些毁于自然灾害，更多的则遭到人为的破坏。战争是文化财产遭受毁损最初、最直接，也最暴力的因素。在战争中，战胜者总是故意劫掠、破坏文化财产，或将其作为有价值的"战利品"留存、挥霍，或将其作为灭绝被征服者的一种手段，因为消灭他们的文化财产，就等同于消灭他们的文化信仰。因而，对于文化财产的国际刑法保护渊源于战争、诞生于战争、更发展于战争。② 直至现代，文化财产破坏的新方式突起，更多地以盗窃、非法走私、非法进出口等手段呈现，因而针对文化财产刑法保护的国际条约不再局限于对武装冲突时期的破坏行为的规范，对和平时期文化财产的破坏行为的惩处也得以加强。因此，本章将文化财产刑法保护国际条约的历史发展脉络分为四个时期进行述评：萌芽、形成、发展以及延伸拓展时期。

一　在战争法中萌芽

（一）概述

文化财产国际刑法保护的立法最早可以追溯到公元 15 世纪，当时意大利

---

① 1970 年《关于禁止和防止非法进出口文化财产和非法转让其所有权的方法的公约》序言。

② 在国际法上对武装冲突中文化财产的保护主要是通过人道主义法来实现的。参见李永胜、朱勇《武装冲突中文化财产的保护》，《法学杂志》1999 年第 1 期。

罗马教廷为了防止艺术品的破坏与流失，颁布了历史上第一部保护特有文化财产的专项法令①，规定艺术品不得从教皇领地出口，这算是世界上第一部旨在防止艺术品被破坏与流失的国家法令。随后，基于文艺复兴等历史原因，艺术品开始逐渐被认同为一种特殊的物品，16 和 17 世纪掀起了保护艺术和文化财产的立法运动。不过，真正意义上的文化财产保护工作始于 18 世纪中叶，由于工业革命的爆发引起的对旧城市的改造运动，引发了人们对古迹遗址命运的关注，由此古建筑最先被纳入了文化财产保护的范畴，开始了将古建筑纳入文化财产法律保护的历程。不过那时的"文化财产的执行主要依靠一些非刑罚的措施，例如返还、恢复原状和没收被盗物品。威慑和报应原则所起的作用不大"②。正是这些对文化财产保护的早期探索，催生了文化财产国际保护在战争法中的萌芽，战争法最早即是从建筑物开始对文化财产的保护的。

人们对于战争看法的转变，也自然改变着人们对于战争中剥夺敌人物品是否正当的态度：侵占敌人土地的同时，掠夺他们的某些财产不再被视为具有正当性而被认为应当有所节制。格老秀斯认为，在战争中应免予被摧毁的财产包括"诸如廊柱、神庙、雕像以及所有其他高雅优美的作品和艺术的纪念物"③，因为它们是人类的荣耀。恣意地去掠夺、摧毁艺术纪念物和典范的建筑物，无疑是人类公敌的行径。④ 不可否认，正是这种朴素的人道主义观念成了武装冲突下文化财产保护的缘由，自然法精神为文化财产国际刑法保护的起源提供了理论根基，因而越来越多的规范武装冲突的条约规定了对文化财产的保护，以及"专门涉及冲突时被搬走的文化财产的条款，而且通常都规定必须予以返还"⑤。"首先是档案，后来是艺术品"，正如希腊历史学家 Ployisu（公元前 202～前 120 年）认为，在战争中允许摧毁敌人的要塞和堡垒

---

① 郑育林：《国际文化遗产保护理念的发展与启示》，《文博》2010 年第 1 期。

② 〔美〕詹姆斯·A. R. 纳夫齐格：《关于保护文化财产的国际刑法措施》，周叶谦译，《环球法律评论》1986 年第 6 期。

③ 〔荷〕格老秀斯：《战争与和平法》，何勤华等译，上海人民出版社，2005，第 442 页。

④ Jiri Toman, *The Protection of Cultural Property in the Event of Armed Conflict* (Dartmouth: Publishing Company, 1996), p. 5.

⑤ 联合国教科文组织：《武装冲突情况下保护文化财产：1954 年〈海牙公约〉及其两项议定书》，http://www.unesco.org/culture/museum/1954kit_zh_1jul2010.pdf，最后访问日期：2014 年 3 月 3 日。

一类的敌人财产，但如果毁灭寺庙、雕像以及其他神圣物品则是疯子的行为。[①]

由是，各种性质的法律文件或条约越来越多地涉及冲突时被搬走的文化财产（按照当时对该词含义的广泛理解）的条款。[②]《利伯守则》便是其中最早的一部。经历过拿破仑战争的美国国际法学者利伯，在受命为美国军队制定作战管理守则（即《利伯守则》）之时，信守其在《政治伦理学》一书中的理念，即对艺术或科学作品的不必要的破坏都是犯罪。[③] 因之，他将这种理念贯彻进了《利伯守则》的条文之中。之后，国际社会陆续出现了多部关于战时保护文化财产的文件和公约，其中比较重要的包括：1880 年国际法协会制定的《牛津陆战法规手册》（简称《牛津手册》）、1874 年布鲁塞尔会议上通过的《关于战争法规和惯例的国际宣言》（简称《布鲁塞尔宣言》）、1899年海牙国际和平会议通过的《海牙第二公约》附件《陆战法规和惯例章程》（1907 年修订后成为《海牙第四公约》附件）以及 1907 年《海牙第九公约》附件《关于战时海军轰击公约》。这些文件的颁布对文化财产的国际刑法保护具有开篇意义，也奠定了文化财产国际刑法保护的基调。

（二）从《利伯守则》到 1907 年两个海牙公约

1. 《利伯守则》、《牛津手册》和《布鲁塞尔宣言》

1863 年的《利伯守则》是德裔美国国际法学家弗郎西斯·利伯（1800～1872）协助美国联合陆军部和林肯总统起草的一部军队法令（第 100 号军令），即《美国政府关于战场作战的指南》，又称《利伯法典》。《利伯守则》首次尝试将当时已有的战争法和习惯法汇总，并将其适用于作战部队。该守则对文化财产免于遭受战争的破坏做出了详细的规定：在战争中受保护的文化财产包括教堂、艺术品博物馆或科学博物馆等不可移动建筑物，以及古典

[①] Jiri Toman, *The Protection of Cultural Property in the Event of Armed Conflict* (Dartmouth: Publishing Company, 1996), p. 4.

[②] 联合国教科文组织：《武装冲突情况下保护文化财产》，http://www.unesco.org/culture/museum/1954kit_ zh_ 1jul2010.pdf，最后访问日期：2014 年 3 月 3 日。

[③] See Wayne Sandholtz, *Prohibiting Plunder: How Norms Change* (Oxford: Oxford University Press, 2007), p. 81.

艺术品、科学收藏品或珍贵仪器等可移动物品（第 31、34、35 条）；上述财产即使在被包围或炮击时处在防御工事里面，也必须被保护以避免可能的伤害（第 35 条）；无论如何，上述财产不得被出售或抛弃，也不得由私人占用、肆意破坏或损坏（第 36 条）；战胜者避免出现传统捕获和战利品制度带来的主要后果，禁止恣意破坏、掠夺或毁坏财产（第 44、45 条）。这部原本只适用于一国国内战争的法律文件，并不具有国际条约的地位，但由于其在战争规则方面制定得如此周密完整，以至于成了战争法的一种模式，并被其他国家所接受和援用，逐渐成为武装冲突中文化财产保护法典编纂的范例和战争惯例，开创了武装冲突中文化财产保护思想发展的新局面。

1874 年，刚刚经历了普法战争（1870～1871 年）中斯特拉斯堡教堂和图书馆被毁事件的欧洲 15 个国家的代表，在比利时首都布鲁塞尔齐聚，他们推动通过了一份从未生效的草案——《布鲁塞尔宣言》。《布鲁塞尔宣言》中关于战时文化财产保护的规定，延续了 1863 年《利伯守则》的相关内容，因为宣言毕竟就是在守则的基础上修改而成的，因而宣言的条文与守则的内容是如此相似。尽管如此，宣言与《利伯守则》相比还是有着不小的进步，它明确澄清了文化财产作为私有财产之概念，去除了守则一定条件下可扣押或没收文化财产的规定。宣言对于故意破坏或毁损文化财产的行为规定由主管当局启动诉讼程序，这对于文化财产的刑法保护而言是极大的进步，第一次以法律的形式规定文化财产破坏或毁损的行为应当接受法律的制裁。

1880 年在利伯等学者的推动下，国际法研究院成立。在日内瓦召开的会议上，研究院委派一个委员会专门研究了 1874 年《布鲁塞尔宣言》，并就其中文化财产保护的相关问题向研究院提交了意见和补充建议。研究院的这些工作最终促成了 1880 年《牛津手册》的通过。此手册以战时保护文化财产为重要内容，规定：私有财产必须受到尊重（第 54 条）；禁止掠夺文化财产，禁止摧毁没收的文化财产（第 34 条）；不能扣押市政当局的财产，也不得扣押有关宗教、慈善、教育、艺术和科学机构的财产（第 56 条）。不过，手册对私有财产一概不能被没收设定了"基于军事需要的例外"，也称"军事必要"原则，规定"除军事必要所迫切需要之外，对此类机构①、历史纪念物、

---

① 指本条前款所规定之宗教、慈善、教育、艺术和科学机构。

档案、艺术或科学作品的破坏或故意的毁损，均被正式禁止。"（第53条）现代战争法规定的"军事必要"原则，通常被理解为"实现军事目的的需要不解除交战国尊重国际法的义务"①。虽然"军事必要"原则的运用及其意义一直是理论界争论的话题，但在文化财产在武器冲突中的保护这一问题上，"军事必要"原则却一直沿用至今。

虽然《利伯守则》、《布鲁塞尔宣言》、《牛津手册》都不具有国际法律效力，但以上三个文件都规定，战时掠夺文化财产的行为是非法的，必须积极采取措施（直至以主管当局提起诉讼的方式）在战争时期保护文化财产。这三个法律文件所共同认定的战时保护文化财产的规则为后来1899年和1907年两个《海牙公约》等法律文件所采用，作为早期引导性条款为文化财产国际刑法保护奠定了基础，有着开创性的意义。

2.《陆战法规和惯例章程》和《关于战时海军轰击公约》

继1874年布鲁塞尔会议后，受到明智的文化财产保护思想的启发，1899年海牙国际和平会议通过了《海牙第二公约》的附件《陆战法规和惯例章程》。它在参照上文三个法律文件的基础上，对于战时文化财产的保护进行了细致的规定，是对国际陆战法规和习惯的编纂。1907年，第二次海牙和平会议对1899年的章程进行了修订，将其作为1907年《海牙第四公约》的附件《陆战法规和惯例章程》予以通过。1899年和1907年的章程对于文化财产在战争期间的保护明确提出②：在武装冲突下应采取一切必要的措施，尽可能保全用于宗教、艺术、科学和慈善事业的建筑物；被围困者有义务标识这些建筑物或场所，并事前通知敌方（第27条）；私有财产不得没收（第46条）；正式禁止抢劫（第47条）；宗教、慈善、教育、艺术和科学机构的财产，无论所有人为何者，均应作为私有财产对待。同时，对这些机构、历史性建筑物、艺术和科学作品的任何没收、毁灭和故意的损害均应予以禁止并受法律的追究（第56条）。除此而外，章程同样也规定了"军事必要例外"，对应当保护的建筑物"以当时不作军事用途为条件"（第27条）。

---

① 孙君、陈解：《战争法"军事必要"原则的理论阐释》，《西安政治学院学报》2006年第1期。

② 《陆战法规和惯例章程》（《海牙第四公约》附件，1907年10月18日订于海牙），http://www.icrc.org/chi/resources/documents/misc/hagueconvention4-18101907.htm，最后访问日期：2014年3月13日。

至此，有关战争的国际立法中正式写入了对文化财产的保护，并明确了违反这些规定应受法律的追究。虽然章程的规定与前三个法律文件的内容大体差不多，但相较之前的三个不具有法律效力的文件来说，此次立法使战争中对文化财产的保护有了法律的拘束力，使得国际社会对战时侵犯文化财产的犯罪行为的惩治有法可依。

也在 1907 年，《海牙第九公约》（全称为《关于战时海军轰击公约》）通过，目的是保证战争中海上轰击时对文化财产的保护，国际社会赞同将 1899 年、1907 年陆战章程中的原则扩大适用于海军作战行动这一方式。相较于《陆战法规和惯例章程》而言，《关于战时海军轰击公约》第 5 条的规定更加具体，"在海军进行轰击时，指挥官必须采取一切必要的措施，尽可能保全宗教建筑、文艺、科学和慈善事业的建筑物、历史纪念碑、医院和伤病员集合场所，但经谅解，上述建筑物不得同时充作军事用途。居民应将这些纪念碑、建筑物或集合场所，用明显的记号标出，即在大的长方形木板上按对角线划分为两个三角形，上面部分为黑色，下面部分为白色。"① 这样的规定，将战争中在海上进行轰击时尽可能避免对建筑物、历史纪念物的毁损的义务施加于指挥官，使其成为法律责任的直接承担者，提升了条款的可操作性，有效减少了对所保护的文化财产的毁损。

综上，1907 年的《陆战法规和惯例章程》和《关于战时海军轰击公约》规定了战时文化财产的保护原则，首次承认了文化财产的特殊性和对其予以保护的必要性。这两部规约在保护对象的规定方面延续了以前法律文件规定之建筑物、历史纪念物等不可移动文化财产，军事需要的除外规则也继续适用，此外还创设了受保护文化财产的标识规则等。这些内容使得战时保护文化财产这一原则在国际法中的地位得以牢固确立，为日后国际社会将武装冲突下对文化财产的损毁行为纳入战争罪中进行规制奠定了基础。不过，这一时期对文化财产保护的不全面、不系统也为后来文化财产在战争中遭遇更惨烈的损毁埋下了隐患，但这不影响两部规约对文化财产的国际刑法保护所产生的不可磨灭的奠基作用。

---

① 《关于战时海军轰击公约》（《海牙第九公约》，1907 年 10 月 18 日订于海牙）第 5 条，http：//www.icrc.org/chi/resources/documents/misc/hagueconvention9-18101907.htm，最后访问日期：2014 年 3 月 13 日。

（三）小结

国际社会早在 15 世纪就有了对文化财产流失破坏的相关制约，欧洲文艺复兴催生了人们对艺术品等文化财产的保护意识，工业革命引发了人们对古迹遗址保护的思考，但直至 18 世纪中叶至 19 世纪初的法律文件和公约，才开始逐步涉及文化财产保护的零星规则。尽管这些规则在受法律保护的对象、限制的行为等方面的规定范围狭窄，但这些规则的诞生却是文化财产国际刑法保护的最初萌芽，它们为后续这一领域的国际刑法保护奠定了最初的理论基础。由此，我们可以清晰地看出，文化财产在国际刑法中的保护渊源于国际社会对战争法的规范——从《利伯守则》到《牛津手册》、《布鲁塞尔宣言》，再到 1899 年和 1907 年的两部规约，关于战时文化财产保护的思想得以传播开来，由此构建了针对文化财产犯罪的法律规制的雏形。这一时期，国际刑法对文化财产的保护主要有以下特征。

第一，战时文化财产的保护对象狭窄。

这一时期的法律文件和公约保护的文化财产，主要集中于"专用于宗教、艺术、科学和慈善事业的建筑物、历史纪念物"等不可移动的文化财产，并没有过多地涉及其他广泛形式的文化财产。究其原因有两个方面内容：一方面，由于战争的作战技术以及作战方式的变化，武器的攻击性、杀伤性较以往逐渐有了提升，导致在战争中对建筑物、历史纪念物等不可移动文化财产的破坏、摧毁行为加剧；另一方面，出于当时历史条件下对文化财产概念的认识存在局限，对于艺术品、古迹遗址等文化财产的价值没有更多的认识，仅将其与战争中的平民保护放在同一水平层次进行保护而已。随着社会的不断进步发展、文化财产的多样性的陆续展现、文化财产概念的不断衍生，针对文化财产犯罪的对象也随之扩大。关于这一点将在后文予以展开论述。

第二，对战时侵犯文化财产的行为规制有限。

对战时文化财产保护对象的限制使得侵犯文化财产的行为比较单一，对文化财产进行战时保护的目的主要是规制战争中摧毁、破坏、掠夺和没收文化财产的行为。在对文化财产进行战时保护的萌芽阶段，相关法律文件明令禁止以上侵犯文化财产的行为，但是却规定了一个普遍性的例外规则，即

"军事必要"原则。前述五个法律文件中，只有 1874 年《布鲁塞尔宣言》没有规定军事例外条款，不过这一不合"潮流"的做法却没有得到后续国际法的认可。"军事必要"原则在《海牙公约》后一路畅行延续至今，包括目前国际刑事立法的巅峰之作——1998 年《国际刑事法院规约》——在将侵犯文化财产行为归入战争罪予以处罚的行为时，仍旧在定罪构成要件内写入了"军事必要"例外原则。军事必要例外原则是战争法理论探讨中从未中止的话题，但在实践中对这一例外原则的误判却无处不在，甚至有时成为规避法律惩处的借口。

第三，侵犯文化财产的行为还未被视为国际性犯罪。

上述公约对于战时侵犯文化财产的行为给予了禁止性规定，特别是对于战时摧毁、破坏、没收文化财产等行为。1874 年的《布鲁塞尔宣言》和两个《陆战法规和惯例章程》还规定须对此追究个人法律责任。但遗憾的是章程对此类行为的责任类型、责任承担方式、有权裁判机构的规定并未明确，只统笼的一句"主管当局对之启动法律诉讼程序"并不能有效节制此类行为的发生。在这一时期，对侵犯文化财产的行为只是在法律文件中予以禁止，但这类行为是一种国际性犯罪的认知并没有确立，所以对这种行为的惩处其实只是一种态度而已。

综上，在文化财产国际刑法保护的萌芽时期，虽然没有形成专门的、具有广泛约束力的文化财产国际刑法保护的普遍公约，但上述法律文件和公约对文化财产保护的零散规定，仍然为之后的文化财产国际刑法保护的全面发展奠定了良好的基础。其中的很多规则为日后国际性公约所吸收，对文化财产犯罪规则的制定起到了很好的铺陈作用。

二 在武装冲突法中形成

（一）概述

第一次世界大战给人类文明带来了空前的灾难，不计其数的古城镇、教堂、历史建筑物或纪念物及大量的艺术珍品遭到严重毁损。这一时期空战的出现，更是加重了战争对文化财产的损毁。由是，1922 年的华盛顿会议曾委托一个由各国法学家组成的委员会研究和起草《空战规则草案》，草案对空中轰炸制定了特别规定，对于责任承担者做出了类似于 1907 年《海牙第九公约》附件《关于战时海军轰击公约》第 5 条的规定，明确将避免轰击文化财产的义务赋予了战时指挥官。但这一条对于法律的禁止性义务并没有进一步明确，而且该草案并未被各国所接受。

一战中文化财产掠夺的教训表明，仅在战争法典中对文化财产保护进行蜻蜓点水式的规定，完全不足以对文化财产提供有效的保护。为了完善对文化财产的保护制度，制定专门的国际条约势在必行。由此，第一个专门为保护世界文化财产而制定的国际性公约——1935 年《关于保护艺术和科学机构及历史纪念物条约》（简称《罗里奇条约》）——诞生了，这标志着文化财产的国际刑法保护制度初步形成。之后，1938 年国际博物馆办公室拟定了《战时保护历史建筑物和艺术作品公约（草案）》（亦称《国际博物馆办公室草拟条约》），该条约针对武装冲突下保护文化财产的原则和措施做出了较为详细的规定。不过，《空战规则草案》和《国际博物馆办公室草拟条约》都没有为多数国家所接受，未能生效，也就没有法律上的拘束力，但是二者对于武装冲突下文化财产的国际刑事保护立法提供了借鉴，促进了相关国际公约的顺利通过。

第二次世界大战爆发，文化财产在战争中被疯狂掠夺和毁坏的程度达到人类战争史上的顶峰。二战对文化财产造成了史无前例的损害和毁灭，被毁损、抢夺的文物之多，被战火轰击的建筑物、历史纪念物数量之大，历史上还没有哪一次战争能与之相比。二战中还有无数艺术珍品被劫掠、损毁，希特勒、海尔曼·戈林、罗森堡等对文化财产的劫掠行为令人发指。为惩治并杜绝此类行为的再次发生，1945 年 8 月 8 日《关于控诉和惩处欧洲轴心国主要战犯的协定》（以下简称作《伦敦协定》）和 1946 年《纽伦堡国际军事法庭宪章》获得通过，纽伦堡审判得以进行，侵犯文化财产的行为终以战争罪得到惩处。

国际社会对文化财产在刑法方面的保护虽经历了萌芽时期的多个法律文件的规定，但是对文化财产战时保护的规定仍存在很多缺陷，在实践中得以具体适用的公约也少之又少，且相关公约的规定也不系统、不全面，上述问题和不足在二战中得到了全面的体现。

基于此，荷兰于 1948 年向联合国教科文组织提交了一份新的关于保护文化财产的国际公约草案,[①] 以防止将来对无法替代的历史和艺术珍宝的破坏,这一草案直接促成了 1954 年《海牙公约》的制定。1954 年《海牙公约》及其《议定书》和《实施条例》的制定,对于武装冲突中文化财产的保护有着里程碑式的意义。它将原来分散的甚至一些不具有法律拘束力的战争惯例汇编起来,为国际社会在武装冲突下的文化财产保护提供了全面、详尽的国际准则,对文化财产的国际刑法保护带来了明显发展。紧接着,1949 年《日内瓦公约》及 1977 年关于日内瓦公约的两项议定书又加强了关于战时文化财产犯罪行为的规定。

(二) 《关于保护艺术和科学机构及历史纪念物条约》和《欧洲国际军事法庭宪章》

1. 1935 年《关于保护艺术和科学机构及历史纪念物条约》

1935 年,第七次美洲国家国际会议签署了《关于保护艺术和科学机构及历史纪念物条约》(简称《罗里奇条约》)。条约明确规定了缔约目的、保护对象、缔约国义务、文化遗产标识以及军事目的的除外规定,其内容主要是对以往大部分文化财产保护规则作了汇编,并在此基础上进行了发展。[②]《罗里奇条约》具体规定的进步之处在于以下四点。(1) 旗帜鲜明地保护民族文化宝藏,指出公约是专门为保护文化财产而设立的,即公约"旨在广泛采用已设定并昭示之旗帜,在危险时保护构成民族文化宝藏的,国家或个人所有的不可移动之纪念物。缔约国基于给予与会各国通过的决议设想以公约形式之目的,决定缔结条约,旨在战时和平时尊重与保护文化宝藏"(前言)。公约也强化了主权国家的保护意识,促成各国政府同意通过国内立法确保对于文化财产的保护与尊重(第 2 条)。(2) 明确受保护之文化财产为"国家或者个人所有的不可移动之纪念物",包括"历史纪念物,博物馆,科学、艺

---

① 这是因为鉴于第一次世界大战对文化财产的破坏,"二战"前国际社会就有订立此类公约的意愿,特别是在美国《罗里奇公约》签字以后,国际社会尝试制定一个更加全面的保护战争中纪念物和艺术品的公约。1939 年国际博物馆办公室主持拟定了公约草案,并由荷兰提交给政府,但这一努力因第二次世界大战的爆发而没有成功。

② 参见《关于保护艺术和科学机构及历史纪念物条约》 (1935 年 4 月 15 日订于华盛顿),http://www.icrc.org/chi/resources/documents/misc/treaty-roerich-pact-15041935.htm,最后访问日期:2015 年 2 月 16 日。

术、教育和文化机构"以及"上述机构之人员"。这是国际社会第一次在法律文件中指明文化财产有可移动和不可移动之分,为之后文化财产范围的扩展奠定了基础,这一财产的分类方式在 1954 年《关于发生武装冲突时保护文化财产的公约》中得到了发展。[①] （3）确立了文化财产的独特地位,即文化财产应区别于一般的财产获得独特的保护。不过,即便如此,国际法还是将侵犯文化财产的犯罪归属到侵犯公私财产罪下予以处罚,[②] 将文化财产作为特定对象的特别保护在其后很长时间并没有实际形成。（4）对文化财产的保护不再局限于战争时期,还提及了平时也应对文化财产进行保护,"历史纪念物,博物馆,科学、艺术、教育和文化机构在平时及战时也应受同样尊重与保护。"（第 1 条）但这一略显粗糙的规定,没能成为 20 世纪后期随经济繁荣而衍生出的非战争时期侵犯文化财产的具体保护规则。

就国际法而言,1935 年的《罗里奇条约》是第一个专门用于保护文化财产的国际公约。但其结构过于简略,只有短短 8 条条文,也并没有就战争或平时对文化财产的破坏行为规定刑事制裁的手段,加上该公约是在美洲国家的缔约国之间适用,因而在文化财产遭受最严重破坏的欧洲国家内公约所带来的效应是有限的。但是,1935 年的《罗里奇条约》依然标志着国际法领域一个独立的法律分支开始形成,为文化财产的保护建立了一种全新的立法模式,对日后文化财产的国际刑法保护起着引导作用,例如其内容对 1954 年的《海牙公约》就产生了积极的影响。

2. 1945 年《欧洲国际军事法庭宪章》

第二次世界大战成为迄今为止人类历史上最大规模的战争。二战中,德国纳粹对欧洲各国文化财产的疯狂掠夺、损毁,也给世界文明造成了巨大损失,无法以金钱来衡量。1945 年《伦敦协定》于伦敦签署,一并签署的还有其附件《欧洲国际军事法庭宪章》,二者都具有明确的刑事处罚特征,其中涉及战争犯罪的法律条文大多由习惯国际法所涵盖,并成为习惯国际法的一部

---

① 参见 1954 年《关于发生武装冲突时保护文化财产的公约》第 1 条"文化财产的定义",明确规定了文化财产包括"可移动和不可移动的财产"。

② 纽伦堡审判中对德国纳粹分子戈林、里宾特洛甫的审判即是如此,只有在对罗森堡的判决中才明确提及罗森堡掠夺、毁损文化财产的犯罪行为,具体分析见第二章。

分。① 同时，《欧洲国际军事法庭宪章》又是一部在国际刑事司法中具有奠基性质的法律文件，它首次明确规定了违反和平罪、战争罪和违反人道罪是国际罪行，其中关于文化财产犯罪的内容包含在战争罪规定之中，据此文化财产犯罪人应当承担个人责任。② 随后制定的 1946 年《远东国际军事法庭宪章》也有类似的条款，只是《远东国际军事法庭宪章》对于战争罪的规定更为简略，只有简单的一句"普通战争犯罪指违反战争法规或战争惯例之犯罪行为"，连"包括但不限于"的行为列举都省略了。③ 远东国际军事法庭对于战争罪的审判也只关注了日本陆海军任意拷问、杀害、虐待俘虏，强奸及其他最无人道的野蛮残酷行为，对于文化财产（及公私财产）掠夺、损毁的行为在战争罪的审判中没有被提起诉讼，也没有进行判决。④ 从中可以看出，二战后审判战犯的两个军事法庭宪章，对于文化财产犯罪的行为的规定援引的是战争习惯法或战争惯例，因而文化财产犯罪的行为被归入了针对公私财产犯罪之中，文化财产并没有成为特殊的犯罪对象。

无论如何，欧洲国际军事法庭的审判是国际社会第一次真正意义上对违反战争法规和惯例的行为（包括侵犯文化财产的行为）进行的刑事司法审判，对在战争中侵犯文化财产的行为进行了制裁，要求个人承担刑事责任，虽然根据《欧洲国际军事法庭宪章》开展的这次审判存在这样或那样的问题，但其对文化财产国际刑法保护的发展有着重要意义。

（三）1954 年《海牙公约》及其议定书

1.《海牙公约》对文化财产保护的规定

1954 年《海牙公约》（即《关于发生武装冲突时保护文化财产的

---

① 赵秉志、王秀梅：《论战争罪之内涵及其刑事责任主体》，《河北法学》2001 年第 2 期。

② 参见《欧洲国际军事法庭宪章》第 6 条，"这种违反行为（即违反战争法规或战争习惯行为，笔者注）包括（但不限于）：屠杀或虐待占领区平民，或以奴隶劳动为目的，或为其他任何某种目的而将平民从被占领区或在被占领区内放逐，屠杀或虐待战俘或海上人员，杀害人质，掠夺公私财产，恣意破坏城镇乡村，或任何非属军事必要。"《宪章》条文见〔德〕P. A. 施泰尼格尔编《纽伦堡审判》（上卷），王昭仁等译，王昭仁校，商务印书馆，1985，第 75~83 页。

③《远东国际军事法庭宪章》第 5 条。《远东国际军事法庭宪章》条文参见赵秉志、王秀梅编《国际刑事审判规章汇编》，中国人民公安大学出版社，2003。

④ 参见张效林译《远东国际军事法院判决书》，群众出版社，1983，第 478~562 页。

公约》①）是国际社会第一部专门保护武装冲突下文化财产的国际性公约。该公约是"基于1899年和1907年海牙公约和1935年4月15日华盛顿条约所确立的关于在武装冲突中保护文化财产的各项原则"（前言）而制定的，在由56个国家代表参加的政府间会议、1954年5月14日的最后一次会议上通过。与公约同时通过的还有《实施条例》和《第一议定书》②。1954年《海牙公约》共40条，是对以往关于文化财产的国际刑法保护规定（特别是战时文化财产保护内容）的编纂，它详细规定了武装冲突下文化财产保护的范围、一般原则、缔约国义务、标记和运输规定、特别保护制度、具体措施以及执行等内容。

（1）受保护的对象

1954年《海牙公约》对受保护的文化财产做出了明确界定，扩大了文化财产保护的范围——"文化财产应包括对每一民族文化遗产具有重大意义的可移动或不可移动的财产、保存或陈列可移动文化财产的建筑以及纪念物中心"（第1条）。1954年《海牙公约》将文化财产分为可移动和不可移动财产两类，还列举了文化财产的具体内容，包括"如建筑、艺术或历史纪念物而不论其为宗教的或非宗教；考古遗址；作为整体具有历史或艺术价值的建筑群；艺术作品；具有艺术、历史或考古价值的手稿、书籍及其他物品；以及科学收藏品和书籍或档案的重要藏品或者上述财产的复制品"［第1条第（1）项］等。除此之外，"目的为保存或陈列（1）项所述可移动文化财产的建筑，例如博物馆、大型图书馆和档案库以及拟于武装冲突情况下保存（1）项所述可移动文化财产的保藏处"，以及"保存有大量（1）和（2）项所述文化财产的中心，称之为'纪念物中心'"也受到公约的保护。

公约第1条通过详细列举的方式给出了受保护文化财产的定义和范围，

---

① 《关于发生武装冲突时保护文化财产的公约》（1954年5月14日在海牙通过），http：//www.icrc.org/chi/resources/documents/misc/convention-culturalproperty-14051954.htm，最后访问日期：2014年3月27日。

② 《第一议定书》内容不多，其制定背景是纳粹德国从占领国疯狂转移文化财产并将其流通进入市场，加重了对文化财产的破坏与毁损，因而做出对这类非法转移及出口的行为的规制规定。附加议定书的主要内容是关于各国争议颇多的武装冲突中所转移的被占领国文化财产的返还问题，主要涉及民事方面的内容，本章在此不作论述。这类行为直至1970年在《关于禁止和防止非法进出口文化财产和非法转让其所有权的方法的公约》中才做出了刑事法上的规制。

是对 1935 年《罗里奇公约》所针对的"不可移动之纪念物"文化财产内涵的扩大。不过，公约又对受保护的文化财产进行了限定，指出其保护的是"对每一民族文化遗产具有重大意义"的财产。也许这是因为在公约制定之初有观点认为：一方面，1899 年《海牙公约》和 1907 年《海牙公约》中保护文化财产的规范没有在两次世界大战中得到很好的实施，原因在于这些公约中所保护的文化财产范围过于宽泛，有"期望过大"而"得到很少"之嫌；另一方面，1899 年《海牙公约》和 1907 年《海牙公约》将"宗教、艺术、科学和慈善目的的建筑物、医院和伤病员聚集的场所"放在一个条文中，而"医院和伤病员聚集的场所"并不属于文化财产的范围。①

同时，公约还根据受保护文化财产的重要性建立了特别保护制度，可获得特殊保护的文化财产包括"保藏所、中心站以及其他不可移动文化财产"（第 8 条）。为此，公约在其《实施条例》第 12 条设立了"受特别保护文化财产国际登记制度"，要求编制受特别保护文化财产国际登记册，登记册由联合国教科文组织总干事保管。通过这一登记制度，公约明确了受特别保护的文化财产的范围和目录。

因此，在战时文化财产的保护对象方面，1954 年《海牙公约》不仅总结了以往相关公约的内容，还做出了进一步的拓宽，这与国际社会对文化财产的认识不断深入以及二战中不可计数的艺术珍品、收藏物遭到洗劫和破坏的实践是密不可分的。

（2）保护的义务

1954 年《海牙公约》之前的国际法律文件强调攻占方要尽量避免对文化财产的破坏，而 1954 年《海牙公约》则明确提出了攻占方有义务采取措施避免对文化财产进行攻击，防御方有责任标识文化财产以使其免受破坏。例如，攻占方不得对文化财产进行任何形式的盗窃、抢劫、侵占和破坏，不得征用他国的可移动文化财产，不得以文化财产作为对象施以报复行为（第 4 条）；攻占国有协助被占国对文化财产进行保护的义务，必要时还有与被占国主管当局密切合作以保存文化财产的责任（第 5 条）；防御方有避免将文化财产用

---

① 参见郭玉军《国际法与比较法视野下的文化遗产保护问题研究》，武汉大学出版社，2011，第 198~199 页。

作军事目的的责任，发生战争时应将受保护的场所及其他财产置于特别保护之下，保证与其他军事目标有适当距离的义务（第 8 条）。所以，1954 年的《海牙公约》可以说是"较好地平衡了攻击和防御方的利益"①，既照顾了军事目的，又权衡了保护文化财产的利益。

（3）执行和制裁

第一，公约的《实施条例》规定了主要的实施及执行内容，是公约的重要组成部分。《实施条约》就管制（包括管制组织、代表的任命、管制执行等）、特别保护的实施、财产的边界、识别标志的置放及人员识别等具体内容做出了规定。

第二，1954 年《海牙公约》也规定了违反公约的制裁措施。公约第 28 条有关制裁措施的规定，允许缔约国对于在武装冲突过程中实施故意破坏、损毁或掠夺文化财产的个人给予强制性惩罚，或进行刑事或纪律的制裁，可以算是国际公约中关于文化财产犯罪普遍管辖的规定。不过第 28 条的规定是否能够约束非国际性武装冲突中所实施的破坏行为还不是那么明确。② 同时，公约将对破坏、损毁或掠夺文化财产犯罪行为的惩治权力交给了各缔约国。不过，实践中很少有国家（包括《海牙公约》的缔约国）在其刑事立法体系内就如何制裁违反武装冲突中文化财产保护义务的行为规定普遍管辖权，导致公约威慑力降低。当然，反过来说，该规定对文化遗产保护的刑事立法体系的完善具有很大的引导作用。

综上，1954 年《海牙公约》充分吸收了过去有关文化财产保护的法律文件中的已有成果，是国际社会在武装冲突下保护文化财产的较为全面的准则，是第一份专门关注战时文化财产保护的具有普遍意义的多边国际条约。它保护的财产范围包括可移动和不可移动的财产，具有历史、艺术、考古、文学以及科学价值的建筑物、纪念物、考古遗址、艺术作品、手稿、书籍以及各类收藏品都包含在内。公约的内容全面、针对性强、适用范围广、保护力度大，对武装冲突中文化财产的保护具有里程碑意义。

---

① 唐海清：《论 1954 年〈海牙公约〉对于文化遗产的国际保护》，《湖南行政学院学报》2010 年第 1 期。

② Roger O'keefe, "Protection of Cultural Property Under International Criminal Law", *Melbourne Journalof International Law* 11（2010）：360.

公约对文化财产的界定，明晰了文化财产犯罪的对象，使得对犯罪的判定更具可操作性，但是由于对"重大意义"一词没有做更多的详细说明，其实用意义不可避免存在缺陷；公约罗列了武装冲突中损坏文化财产的具体行为，使得文化财产犯罪行为进一步具体化，成为后来学者对文化财产犯罪行为进行归纳总结的依据；公约第一次提及了对文化财产犯罪行为的刑事制裁，规定了普遍管辖的原则。这些内容都是公约较以往法律文件规定的进步之处，为后来文化财产的国际刑法保护提供了依据，具有不可磨灭的推动作用。它的通过标志着文化财产国际刑法保护体系的正式形成，标志着现代文化财产刑法保护体系的真正建立。

虽然 1954 年《海牙公约》在国际社会得到普遍认可，影响广泛，但是公约的主要内容是针对武装冲突时的文化财产保护，对于平时大量存在的国际上非法流转文化财产的情形仍然缺乏有效的规定。基于此，公约 1999 年《第二议定书》在这一方面做了补充和完善。

2. 1999 年《第二议定书》

两伊战争及前南斯拉夫国内武装冲突对文化财产破坏的加剧，促成了 1999 年海牙公约《第二议定书》（全称为《关于发生武装冲突时保护文化财产的公约第二议定书》）的制定。它是继 1954 年《海牙公约》之后，国际刑法在保护武装冲突中文化财产问题上的又一重要发展，"是在其缔约国的相互关系上对《公约》的补充"（第 2 条）。

首先，1999 年议定书强化了对被占领土上文化财产的保护，对于文化财产不可实施的行为（即应当阻止的行为方面）做出了具体的规定：一方面增设了被占领土文化财产非法出口、移动或者转让的禁止①；另一方面，增加了对文化财产考古挖掘的禁止，以及对"目的在于隐匿或毁坏文化财产所具有的文化、历史或科学见证作用的改造或改变文化财产用途的行为"的禁止（第 9 条）。

其次，细化了重点保护文化财产的范围和资格的规定，规定置于重点保护下的文化财产需满足三个条件，即对全人类有最重大意义、一国国内法规

---

① 非法出口、移动或者转让行为的禁止性规定是从 1970 年《关于禁止和防止非法进出口文化财产和非法转让其所有权的方法的公约》中的相关内容发展而来的。

视其为具有特殊文化和历史价值，以及声明不会用于军事目的（第 10 条）。同时，受重点保护的文化财产应在缔约国提交的一份目录名单之中（第 11 条），且如果受重点保护的文化财产根据第 14 条之规定被中止或取消了保护资格，或者已被使用成为军事目标，则目录名单中已登记的文化财产即丧失重点保护资格。

再次，该议定书将应承担刑事责任的行为分为严重违反行为和非严重违反行为。出于故意且构成严重违反行为的，应当承担刑事责任，这样的严重违反行为在议定书中规定有五种，包括将受重点保护的、受 1954 年《海牙公约》及其《第二议定书》保护的文化财产作为进攻目标，或对其进行破坏，或是夺取、偷盗，或是侵占的行为，及将重点保护的文化财产用以支持军事行动的行为。对于这五种行为，议定书要求各缔约国通过国内立法的方式对违反者进行刑事指控和制裁（第 15 条）。除此而外，议定书也规定了两种非严重违反行为：故意以违反 1954 年《海牙公约》或其《第二议定书》规定的方式使用文化财产和从被占领土上非法贩运、交易文化财产的行为。对于这两类并不严重的违反行为，议定书也要求缔约国采取国内立法的方式进行制裁，制裁的手段可包括行政或刑事措施（第 21 条）。

最后，议定书还规定了或引渡或起诉的原则。对于严重违反的行为除规定了国际法律管辖权外，还规定了行为发生地国、行为者国籍国、行为者所在国对该严重违反行为拥有管辖权（第 16 条）。同时也规定，对于犯有这样严重违反行为的行为人如发现在其国内，则所在国应从管辖权国将其引渡，否则必须不拖延地对其提起指控（第 17、18 条）。

另外，1999 年《第二议定书》还沿袭了 1998 年《国际刑事法院规约》对于武装冲突含义的请求①，规定议定书所适用的文化财产犯罪的行为既可发生于国际性武装冲突之中，也可发生于"非国际性、发生在某一缔约国领土上的武装冲突"，但也明确指出此类犯罪"不适用于内部局势紧张和动乱，诸如骚乱、孤立零星的暴力行为或类似现象"（第 22 条）。

因此，1954 年《海牙公约》及其两个议定书成为迄今为止"最重要的保

---

① 这一规定起源于 1977 年日内瓦公约的第二议定书，在后来的相关文件中均得到了普遍适用。

护武装冲突中文化财产的国际文件"①，专门为保护武装冲突下的文化财产而设立。

（四）《日内瓦第四公约》1977 年的两项议定书

1949 年 8 月 12 日，保护作战部队伤病者、保护海上作战部队伤病者和海上遇难者、保护战俘以及保护国际性冲突下平民的四部《日内瓦公约》签订了，成为基本国际人道法的核心和标准性法规，得到了世界上几乎所有国家的批准或加入，具有普遍适用的国际法意义。《日内瓦公约》是规制武装冲突行为并试图限制其影响的国际法，它呼吁各国采取措施，预防或终止一切违法行为，对那些没有参与战斗以及不再参与战斗的人员给予了特别保护，前者包括平民、医护人员和救援人员，后者包含伤病员和遇船难士兵及战俘等。《日内瓦公约》中包含了针对"严重违法行为"的严格条款，对于破坏文化财产的严重违法行为，公约明确规定，只要不是出于军事必要且是非法和肆无忌惮的、大规模的毁坏和侵吞的行为，就是严重违反国际法的行为。公约中的这些条款表面上没有明确提出对文化财产的保护，但深入研究却可以发现，1949 年《日内瓦公约》以及之前的关于文化财产保护的公约对文化财产的保护都是基于财产权的保护，虽然 1935 年《罗里奇条约》已经将文化财产明确区别于一般财产，但是在战时侵犯文化财产的公约中，依然没有把文化财产独立于一般公私财产予以保护。国际社会对这一问题的模糊探索，在1977 年日内瓦召开的"关于重申和发展适用于武装冲突的国际人道法的外交会议"上通过的关于日内瓦公约的两项《附加议定书》②（全称为《1949 年 8月 12 日日内瓦第四公约关于保护国际性武装冲突受难者的附加议定书》和《1949 年 8 月 12 日日内瓦第四公约关于保护非国际性武装冲突受难者的附加议定书》）中得以解决。

---

① 胡秀娟：《武装冲突下文化财产的国际法保护》，博士学位论文，武汉大学国际法专业，2009，第 32 页。

② 日内瓦公约《第三议定书》即《1949 年 8 月 12 日日内瓦公约关于采纳一个新增特殊标志的附加议定书》于 2005 年 12 月 8 日通过，目的是新增一个"白底红色边框的竖立正方形"特殊标志，新增特殊标志与原有标志具有平等地位，以强化保护武装冲突中的医疗服务及宗教人员。《第三议定书》不涉及文化财产的保护问题。

首先，两项议定书都明令禁止在战时对"构成各国人民文化或精神遗产的历史纪念物、艺术品或礼拜场所"进行侵犯、从事任何敌对活动的行为，而"这些行为同各个公约列明的那些严重的违法行为一起构成了对战争中所犯下的最应予谴责的行为所给予的适当的刑事处罚"[①]。自此，战时侵犯文化财产的罪行第一次明确地进入国际刑法视野。之后国际社会对于战时侵犯文化财产罪行不再将其归于一般财产犯罪来处罚，而是设置了专门的文化财产类别。

其次，基于武装冲突的不同性质以及对不同性质武装冲突下文化财产保护不同情形的考虑，国际社会分别制定了国际性与非国际性冲突下的两个附加议定书，给予文化财产不同性质冲突下同等程度的法律保护。《第一议定书》适用于国际性武装冲突，条文第53条是保护文物和礼拜场所的规定，明令禁止对"构成各国人民文化或精神遗产的历史纪念物、艺术品或礼拜场所"进行攻击或以此为对象进行任何报复。违反此项规定的行为，是严重的破坏行为，构成战争罪并应受到普遍管辖（第85条第4款第4项）。而《第二议定书》则适用于包括内战在内的非国际性武装冲突，第16条对文物和礼拜场所的保护规定了和《第一议定书》除第三点以外相同的内容，即攻击或利用这些受保护的物体以支持军事努力的行为都应是被禁止的。

因此，日内瓦公约的两项议定书中均包含关于限制作战方法和手段的规定，以此来规制战时侵犯文化财产的行为，从而达到保护文化财产的目的。其中对于侵犯文化财产的行为有了更为广泛的规定，对文化财产犯罪予以国际保护的范围也不再局限于国际性武装冲突，非国际性武装冲突中有违文化财产禁止性的行为也被纳入了战争罪的规制范围之中。

（五）小结

在文化财产国际刑法保护的萌芽时期，保护文化财产的思想在国际性文件或公约中有所体现，但侵犯文化财产的行为还没有被明确规定为犯罪。国际刑事司法实践对相关规定的初次运用，也只是模糊地将文化财产犯罪的行

---

① 勒内·科西尔尼克：《1977 年议定书：国际人道法发展史中的一座里程碑》，《红十字国际评论》1997 年第 320 期，第 485 页。

为归入侵犯公私财产行为之中以战争罪进行惩治，另外早期的国际法律文件通常只规定了主管当局可提起诉讼的措施。随着国际社会对文化财产认识的不断进步，对保护文化财产的越发重视，文化财产的保护开始有了专门的立法，并且破坏文化财产的行为被正式纳入战争罪行为构成要件之中。文化财产的国际刑法保护正式形成，不仅有了相对完善的法律体系（1954 年《海牙公约》以及 1949 年《日内瓦公约》），也开启了人类历史上对于文化财产侵犯行为的首次审判实践。

第一，对文化财产的保护更加全面。这一时期国际社会对文化财产的认识并没有特别的变化，特别是战时文化财产保护的对象依然局限于建筑物、历史纪念物等。但是战时对文化财产的刑法保护依然越来越全面，这主要体现在以下两个方面：

一方面，除了萌芽阶段的规定，随着作战技术、作战工具的发展，航空作战作为战争中的重要方式，对于战时进一步侵犯文化财产也是非常"得力"，空中袭击造成的文化财产损毁无与伦比。基于此，1923 年通过的《空战拟定规则》规定了空中轰炸中对文化财产最大限度的保护。自此，陆海空三种战争方式下对文化财产的侵犯行为都纳入了国际法的保护范围，使得对文化财产的战时保护更加全面。

另一方面在于，1977 年关于 1949 年《日内瓦公约》的两项议定书也对此做出了贡献，特别是这两项议定书基于国际性武装冲突与非国际性武装冲突的不同特点，对此两种情况下的文化财产保护规则也做出了区分。自此对于战时文化财产的保护也不再局限于国际性的武装冲突。文化财产的国际刑法保护范围得到了很大的拓宽，这为文化财产的全面保护打开了一条口子，为日后对于平时文化财产保护规则的确立起到推波助澜的作用。

第二，在国际社会保护文化财产的萌芽时期和形成早期，对战时侵犯文化财产的保护主要是以侵犯财产为处罚依据，这在纽伦堡对战犯的审判中有所体现，其判决书中描述的破坏文化财产行为主要是掠夺公私财产和蓄意破坏城镇乡村两个方面。纽伦堡审判使得文化财产的国际刑法保护规则首次得以适用于司法实践，其中对侵犯文化财产行为的规制成为日后战时文化财产保护的判例法依据。并且 1946 年的"纽伦堡原则"为以后针对国际战争罪的惩治规则打下了基础，为前南斯拉夫刑庭的审判所借鉴。这些规定为后期文化财产犯罪的进一步发展奠定了基础，也是前南斯拉夫审判的实质性依据。

第三，明确战时侵犯文化财产的行为属于战争罪的范畴。即使 1935 年《罗里奇条约》对文化财产的保护做出了专门规定，但是在刑法方面，还是在 1899 和 1907 年《海牙公约》之后，直到 1954 年《海牙公约》和 1977 年关于《日内瓦公约》的两项议定书诞生，才又再次明确地将战时侵犯文化财产的行为写入国际公约，并且对罪行进行了详细列举，明确规定侵犯文化财产的罪行属于战争罪犯罪行为之一。

据此，国际刑法规定的文化财产不受侵犯的禁止性行为范围得以拓宽，相关规定也更加详细，并且有了实践判例的成形，由此推动了文化财产国际刑法保护法典化的进程，标志着文化财产的国际刑法保护体系已经初步形成。

三　在刑事司法审判中得以发展

（一）概述

文化财产国际刑法保护体系在 1954 年《海牙公约》中正式形成，其后又通过其议定书以及《日内瓦公约》及其议定书获得了发展，据此国际社会已经确认，在武装冲突中（包括国际性武装冲突和非国际性武装冲突）破坏文化财产的行为就是犯下了战争罪。但国际社会缺少真正意义上对侵犯文化财产行为的司法审判实践，1945~1946 年的纽伦堡审判对侵犯文化财产的行为最终是以"掠夺公私财产"为依据判处刑罚的。

1993 年《前南斯拉夫问题国际刑事法庭规约》成为国际社会审判文化财产犯罪的法律依据，将侵犯文化财产的行为明确写入了战争罪的犯罪构成要件之中，"再次将主要发生在国际性武装冲突中的战争罪作为国际刑事法庭管辖下的罪行"[1]。这是对 1954 年《海牙公约》及其议定书和 1977 年《日内瓦公约》及其议定书所确立的文化财产国际保护规则的刑事司法实践，进一步确立了文化财产的国际刑法保护立场。

---

① 马呈元：《国际刑法论》，中国政法大学出版社，2013，第 358 页。

1998 年《国际刑事法院规约》的《犯罪要件终结案文》对战争罪中的侵犯文化财产的行为进行了详细说明。

（二）1993 年《前南斯拉夫问题国际刑事法庭规约》

1993 年《前南斯拉夫问题国际刑事法庭规约》的全称为《起诉应对 1991 年以来前南斯拉夫境内所犯的严重违反国际人道主义法行为负责的人的国际法庭规约》，它从两个方面（即两类罪行）明确列举了应该受到制裁的侵犯文化财产的罪行。

对于战争罪的规定，《规约》第 3 条第 4 款列举了（但又不以此为限）违反战争法或战争习惯的行为，包括使用武器造成不必要痛苦的；无军事必要野蛮摧毁或破坏城镇的；攻击或轰炸不设防的城镇及建筑物的；掠夺或故意损毁文化历史纪念物及艺术、科学作品的；劫掠公私财产的。《规约》将破坏文化财产的行为从劫持公私财产行为中分割出来，单独对有宗教、慈善、教育、艺术和科学价值的机构、文物、作品等进行了认定，认为侵犯这类财产的行为也构成战争罪。如 2001 年对米奥德拉格·约基奇提出的起诉中，检察官明确指控约基奇指挥 1991 年炮击杜布罗夫尼克老城的行为违反战争法规或惯例，应受到相应的处罚。最后的认罪协议包含与上述行为有关的六条罪状，其中罪状六明列："摧毁或故意损坏专用于宗教、慈善、教育、艺术和科学事业的设施、历史纪念物、艺术和科学作品。"[①]这一案例无疑是国际刑事司法机构对制裁文化财产犯罪行为的决心的展示，是一次文化财产刑法保护的司法实践，它丰富和发展了国际刑法对文化财产的保护。

对于一定条件下攻击"历史纪念物、艺术品或礼拜场所"的行为，《规约》将其归入危害人类罪行为构成要件之中，认为其属于《规约》第 5 条第（h）项之"迫害"的行为。在这一条中，所有"构成各国人民文化或精神遗产的历史纪念物、艺术品或礼拜场所"的攻击行为都被归入了"基于政治、种族、宗教原因而进行的迫害"之中。这样的解释在法庭对各被

---

① 黄树卿：《武装冲突情况下保护文化遗产的法律规则与实践》，博士学位论文，中国人民大学法律史专业，2010，第 113 页。

告人的判决中可以清晰地看出来，对这一要件的分析详见下文。

事实上，1899 年和 1907 年《海牙公约》是文化财产国际刑法保护的重要习惯法基础，纽伦堡审判的司法实践承认了它们的地位，也是文化财产犯罪行为被纳入公私财产犯罪的确认；而前南国际刑事法庭的相应审判，其实质是对 1954 年《海牙公约》、1977 年《日内瓦公约》及它们的议定书中所确立的文化财产保护规则的具体实践，也是对 1946 年纽伦堡审判原则的继承与发展。因此，1993 年《前南斯拉夫问题国际刑事法庭规约》对战时文化财产的国际刑事保护立法起到了承前启后的作用，既总结了国际社会原有文化财产刑法保护的基本规则，又为其后制定的 1998 年《国际刑事法院规约》奠定了基础。不过这一时期的《卢旺达国际刑事法庭规约》，不仅在列举的战争犯罪行为数量上明显少于《前南斯拉夫问题国际刑事法庭规约》，只列举了 8 项战争犯罪行为，而且从其审判的案例中，也看不出文化财产破坏行为可以构成危害人类罪行的任何迹象。[①] 因此前南刑庭对于文化财产破坏行为的审判成为这一时期的重要审判实践。

（三）1998 年《国际刑事法院规约》

1998 年 6 月 15 日，成立国际刑事法院的外交大会在联合国粮农组织总部召开。同年 7 月 17 日，《国际刑事法院规约》（以下也称作《罗马规约》）以 120 票赞成、21 票弃权和 7 票反对顺利通过。它是一部旨在保护国际人权、打击国际犯罪的刑事法律，它的通过意味着人类历史上诞生了第一个永久性国际刑事法院。最终规约于 2002 年 7 月 1 日正式生效。

关于文化财产犯罪的规定在《罗马规约》中得到了实质性的发展。《罗马规约》一方面同样将破坏文化财产的行为纳入战争罪之中加以管辖，指明：故意攻击非成为军事目标的"专用于宗教、教育、艺术、科学或慈善事业的建筑物、历史纪念物"的行为构成了战争罪（《罗马规约》第二编第 8 条第 2 款第 2 项第 9 目），这一行为的构成要件可详细归于五点，即明知、故意、存

---

① 参见洪永红《卢旺达国际刑事法庭研究》，博士学位论文，湘潭大学诉讼法专业，2007，第 69~72 页。

在武装冲突、指令攻击、目标特定且非军事目标。① 另一方面,《罗马规约》也将特定的攻击文化财产的行为判定为危害人类罪,但一定是以侵犯人权为前提、构成广泛或系统攻击平民的一部分,且因文化或宗教的原因造成受迫害人的精神或心理上的痛苦。规约及《犯罪要件终结案文》对攻击文化财产的行为的说明都不够详细,但依据前南刑事法庭的审判实践,这一说明对于满足"迫害"要件的对文化财产的破坏行为构成危害人类罪是确定的。

《罗马规约》延续了1949年《日内瓦公约》及其1977年《第二议定书》的规定,以及1999年海牙公约《第二议定书》的规定,其对文化财产的破坏行为的规定不仅适用于国际性武装冲突,也适用于非国际性武装冲突,这使得国际社会以刑法方式对文化财产的保护更加全面化。《罗马规约》的制定,标志着国际社会惩治战时文化财产罪行的立法开始进入鼎盛时期,它虽然没有将文化财产犯罪单独列为一类犯罪,但《犯罪要件终结案文》第一次对侵犯文化财产的犯罪行为进行了详细解读,便于司法实践中对文化财产犯罪的认定与惩处。

(四) 小结

这一时期的国际公约对文化财产的刑法保护有以下特征。

第一,明确界定了"文化财产"的范围,扩大了文化财产的保护对象。1954年《海牙公约》在已有公约的基础上,对文化财产的范围进行了总结归纳,第一次提出"文化财产"一词,对战时保护的文化财产的范围进行了明确的列举式罗列。同时又对文化财产的保护范围进行了扩大规定,即保护的文化财产包括可移动和不可移动文化财产两大类。这一时期对文化财产的保

① 在《罗马规约》的《犯罪要件终结案文》中,这一行为的具体构成要件详细表述为:"(1)犯罪行为人指令攻击。(2)攻击目标是一座或多座专用于宗教、教育、艺术、科学或慈善事业的建筑物、历史纪念物、医院或伤病人员收容所,而这些地方不是军事目标。(3)犯罪行为人故意以一座或多座专用于宗教、教育、艺术、科学或慈善事业的建筑物、历史纪念物、医院或伤病人员收容所作为攻击目标,而这些地方不是军事目标。(4)行为在国际武装冲突情况下发生并且与该冲突有关。(5)犯罪行为人知道据以确定存在武装冲突的事实情况。"参见《犯罪要件终结案文》,载赵秉志、王秀梅主编《国际刑事审判规章汇编》,中国人民公安大学出版社,2003,第151页。

护，从之前一直局限于建筑物、历史纪念物以及历史博物馆等不可移动物的保护，拓展到对艺术品、珍贵收藏物的保护。这表明随着经济社会的发展，人们对精神世界的追求也愈加普遍，对文化财产的认识也不断深入、不断全面，对其的保护也就相应地发展得越加全面。这意味着对文化财产的界定更加全面，更便于司法实践中对这一犯罪行为所针对对象范围的界定，有利于对侵犯文化财产罪行的确定。这必将有益于对更多文化财产的发掘与认识，引导之后对文化财产进行更加全面的保护。

第二，对犯罪行为的规定更明确。从 1949 年《日内瓦公约》到 1977 年其两项议定书，再到 1999 年海牙公约《第二议定书》，对战时文化财产的保护不再局限于国际性武装冲突，对于非国际性武装冲突中文化财产的破坏行为也予以了强有力的制裁。同时，侵犯文化财产的罪行范围得到了进一步完善。1999 年海牙公约《第二议定书》规定，战时侵犯文化财产的行为不再只是摧毁、掠夺以及没收行为，还包括偷盗、非法出口以及非法转移等行为。经过了无数的惨痛教训，国际社会逐渐意识到只要是对文化财产造成实质性损害的行为，就该受到法律的制裁。

第三，保护文化财产的刑法判例逐步丰富，并再次明确侵犯文化财产的行为构成战争罪。战时侵犯文化财产的行为在前南军事法庭审判中再一次得到司法判决的确认。但是，国际社会依然没有将侵犯文化财产的罪行独立定罪，关于侵犯文化财产的罪行依然规定于战争罪下，作为国际社会最严重的犯罪予以处罚，并逐步丰富与完善。虽然如此，1998 年《罗马规约》的通过，使得惩治侵犯文化财产的罪行真正得以有法可依。犯罪构成要件的完善与详细也对侵犯文化财产罪行的确立起着不可估量的作用，使相关规定更具有可操作性。

综上，这一时期，国际刑法所保护的文化财产得以明确、保护的范畴不断拓宽、司法实践逐步丰富、立法逐渐详尽完善。相比于形成时期，这一时期文化财产的国际刑法保护各方面都得到很大的发展。其中《罗马规约》的制定和国际刑事法院的成立更是标志着国际刑法进入了一个全新的发展阶段，使战时文化财产的国际刑法保护较以往达到了相对完备的状态，对文化财产的保护来说具有里程碑意义。

四　在和平时期延伸拓展

（一）概述

文化财产的国际刑法保护源于武装冲突，发展于武装冲突，这主要是因为战争的历史与人类的历史一样漫长而久远，而战争是攻城略地、劫夺财产最重要的手段，因此，战争中会造成相当的文化财产毁损和流失。早在 20 世纪 80 年代，就有学者指出："在武装冲突的情况下，某些违法行为构成战争罪，因而成为应当受普遍管辖的国际罪行……但在平时，没有任何迹象表明条约的制定者们是否将这些违法行为，也视为国际罪行。"[1] 进入新世纪以来，随着国际社会战争罪的发展以及国际刑法的发展，对于战时文化财产的国际刑法保护已经进入了一个相对平稳的阶段；并且随着 20 世纪 60 年代以来艺术品市场的快速发展，平时盗窃珍贵文物、艺术品或者考古遗址进行非法贩运等不法举动迅猛增多，使得国际社会的注意力更多地转移到了平时对文化财产的保护。

事实上，在战时文化财产的国际刑法保护发展过程中，也曾多次提及了平时对文化财产的保护，例如 1935 年《罗里奇条约》、1999 年海牙公约的《第二议定书》等，但是其相关规定还不完备，内容不具体、实践中不具可操作性。近几十年来平时文化财产犯罪行为的愈演愈烈，促使文化财产的国际刑法保护从战时向和平时期快速拓展和延伸。

（二）1970 年《关于禁止和防止非法进出口文化财产和非法转让其所有权的方法的公约》

詹姆斯·A. R. 纳夫齐格在《关于保护文化财产的国际刑法措施》一文中提及国际文化财产法的刑罚措施特点时，总结认为，艺术品的独特性导致它并不容易被隐藏和公开出售，因而艺术品的黑市交易异常猖獗，文化财产很难成为掠夺者间的交换手段，所以被盗窃的艺术品通常是以索取赎金的方式

---

[1]　M. Cherif Bassiouni, "Reflections on Criminal Jurisdiction International Protection of Cultural Property", *Syracuse Journal of International Law and Commerce* 10（1983）: 285.

被返回，而并不能以市场上公平的价值或利益获得。① 这一观点虽然并不完全准确，但至少可以说明，针对文化财产的犯罪随着经济的不断发展而不断滋生。因此，为了应对盗窃、秘密发掘、非法进出口与非法转让等行为对文化财产造成的威胁，联合国教科文组织经过长期的工作努力，最终于 1970 年 11 月 14 日在法国巴黎召开的第十六届大会上通过了《关于禁止和防止非法进出口文化财产和非法转让其所有权的方法的公约》（下文简称 1970 年《禁止非法出口转让公约》或 1970 年 UNESCO 公约）。

1. 扩大了文化财产保护的范围

1970 年《禁止非法出口转让公约》在第 1 条对文化财产做出了 11 类的具体罗列，这是在之前国际公约对于文化财产范围定义的基础上的再一次扩展。公约此次罗列的受保护的文化财产范围全面而详细，不再局限于建筑物、历史纪念物等易于在战争中损毁的不可移动文化财产，还明确包括了稀有手稿、古版书籍、邮票、古家具、古乐器等具有历史或艺术价值的财产，几乎囊括了一切"具有重要考古、史前史、历史、文学、艺术或科学价值的财产"。除此之外，有关动植物、矿物及古生物的收集品及标本也被列入其中，被认定为是应当受保护的文化财产。② 同时公约第 3 条明确指出，只要是缔约国违反了公约关于文化财产的规定而进行的财产进出口或所有权转让，均属非法行为。因而，1970 年《禁止非法出口转让公约》在保护对象方面做出了变化，一方面对文化财产概念进行了比以往更详细具体的阐释，另一方面又明确规

---

① 参见〔美〕詹姆斯·A. R. 纳夫齐格《关于保护文化财产的国际刑法措施》，周叶谦译，《环球法律评论》1986 年第 6 期。

② 《巴黎公约》第 1 条规定的受保护的文化财产范围有："1. 动物群落、植物群落、矿物和解剖以及具有古生物学意义的物品的稀有收集品和标本；2. 有关历史，包括科学、技术、军事及社会史、有关国家领袖、思想家、科学家、艺术家之生平以及有关国家重大事件的财产；3. 考古发掘（包括正常的和秘密的）或考古发现的成果；4. 业已肢解的艺术或历史古迹或考古遗址之构成部分；5. 一百年以前的古物，如铭文、钱币和印章；6. 具有人种学意义的文物；7. 有艺术价值的财产，如：（1）全部是手工完成的图画、绘画和绘图，不论其装帧框座如何，也不论所用的是何种材料（不包括工业设计图及手工装饰的工业产品）；（2）用任何材料制成的雕塑艺术和雕刻的原作；（3）版画、印片和平版画的原件；（4）用任何材料组集或拼集的艺术品原件；8. 稀有手稿和古版书籍，有特殊意义的（历史、艺术、科学、文学等）古书、文件和出版物，不论是单本的或整套的；9. 邮票、印花税票及类似的票证，不论是单张的或成套的；10. 档案，包括有声、照相和电影档案；11. 一百年以前的家具物品和古乐器。"

定对文化财产的保护主要着重于平时。

2. 对文化财产与文化遗产范围做出了区分

1970 年《禁止非法出口转让公约》在第 1 条具体罗列了文化财产范围的基础，在第 4 条也明确指出了文化遗产的范围，即每一有着国家历史、科学、考古等痕迹的文化财产即为该国的文化遗产；而依据自由协议交流的以及接受赠与或合法购置的文化财产也是文化遗产。[①] 公约将文化财产与文化遗产在范围上做出了清晰的界定，通过对这两个不同范围下财产的规制更进一步明晰了立约目的：保护文化遗产与打击非法贩运。当然，公约是想通过打击非法贩运文化财产行为的方式来加强对各国文化遗产的保护，并且促成各国文化遗产机构之建立、数据之完善，以及非法贩运文化财产的归还等。这是国际社会第一个将文化财产与文化遗产范围明确区分的公约，强调了和平时期文化财产非法贩运行为是违法犯罪行为、应接受法律制裁的观念，构成了国际社会对文化财产刑法保护的重要内容。也让之后的国际公约开始有了文化遗产的称谓，如 1972 年《保护世界文化和自然遗产公约》、2001 年《保护水下文化遗产公约》、2003 年《保护非物质文化遗产公约》、2003 年《关于蓄意破坏文化遗产问题的宣言》等。

3. 制裁与惩罚

公约第 3 条对文化财产的非法行为做出了规定，即规定非法行为包括文化财产的非法进口、非法出口以及所有权非法转让。公约也明确了，没有财产出口证件的，即构成非法出口；没有财产出品证件而进口的，即为非法进口；如果文化财产是来自缔约国的博物馆、公共纪念馆或类似机构中失窃的文化财产，也构成非法进口（第 6、7 条）。除此之外，公约中文化财产相关非法行为的类型也在扩展，为禁止这些非法行为的发生，公约将被迫情形下的出口也规定为非法，即如果某一国家被他国直接或间接占领，而该国被迫出口或转让文化财产所有权的行为也被视为非法的行为（第 11 条）。

---

① 《巴黎公约》第 4 条："凡属以下各类财产均为每个缔约国的文化遗产的一部分：1. 有关国家的国民的个人或集体天才所创造的文化财产和居住在该国领土境内的外国国民或无国籍人在该国领土内创造的对有关国家具有重要意义的文化财产；2. 在国家领土内发现的文化财产；3. 经此类财产原主国主管当局的同意，由考古学、人种学或自然科学团体所获得的文化财产；4. 经由自由达成协议实行交流的文化财产；5. 经此类财产原主国主管当局的同意，作为赠送品而接收的或合法购置的文化财产。"

对于实施以上非法进出口禁止性行为的，公约要求缔约国对"负有责任者予以惩处或行政制裁"（第8条）。公约这一条在原则上规定了缔约国承担对实施禁止性行为责任者的惩罚与制裁义务，虽然没有写明具体如何实施和执行，但明显推断出，公约是将管制和惩处的权利赋予了各缔约国，要求各缔约国在国内立法中做出明确的刑事制裁规定。这一点可以从联合国教科文组织关于各国的培训对象、培训内容以及合作伙伴的表述中清楚看出——"为了确保培训计划完全有效并鼓励国际合作，教科文组织与其他政府间或非政府组织以及专门从事打击非法贩运文化财产的警务部门开展合作。该合作为参与者提供了独一无二的具体专业知识。在主要的伙伴机构中，国际刑警组织、国际统一私法协会、世界海关组织（OMD）、联合国毒品和犯罪问题办公室（UNODC）、国际博物馆理事会（ICOM）、意大利宪兵队、打击文物贩运中央办公室（OCBC）和欧洲联盟是优先合作的培训方。"① 但是对于国际社会针对这种行为的惩处却没有相应的规定。

1970年《禁止非法出口转让公约》旨在禁止国家间非法的文化财产交易，重在呼吁各缔约国采取措施以防止文化财产被盗和非法进出口，但是公约内容多以行政管理的方式进行约束，执行主要依据政府间的外交途径进行协商和谈判。简单来说，1970年的《关于禁止和防止非法进出口文化财产和非法转让其所有权的方法的公约》"对文化财产的流动规定了多边的控制，同时力求提倡文化财产的合法交流，并提倡在各国列出物品清单时进行国际合作。"② 但公约对于有效禁止从被占领土非法出口和转让文化财产，缺乏相关的国际惩治机制和监督机制。

1990年联合国预防犯罪和罪犯待遇大会通过了《防止侵犯各民族动产形式文化遗产罪行示范条约》，1991年联合国教科文组织起草了《关于盗窃和非法出口文物的公约草案》，这两个文件对毁坏、盗窃、非法转移国家珍贵文

---

① 《改善1970年〈公约〉实施情况的战略建议》[《关于采取措施禁止并防止文化财产非法进出口和所有权非法转让公约》（联合国教科文组织，巴黎，1970年）缔约国会议第二次会议，2012年6月20~21日]，第6页。

② 〔美〕詹姆斯·A.R.纳夫齐格：《关于保护文化财产的国际刑法措施》，周叶谦译，《环球法律评论》1986年第6期。

物和文化财产的犯罪行为，做出了明确的规定，但这两个条约并没有法律拘束力。之后，1995 年《国际统一私法协会关于被盗或者非法出口文物的公约》从私法角度重点对文化财产的返还问题进行了详细的规定，对 1970 年《禁止非法出口转让公约》起到了一定的补充作用。①

可以看出，这一系列公约主要着重从私法角度探讨文化财产的保护，刑事制裁措施显得乏力。如在文化财产的返还问题上，公约主要探讨返还机制以及返还程序、时效等，并没有涉及对被盗文物的盗窃者的惩处等刑罚规定。但是，上述公约中涉及的非法行为对文化财产犯罪的研究有很大的促进作用。

（三）2003 年《关于蓄意破坏文化遗产问题的宣言》

2001 年 3 月 19 日，阿富汗塔利班政权不理会联合国教科文组织及外国非政府组织的反对，残酷炸毁了有着 1500 多年历史的曾经世界第三高的石雕立式佛像——巴米扬大佛②，因为"它们是异教徒的神像的象征。"国际社会对此事件十分震惊。在巴米扬大佛被毁之前，国际社会做了许多的努力，联合国文化遗产保护组织给塔利班发出了紧急照会，并于 2001 年 2 月 27 日发表紧急声明，声明指出："阿富汗有幸位于古丝绸之路的交汇地带，并因此而受到了来自波斯、古希腊、西印度、佛教以及伊斯兰教的多重影响，并形成了一种独特的文化氛围，这是世界上其他国家所不可比拟的。因此，它们应该得到保护而不是遭到销毁。"③

针对国内冲突中国家政权破坏文化财产（包括自然景观）的行为，国际

---

① 郭玉军：《国际法与比较法视野下的文化遗产保护问题研究》，武汉大学出版社，2011，第 87 页。

② 巴米扬石窟群位于阿富汗喀布尔西北方约 245 公里的兴都库什山脉，以佛教美术遗迹而闻名。巴米扬峡谷的绝壁之上有两尊世界闻名的巨佛，分别位于东西方位。一尊凿于公元 5 世纪，高 53 米，着红色袈裟，名叫塞尔萨尔，也称"西大佛"；一尊凿于公元 1 世纪，高 37 米，身披蓝色袈裟，名叫沙玛玛，也称"东大佛"。数个世纪以来，它们是阿富汗的文化地标，阿富汗巴米扬峡谷也因丰富的佛教洞窟遗址及曾经高达 53 米的石雕佛像而与中国敦煌石窟、印度阿旃陀石窟同被列为佛教艺术最珍贵的遗产地。公元 4 世纪和 7 世纪，中国晋代高僧法显和唐代高僧玄奘都曾先后到过这里，并在各自的著作《佛国记》和《大唐西域记》中对巴米扬大佛作了生动的描述。

③ 一了：《塔利班炸毁巴米扬大佛 举世震惊》，凤凰新闻网，http: //fo. ifeng. com/special/ zhutifoyeduihua/chongtuyujuexing/detail＿ 2012＿ 03/13/13166312＿ 0. shtml，最后访问日期：2014 年 3 月 1 日。

社会共同联手，从而使联合国教科文组织制定的《关于蓄意破坏文化遗产问题的宣言》（以下简称《宣言》）于 2003 年正式通过。

1. 蓄意破坏文化财产的行为包括对自然景观的破坏

《宣言》"重申 1954 年《关于发生武装冲突时保护文化财产的公约》序言中提出的一条基本原则，即'鉴于各国人民均对世界文化做出了贡献，对文化财产（不管它属于哪国人民）的损害将构成对整个人类文化遗产的破坏'"（前言）。从这一点可以看出，《宣言》虽然只是具有国际法软法性质的一个国际法律文件，但它毋庸置疑地重申了 1954 年《海牙公约》中规定的文化财产破坏即为犯罪行为这一原则。不过公约与之前的国际法律文件的不同之处在于，其明确指出了对包括自然景观在内的文化财产的破坏均是犯罪，这一点在之前的规范文化财产非法行为的公约中均没有提及。

另外，《宣言》对于"蓄意破坏"做出了清晰的阐释：故意或无理违反国际法及人道原则和公共良心要求，即为蓄意；使文化遗产部分或整体地遭受毁坏，即为破坏（第 2 条）。同时《宣言》规定，各缔约国应共同努力，对于这种蓄意破坏的行为，"应采取一切适当措施，预防、避免、制止和打击蓄意破坏无论是何地的文化遗产的行为"（第 3 条）。"一切措施"自然可以理解为包含法律上的刑事措施。

2. 增加了国家责任的承担

2003 年《宣言》对于和平时期及武装冲突期间的文化财产的保护都做了明确说明，要求即使在军事占领的情况下，缔约国仍"应采取一切适当的措施，使自己的行为符合保护文化遗产的要求"，当然对于一切蓄意破坏的不合法行为，《宣言》规定了相应的责任。《宣言》与其他公约的不同之处在于，其同时规定了国家责任与个人责任。以前的相关公约均只涉及个人责任的规定，而对于国家责任则比较忽略。由于《宣言》的制定与塔利班政府的破坏行为密切相关，故而《宣言》增加了对国家责任的规定。对于个人责任的承担，《宣言》要求各国确立司法管辖权，对犯罪行为人予以有效的刑事制裁（第 7 条）；对于国家责任的承担，《宣言》则呼吁蓄意破坏文化遗产或故意不采取措施阻止、防止和惩罚文化遗产破坏行为的国家，"在国际法规定的范围内"承担责任（第 6 条）。《宣言》对文化财产蓄意破坏的行为采取个人责任与国家责任相结合的方式，成为国际公约对文化财产刑事保护的一个重要阶段。但《宣言》由于其本身的缺陷，并不具法律拘束力，因此其在文化财产保护上的作用还是相当有限的。不过，《宣言》框架的完整性对日后文化财产犯罪规则的制定将具有深远的借鉴意义。

（四）小结

和平的延伸拓展时期，也是文化财产保护全面开花的时期，这一时期形成了以 1972 年《保护世界文化和自然遗产公约》（也简称作《世界遗产公约》）和 2003 年《保护非物质文化遗产公约》为主体的文化财产国际法保护体系，虽然这些公约中鲜有涉及刑法规则的内容，但是其对文化财产的保护对象的拓展对文化财产的国际刑法保护具有十分重要的引导作用，对完善文化财产的国际刑法保护体系有促进作用。

1972 年联合国教科文组织第 17 届大会签订并于 1975 年生效的《世界遗产公约》，标志着保护世界财产全球化行动的开始，是文化财产国际法保护的里程碑。2003 年 10 月，联合国教科文组织制定了《保护非物质文化遗产公约》，它对于 1972 年《世界遗产公约》起到了必要的补充作用，填补了 30 年来非物质文化财产国际法保护方面的空缺，从而使得非物质文化财产也有了可认定的价值标准。在提出水下文化财产的概念之前，国际社会并未对其采取过特殊的立法保护，随后认识到水下文化财产是普遍文化财产概念项下的特殊部分，所以国际社会规制侵犯水下文化财产的行为可借鉴一般文化财产的保护模式。联合国教科文组织第 31 届会议于 2001 年 11 月 2 日在巴黎通过了《保护水下文化遗产公约》，公约除明确了水下文化财产的定义外，为了确保其免受侵犯，还规定毁坏、盗窃和非法进出口水下文化财产都属非法行为。这些公约并没有过多涉及文化财产的国际刑法保护规则，但是对于其制定与完善具有促进作用，原因有三：（1）文化财产的概念拓宽，引起国际社会的进一步思考——如何更加全面地保护普遍意义上的文化财产，其中必然会引发刑法保护的思考；（2）公约的缔结加强了国际合作；（3）宣传了文化财产保护的重要性，引起社会各界对文化财产保护的广泛关注。

因此，随着严重毁坏文化财产行为的不断出现，国际社会要求强化文化财产国际法保护手段的呼声也日益高涨。世界遗产委员会第 39 届、第 40 届大会分别通过了 2015 年《世界遗产波恩宣言》、2016 年《世界遗产保护伊斯坦布尔宣言》①。《波恩宣言》明确地强烈谴责了伊拉克和黎凡特伊斯兰国（ISIL）/伊斯兰国（Daesh，即 IS）针对伊拉克、叙利亚有关古城的文化遗产野蛮破坏行为、将文物劫掠作为军事战略的行为。这两个宣言虽然对野蛮破坏文化财产的行径没有相应刑事制裁的说明，但它们都对于近年来爆发的大规模的文化财产遭受的破坏（特别是日益增长的蓄意破坏）提出了关切，对日益增长的文化财产被盗掘、劫掠和非法贩运及其对世界遗产造成的严重威胁表达了深深的忧虑。《波恩宣言》还特别提及了武装冲突下文化财产被破坏、被劫掠和被非法贩运的行为，谴责了参与冲突的各方将文化财产地暴露在军事行动中或为军事目的利用文化财产地的行径。两个宣言在文本中呼吁加强文化财产国际保护的合作，承诺促进和实施宣言的目标。从中可以看出，加大文化财产的保护力度，强化刑法（包括国际刑法）惩治，追究文化财产犯罪者的刑事责任是我们不容推卸的历史责任。

这一时期主要偏重于强调和平时期文化财产的保护，相较于战时文化财产保护规则各方面都得到了延伸拓展，主要特征表现如下。

第一，受保护的文化财产内涵全面而广泛。通过国际公约的梳理发现，国际刑法对文化财产的保护范围从最初基于宗教目的的建筑物、历史纪念物，到后来的艺术品博物馆，到艺术品、珍贵收藏品，再到水下文化财产、非物质文化财产等，事实上直至目前也没有一个国际公约给出一个普适性的"文化财产"概念，大多都只是做罗列式的描述。这主要是由文化财产的自身特点所决定的。文化财产是一个历史范畴，其内涵和外延随着历史的发展而变化。②基于文化财产的这种特点，随着时代的变迁以及人们对文化财产认识的不断加深，文化财产的范畴自然得以拓宽，没有方法对其限定，也没有必要对其限定。由此国际社会的关注重点不是文化财产是什么，而是文化财产包括了什么，以此更便于对侵犯文化财产的行为予以惩治。

第二，拓展了非冲突期间文化财产保护的刑事惩治。随着国际社会的逐

---

① 两个宣言的英文文本 Istanbul Declaration on the Protection of World Heritage 以及 Bonn Declaration on World Heritage 在联合国教科文组织网上可获得，http://whc.unesco.org，最后访问日期：2018 年 12 月 1 日。

② 郭玉军、唐海清：《文化遗产国际法保护的历史回顾与展望》，《武大国际法评论》（第十二卷）2010 年第 S1 期。

步稳定，人们对文化财产认识的不断加深，以及经济文化的迅猛发展，文化财产的价值与日俱增，由此导致和平时期侵犯文化财产的罪行不断产生。为了加强和平时期文化财产的保护，国际社会认识到，不仅在武装冲突中（国际性或者是非国际性武装冲突中），在和平时期也急需加强对文化财产的保护，对侵犯文化财产的行为予以惩治。

第三，和平时期侵犯文化财产的行为方式表现出多样化特点。对于武装冲突情况下文化财产的保护从最初的禁止摧毁、破坏或者没收，发展到后来的禁止非法转移、盗窃、贩卖等。而对于和平时期文化财产的刑法保护主要在于禁止盗窃、非法进出口、非法贩卖或者蓄意破坏等，因为和平时期侵犯文化财产的目的主要是换取价值，获取经济利益。同时，"巴米扬大佛"的摧毁又带来了新的思考，文化财产的国际刑法保护是一个长期的过程，需要在实践中不断完善。

由此可看出，文化财产的国际刑法保护体系不断在完善。不论是前期战时文化财产保护体系的萌芽、发展，还是和平时期对文化财产罪行的思考、实践，对于文化财产保护的必要性的认识是一直未变的，但是现实中侵犯文化财产的罪行屡禁不止。国际社会应当构建全面的文化财产刑法保护体系，作为文化财产国际保护的根本保障，以全面保护文化财产不受侵犯。

第二章　国际刑事司法机构对
文化财产犯罪的管辖

一　管辖权问题

（一）国际刑法管辖权概述

法律的生命在于实施，国际刑法也不例外。与其他部门法相比，国际刑法的实施有其自身的特点。国际刑法的实施依靠的是打击各类国际犯罪的司法机构，根据司法机构性质的不同分为直接实施和间接实施两类。由国际刑事司法机构管辖刑事犯罪称为直接实施，由一国国内司法机构来管辖的称为间接实施。国际刑法的实施离不开对管辖权的研究，因此管辖权问题是国际刑法领域重要而又富有争议的领域之一。国际刑法中管辖的概念是指特定刑事法院对特定犯有国际罪行的人行使起诉和审判的权利。本章在探讨文化财产犯罪的管辖权问题时也会沿用类似直接实施和间接实施这样的分类，分别从国际刑事司法机构和国内法院两个角度来具体研究管辖权的根据和原则。

国际刑法意义上的管辖权实际上是源于国内刑法的发展与实践。目前，国际刑法的管辖权主要有两个方面的基本根据。一是必须根据罪刑法定原则的要求，即国际刑法所打击的犯罪，必须是由国际上已经生效的公约明文规定的犯罪，如《国际刑事法院规约》就规定了四类行为构成严重的国际罪行，受到国际刑事法院的管辖。二是必须遵循管辖相关规定，即受理起诉和审判犯有国际罪行的犯罪嫌疑人的相关法院，需要有法律的授权。一般根据现代刑法理论，法院需与刑事案件的嫌疑人、受害人或某一客观方面存在某种特殊联系，才可以行使管辖权。这种特殊的联系有些是依据地域，有些则是依据时间。

国际刑法的管辖权原则与国内刑法类似，主要有属地原则、属人原则、普遍原则和保护原则，其在国际刑法中又有独特的含义和发展。

属地原则是一项基本的管辖原则，无论是国家刑事管辖还是国际刑事管辖均遵循这一原则。这一原则在国际刑法中体现为两个方面：一方面是一国对发生在其领土之上的犯罪行为具有管辖权，另一方面是指特定的国际司法机构对特定区域范围内的国际犯罪的管辖权，如前南国际刑事法庭对前南斯拉夫境内发生的严重违反国际人道主义法的罪行的管辖。由于国际刑事法院的属地管辖涉及所有缔约国的领土，[①] 如果某一国际犯罪行为同时属于国家刑事法院的属地管辖权之内，则国家管辖权在此时具有优先性；只有国家不愿或不能行使管辖权时，国际刑事法院才行使对这一犯罪行为的管辖权。而《前南斯拉夫问题国际刑事法庭规约》、《前卢旺达国际刑事法庭规约》在此问题上的规定与国际刑事法院有所不同，针对前南及前卢旺达境内严重违反国际人道主义法的罪行、战争罪行等，前南国际刑事法庭和前卢旺达国际刑事法庭与国内法庭拥有并行管辖权，但国际法庭管辖优先于国内法院，前南国际刑事法庭和前卢旺达国际刑事法庭可以要求国内法院服从其管辖，避免国内法院对犯罪行为的包庇。这是两类国际刑法在面对国际司法机构与国内法院在属地管辖重合方面的不同解决方法。当然，鉴于前南国际刑事法庭和前卢旺达国际刑事法庭的特设性与临时性，国际司法机构的属地管辖是朝着尊重国家主权、作为国家管辖补充的方向发展的。

属人原则又被称为国籍原则，在国际刑法领域，属人原则又被划分为主动国籍原则和被动国籍原则。主动国籍原则是根据犯罪行为人的国籍来确定管辖权，一般而言，国家遵循主动国籍原则是为了履行国际法的义务使得国际法效力得以实施，许多国家也立法确定了以国籍为依据的管辖权原则。例如英国 2001 年制定的《国际刑事法院法》（International Criminal Court Act 2001）就规定：英国法院对本国人实施的《国际刑事法院规约》规定的四类

---

① 刘健：《论国际刑事法院管辖权与国家主权》，《法律科学》2004 年第 9 期。

犯罪具有管辖权，无论犯罪实施地位于英国国境之内或之外。[1] 被动国籍原则是以犯罪被害人的国籍作为管辖的依据，实质上是赋予国家对在国外实施的危害本国人的犯罪的管辖权。如美国制定的《1986 年外交安全和反恐怖主义的综合法案》就规定，美国法院对美国境外发生的谋杀美国公民的犯罪行为具有管辖权。[2] 加拿大《危害人类罪与战争罪法》在规定了属地管辖权的同时，也规定"加拿大公民或加拿大盟国公民为受害人的犯罪"，[3] 加拿大有保护性管辖权利。但是，由于被动国籍原则与保护原则有交集，容易造成国家间刑事司法管辖权的冲突，在国际上认同的国家并不多，即使是有相关法律规定的国家，一般也只是作为辅助性的管辖权原则。

保护原则是指国家为保护本国利益，可采取一切符合国内法的措施来实施管辖权。应用保护管辖原则来确定管辖权时，犯罪行为人一般表现为严重损害了相关国家的国家利益。该管辖原则来源于"刑法理论与国际法理论"两个依据，虽然"自从其诞生之日起就势必成为管辖权理论中最具争议的制度"，但它始终"蹒跚前进"，并最终成就其"与其他管辖权所不同的独特之处"。[4] 例如危害国家政治或军事安全、间谍罪、叛国罪、伪造货币、损害公共卫生的行为是保护原则适用的典型代表。在冷战时期，这一原则也被西方国家用于审理损害同盟国利益的间谍行为。保护原则除了体现在国内法中关于此类犯罪行为的管辖规定中，还体现在国际刑法公约中，如最早的 1929 年《防止伪造货币公约》的规定，"凡承认对在外国所作的犯罪行为可以进行追诉的原则的国家，应对于外国人在国外犯罪和在国内犯罪给以同样的惩罚"，这在国际法领域率先确立了保护性管辖权。1963 年《关于在航空器内的犯罪和其他某些行为的公约》第 4 条、[5] 1988 年《制止危害海上航行安全的非法

---

[1] 王世洲：《现代国际刑法学原理》，中国人民公安大学出版社，2009，第 95 页。

[2] 马呈元：《国际刑法论》，中国政法大学出版社，2007，第 332~333 页。

[3] 朱海波：《〈罗马规约〉国家实施立法研究——以欧盟国家为主要视角》，博士学位论文，山东大学宪法学与行政法学专业，2013，第 48 页。

[4] 俞世峰：《保护性管辖权的国际法问题研究》，博士学位论文，华东政法大学国际法专业，2012，第 11、15 页。

[5] 《关于在航空器内的犯罪和其他某些行为的公约》第 4 条规定："非登记国的缔约国除下列情况外，不得对飞行中的航空器进行干预以对航空器内的犯罪行使其刑事管辖权：……三、该犯罪行为危及该国的安全。"

行为的公约》第 6 条、① 1979 年《反对劫持人质国际公约》第 5 条②等国际公约也都确立了保护性管辖原则。区域性的国际法律文件针对保护性管辖权也有立法，例如 1928 年拉丁美洲国家的《布斯塔曼特法典》第 305 条就规定，针对"危害缔约一国的内部或对外安全或其公共信誉的罪行"，任何缔约国均可以不论犯罪人的国籍或住所对其进行管辖。

　　普遍原则针对的是特定的严重危害世界和平与安全的犯罪（亦称为国际性犯罪），无论这些犯罪行为发生的地点或者犯罪行为人的国籍如何，世界各国均对其具有管辖权。最早适用普遍管辖原则的犯罪是海盗罪和贩卖奴隶的行为，后扩展至战争罪、种族灭绝罪、酷刑罪等国际性犯罪。我国刑法第 9 条规定："对于中华人民共和国缔结或者参加的国际条约所规定的罪行，中华人民共和国在所承担条约义务的范围内行使刑事管辖权的，适用本法"，这是我国刑法中应用普遍管辖原则打击特定国际犯罪的表现。除国家刑事立法中有普遍管辖原则外，在《国际刑事法院规约》中也有普遍管辖原则的存在。根据规约的规定，在联合国安理会提交情势的情形下国际刑事法院可以启动管辖权，即便涉及的国家并不是《国际刑事法院规约》的缔约国，但根据《罗马规约》有关侵略罪修正案的规定，法院不对非缔约国的国民或其领土上实施的侵略罪行使管辖权。德国为执行《国际刑事法院规约》而制定的国内立法《国际法罪行治罪法典》也确立了普遍管辖原则。"即使罪行发生在德国境外且与德国没有任何具体联系，德国法院仍然可以对灭绝种族罪、危害人类罪和战争罪行使管辖权。"③普遍管辖原则存在于国际刑法的直接实施和间接实施两个方面，对打击严重的国际犯罪起到重要作用。

---

① 《制止危害海上航行安全的非法行为的公约》第 6 条规定："在下列情况下，每一缔约国应采取必要措施，对第 3 条所述的罪行确定管辖权：（a）罪行系针对位于其大陆架上的固定平台……在下列情况下，缔约国亦可以对任何此种罪行确定管辖权：（c）犯罪的意图是迫使该国从事或不从事某种行为。"

② 《反对劫持人质国际公约》第 5 条规定："每一缔约国应采取必要的措施来确立该国对第 1 条所称任何罪行的管辖权，如果犯罪行为是：（c）为了强迫该国作或不作某种行为。"

③ 朱潜波：《〈罗马规约〉国家实施立法研究——以欧盟国家为主要视角》，博士学位论文，山东大学宪法学与行政法学专业，2013，第 47 页。

（二）　文化财产犯罪国际刑事管辖权的起源与发展

1. 对文化财产犯罪国际刑事管辖权的形成与发展

文化财产犯罪国际刑事管辖权指的是特定的国际司法机构对文化财产犯罪实施起诉和审判的权力。国际法对文化财产犯罪问题的关注始于武装冲突中破坏文化财产的行为。

自古以来，掠夺艺术品作为战利品是战争中的普遍做法，直至 19 世纪中叶，战争中文化财产的保护问题才开始受到国际法学界的关注。以《利伯守则》、《牛津手册》、《布鲁塞尔宣言》为代表的三个文件均涉及对文化财产的保护，虽然不具有国际法效力，却对在国际法中确立保护战时文化财产的法律规则有着启发性的意义。1899 年，在海牙召开的国际和平会议上通过了《海牙第二公约》及其附件《陆战法规和惯例章程》。从内容上看，章程以《布鲁塞尔宣言》为基础，参考了《利伯守则》和《牛津手册》的相关规则。这是国际社会首次以国际公约的形式正式确立了禁止战时掠夺、没收和毁坏文化财产等法律原则。① 虽然保护文化财产的内容只有这部公约的少数条文涉及，并且该公约不是一部专门性保护文化财产的公约，但它却标志着武装冲突中文化财产国际法保护萌芽的产生，为之后国际刑法中国际司法机构对文化财产犯罪的管辖奠定了基础。

一战中，世界文化财产遭到严重破坏。1914 年，德国人烧毁比利时鲁汶大学和法国兰斯库大教堂，引起了国际社会的强烈愤慨。制定武装冲突中保护文化财产的国际法律显得十分迫切，这样的历史背景促进了保护战时文化财产的国际法的形成。这一时期国际社会先后出现了以《空战拟定规则》、《罗里奇公约》和《国际博物馆办公室草拟条约》为代表的法律文件。这一时期的条约虽然相对简单，但针对文化财产的保护已经制定了如空中轰炸规则、文物特别保护制度等特殊规则。其中《罗里奇公约》是国际上第一部专门性的文化财产保护文件。

二战中，世界文化财产再次遭受浩劫，国际社会认识到，现有的国际法规则不足以起到保护文化财产免受战争破坏的作用。在总结二战经验教训之

---

① 唐海清：《武装冲突情况下文化财产国际法律保护的历史演进》，《时代法学》2009 年第 4 期。

后，起草一部专门保护战时文化财产的国际公约被列入日程。1954 年联合国教科文组织通过了《海牙公约》及其第一附加议定书。1954 年《海牙公约》及其议定书是建立在以往文化财产保护的国际法研究成果之上的。它在前言中就阐明了文化财产国际保护的原则，强调文化财产必须获得国际性的保护，同时界定了文化财产、武装冲突的定义。1954 年《海牙公约》第一次详细地建立起了文化财产的保护制度，是文化财产国际法保护的重大发展。以 1954 年《海牙公约》为标志，国际法对文化财产保护的基本体系已经形成，为后续国际刑法对文化财产犯罪行使管辖权创造了条件。

国际刑法保护文化财产的发展历程和数次武装冲突对文化财产的破坏事实，使国际社会意识到，单纯地制定保护规则不足以对文化财产提供充分的保护，运用刑法手段打击文化财产犯罪对文化财产的国际保护而言必不可少。时至今日，盗窃、非法贩运、破坏文化财产等行为可能构成严重的国际犯罪这一理念已深入人心。国际刑法对文化财产犯罪的管辖也从国际刑事司法机构发展到国内法院的管辖，形成了两个基本脉络：以国际刑事司法机构的国际刑事管辖权为主导，以国内法院的国家刑事管辖权为补充。两者既相互独立又相互配合，共同构成了国际刑法对文化财产犯罪的管辖。

二战后的纽伦堡审判是国际司法机构第一次对文化财产犯罪进行的审判。其后 1993 年设立的前南斯拉夫国际刑事法庭和 1994 年设立的前卢旺达国际刑事法庭均对武装冲突中破坏文化财产的行为进行过审判。在《国际刑事法院规约》的规定中，在武装冲突中破坏文化财产的行为被明确规定为战争罪的一种表现形式。关于这几个国际刑事司法机构对破坏文化财产犯罪行为的管辖，本章后一节会作详细的分析。

2. 文化财产犯罪国家刑事管辖权的发展

文化财产犯罪国家刑事管辖权是指国内法院对国际文化财产犯罪实施起诉和审判的权力。在战争以及其后一段时期内，文化财产犯罪的国家管辖与国际管辖一样主要集中在武装冲突期间破坏文化财产的行为。随着世界形势趋于稳定，国际经济交流增多，国际文化财产犯罪的重点逐渐从破坏文化财产转变为盗窃、非法贩运文化财产。针对这两类犯罪的国家管辖权逐渐发展成熟。

纽伦堡审判确立了实施破坏文化财产犯罪的行为人应被追究刑事责任的

原则，这一原则被其后的 1954 年《海牙公约》所吸收。根据 1954 年《海牙公约》，对于违反本公约，在武装冲突中实施破坏文化财产犯罪的行为人，各国应在各自的刑事管辖权范围内对其实施起诉和审判，这是国际公约对文化财产犯罪国内管辖权的初步规定。然而该公约对具体管辖权的范围与实施缺乏明确规定，对各国立法的指导意义不大。

1954 年之后，国际法在保护文化财产方面的发展给 1954 年《海牙公约》带来了一定的冲击。80 年代后，相继爆发的两伊战争、南斯拉夫武装冲突等给交战国境内的文化财产造成了巨大破坏，尤其是 1990 年的前南斯拉夫武装冲突就直接打着"文化清洗"的旗号，对文化财产进行了直接打击。在这样的历史背景下，1999 年联合国教科文组织在海牙召开会议，对 1954 年《海牙公约》及其修改展开讨论，最终通过了《关于发生武装冲突时保护文化财产公约第二议定书》（以下简称为 1999 年《第二议定书》），作为 1954 年《海牙公约》的补充。[①] 1999 年《第二议定书》同样适用于武装冲突情形下的文化财产犯罪，议定书详细列举了被视为文化财产犯罪的五种具体情形，并在管辖权方面有了进一步的发展。根据 1999 年《第二议定书》，各缔约国应采取必要立法措施，确保本国可以依据属地管辖、属人管辖和普遍管辖原则对公约规定的犯罪行为实施管辖，其中管辖原则以属地管辖、属人管辖为主，普遍管辖作为补充。

考虑到和平时期盗窃与非法贩运文化财产的行为对世界文化财产保护的威胁日益增大，1970 年国际社会经由联合国教科文组织，通过了《关于禁止和防止非法进出口文化财产和非法转让其所有权的方法的公约》。公约以非法贩运文化财产的预防措施、文物归还和国际合作为主要内容，详细列举了对非法贩运文化财产的各项禁止性规定，同时公约认为各国有义务对非法贩运文化财产的行为人实施惩处。这些规定实际上是对非法贩运文化财产犯罪行为国家管辖权的概括性规定。与 1954 年《海牙公约》类似，1970 年《禁止非法出口转让公约》对国家管辖权并没有作进一步规定。国际统一私法协会应教科文组织之邀，于 1995 年拟定了《国际统一私法协会关于被盗或

---

① 唐海清：《论 1954 年〈海牙公约〉对于文化遗产的国际保护》，《湖南行政学院学报》2010 年第 1 期。

者非法出口文物的公约》，该文件作为 1970 年《禁止非法出口转让公约》的补充文件，主要内容是各国就归还被盗或非法出口文物达成一致，允许由国家法院直接受理文物归还申诉，对盗窃和非法贩运文化财产犯罪的管辖问题，也没有进一步的具体规定。

近年来，联合国一直关注盗窃和非法贩运文化财产的问题。1990 年联合国第八届预防犯罪和罪犯待遇大会在哈瓦那召开，会议讨论并通过了《防止侵犯各民族动产形式文化遗产罪行示范条约》，条约要求缔约国承诺制裁实施条约列举的三种盗窃和非法贩运文化财产行为的个人和机构。联合国经济及社会理事会针对此问题通过了多项决议，包括"关于保护文化财产免遭非法贩运"的第 2004/34 号决议和第 2008/23 号决议，"保护文化财产尤其使之免遭贩运的预防犯罪和刑事司法对策"的 2010/19 号决议，以及于 2011 年 7 月通过的题为"加强保护文化财产尤其使之免遭贩运的预防犯罪和刑事司法对策"的决议等。这些决议重申了联合国在此问题上的基本立场，并呼吁各国依照《联合国打击跨国有组织犯罪公约》和《联合国反腐败公约》的相关规定打击盗窃和非法贩运文化财产的行为。

综上所述，目前国际刑法中，关于武装冲突期间破坏文化财产犯罪的管辖权的规定较为详细。而现今有关盗窃与非法贩运文化财产罪的国际性公约大多偏向民商事性质，主要适用于国际文物返还，缺乏单独针对国际盗窃和非法贩运文化财产犯罪的刑事公约。虽然世界各国国内法中均不同程度地有关于此类文化财产犯罪的规定，但由于文化财产的全球性流通，跨国文化财产犯罪已经对文化财产保护形成极大的威胁，通过专门的国际公约界定此类文化财产犯罪的国家管辖权和具体国家间刑事合作的内容，有待各国的共同努力。

二　国际刑事司法机构对文化财产犯罪的管辖

（一）纽伦堡军事法庭对文化财产犯罪的审判

1. 二战中德国纳粹对文化财产的掠夺和破坏

虽然文化财产的刑事保护起源于战争对文化财产的破坏，但人类历史上却没有任何一场战争对文化财产的掠夺和破坏能与第二次世界大战相比拟，

"二战成为法西斯国家掠夺受害国艺术品的饕餮盛宴"。①

"二战后期，美军在阿尔卑斯山小镇的一座盐矿里，发现了一处藏匿着纳粹战利品的宝藏，其中约有 6500 幅画作、3000 多幅素描和版画，100 件雕塑及更多的织锦、家具和书籍！其中光是伦勃朗的画作就有 27 幅，还有多幅鲁本斯、波提切利和马萨乔等大师作品，其数量和珍贵程度远超世上任何一家大型博物馆。"② 而这仅仅只是纳粹掠夺的欧洲文化艺术珍品的一部分，还有更多的绘画、雕塑、瓷器、地毯、宗教珍宝等被抢劫、被掠夺！在被纳粹掠夺的艺术珍品当中，包括闻名世界的意大利文艺复兴大师米开朗琪罗的大理石雕塑《布鲁日圣母像》、荷兰 17 世纪杰出画家约翰内斯·维米尔的《天文学家》、马蒂斯的肖像画《坐着的女人》、伦勃朗的《自画像》、达·芬奇的《抱银鼠的女人》、法国印象派画家马奈的《在温室里》，以及重达一吨的扬·凡·艾克的 12 屏画作《根特祭坛画》……除此之外，更有大量的艺术珍品不知流失在何方，意大利画家拉斐尔的名作《年轻人的肖像》更是被纳粹付之一炬。

自小渴望成为画家的希特勒，为了实现建造一座让世人震惊的、全世界最大最宏伟的艺术博物馆的梦想，于 1939 年在德国东部德累斯顿筹建了一家办事机构——"罗森堡特别工作处"，专职负责对历史艺术财产的攫取。在他的指挥下，这种纯粹属于个人的爱好转变为国家的政治行为。同时他精心挑选了一支特别的部队，有组织、有计划地对各国的珍贵文物、艺术珍品开始大规模的抢夺，这就是他所谓的"林茨特别任务"。二战爆发后，当纳粹的铁蹄在欧洲各国的土地上肆意践踏的时候，纳粹党卫军的魔爪伸向了欧洲和东方各城市的大学、公立乃至私人博物馆和艺术馆，开始了疯狂劫掠：一战后修复不久的比利时卢万大学（也称卢文大学）及其图书馆遭到了洗劫和破坏；在占领东方国家期间，希特勒部队摧毁了包括列宁格勒、斯大林格勒博物馆在内的 427 座博物馆，欧洲和东方各国的博物馆艺术珍品惨遭浩劫。③

---

① 晓冬：《纳粹缘何疯狂掠夺艺术品?》，《深圳特区报》2013 年 11 月 13 日，第 2 版，http：//sztqb. sznews. com/html/2013-11/16/content_ 2686257. htm，最后访问日期：2015 年 1 月 8 日。

② 吴锐汶、李崇寒：《档案揭秘：〈史上最大的艺术品掠夺案——纳粹夺宝〉（上）播音词》，国际广播电台《档案揭秘》栏目 2015 年 12 月 3 日播出，http：//www. aiweibang. com/yuedu/70291606. html。

③ 参见黄树卿《文化财产国际司法保护的里程碑》，《沈阳工业大学学报》2014 年第 1 期。

除了希特勒的"林茨特别任务"外，曾经的帝国元帅、纳粹空军司令、国会议长赫尔曼·威廉·戈林也看上了价值连城的各类艺术珍品。1940年德国占领法国后，戈林让部下将劫掠的各类法国艺术品运到他位于柏林的宫殿式别墅卡林宫中，而一些最好的名画则被直接送上他的私人列车。二战末期苏联占领柏林，垂死挣扎的戈林派了两列超长列车将众多艺术珍品运回他德国南部的老家，一些沉重的无法带走的雕塑则被埋在了卡林宫地底下。还有一些无法带走又无法埋藏的艺术宝藏，全部被其指挥的德国空军炸成了灰烬。

更为荒唐的是，为了分配巴黎卢浮宫所收藏的艺术品，1940年戈林令人按等级设计了一份瓜分这些艺术品人员的名册，"第一名是希特勒，第二名是他自己，然后依次是帝国领导人罗森贝格（即罗森堡，笔者注）的特别行动指挥部，德国的博物馆，法国的博物馆和艺术交易行"，而这份瓜分计划在呈送给希特勒后，希特勒居然"当天就批准了"，[①]"元首优先权"成为法律的手段在艺术品劫掠中得以运用。德国纳粹在欧洲土地上犯下的文化财产破坏罪行令人发指。

2. 纽伦堡法庭对纳粹破坏文化财产罪行的指控和判决

1943年，18个同盟国签署了《反对在敌对控制占领领土进行掠夺行为之同盟国间宣言》（Inter-Allied Declaration against Acts of Dispossession Committed in Territories under Enemy Occupation of Control，亦称《伦敦宣言》），对在战争中劫掠被占领国家及其人民的财产（包括文化财产）等非法行为进行了强烈的谴责。[②] 但这仅是一个宣言类的国际文件，对德国纳粹并不能起到制裁作用，更多是为盟军着手返还各国被掠资产（包括文化财产）奠定基础。1945年的《关于建立一个国际军事法庭的协定》以及根据这一协定制定的《纽伦堡国际军事法庭宪章》才真正将犯下文化财产罪行的纳粹分子送上了法庭。1945年10月18日，英国少校艾雷·尼夫向国际军事法庭递交了对威廉·戈林和其他战犯的起诉书，共二万五千字，起诉理由分为四条：共

---

① 〔德〕哈恩斯－克里斯蒂安·罗尔：《第三帝国的艺术博物馆——希特勒与"林茨特别任务"》，孙书柱、刘英兰译，生活·读书·新知三联书店，2009，第43页。

② Inter-Allied Declaration against Acts of Dispossession Committed in Territories under Enemy Occupation of Control（1943），http：//www. lootedartcommission. com/inter-allied-declaration，Accessed July 1，2015.

同策划和密谋罪、破坏和平罪、战争罪以及违反人道罪。[①]

对于纳粹疯狂掠夺、毁坏文化艺术珍品的行为，在法庭审理之时法国起诉代表传唤的证人作了详细的叙说：

在比利时、荷兰、卢森堡和法国，许多美术馆收藏的绘画以及公私珍藏、瓷器、古代家具和珠宝都被他们盗走。

这不是个别的抢劫事件，而是由士兵进行的掠夺，这是在一切战争中都曾有过而且还会发生的情况。这类掠夺行动是有计划、有组织地进行的。其所用方法各不相同……

进行掠夺的官方机构首先是德国部长罗森堡所属的西方被占领区及荷兰特别工作处，它虽不是唯一的代表机构，但却是最重要的一个……

艺术品都被运往热德波默博物馆和罗浮宫……无数艺术品和书籍，特别是绘画，都由特别工作处的代表经手出卖了。这种交易部分在法国进行，部分在德国或瑞士进行。如果仔细观察，就可以清楚地看出他们的意图：用合法的借口把没收来的绘画保管起来，以后就在某个中立国家出售以换取外汇……

要想全面统计那些东西的价值是很困难的。虽然罗森堡曾在不同时期对他的掠获物做过估价，其中最主要的一次是他在 1940 年 11 月 14 日写给德国财政部长施瓦茨的信中集中所作的估计……

[①] 《纽伦堡军事法庭宪章》第 6 条规定："依照本条例第一条所称的协定以审判和惩处欧洲轴心国首要战犯为目的而设立的法庭有权对为欧洲轴心国的利益而犯有下列罪行的所有人员进行审判和惩处，而不论其为个人或为某一组织或集团的成员。对下列表现为犯罪的各种行为，或其中的任何一种行为，法庭均有权进行审判和惩处。犯有此类罪行者均应负个人责任：（一）破坏和平罪：系指策划、准备或进行侵略战争或违反国际条约、协定或保证的战争，或为实现上述行为而参与共同计划或密谋；（二）战争罪：系指违反战争法规或战争习惯的罪行。这种违反行为包括（但并不限于）：屠杀或虐待占领区平民，或以奴隶劳动为目的，或为其他任何某种目的而将平民从被占领区或在被占领区内放逐，屠杀或虐待战俘或海上人员，杀害人质，掠夺公私财产，恣意破坏城镇乡村，或任何非属军事必要而进行破坏；（三）违反人道罪：系指在战争爆发以前或在战争期间对平民进行的屠杀、灭绝、奴役、放逐或其他非人道行为，或借口政治、种族或宗教的理由而犯的属于法庭有权受理的业已构成犯罪或与犯罪有关的迫害行为，不管该行为是否触犯进行此类活动的所在国的法律。凡参与拟订或执行旨在犯有上述罪行之一的共同计划或密谋的领导者、组织者、发起者和同谋者，他们对为执行此类计划而犯罪的任何个人的一切行为均负有责任。"

那时罗森堡估计他弄到的东西价值已达到五亿德国马克……①

同时，证人还在法庭上就比利时的卢万大学图书馆被德军炮火摧毁一事进行了阐述。从证人的阐述中可以看出，德军是有计划、有目的、故意地摧毁了全欧洲大学最好的、藏有 16 世纪和 17 世纪古版本、手稿和书籍的图书馆。②

纳粹对于文化财产的破坏和掠夺行为不仅发生在西欧占领区，在东欧占领区也是如此：

（纳粹）准备攫取世界统治权的疯狂计划的同时，在策划和发动掠夺战争的同时，希特勒密谋分子还制定了消灭世界文明的行动……在苏联、捷克斯洛伐克和南斯拉夫等德军占领区摧毁文化设施，掠夺和破坏文物，扼杀这些国家的民族文化生活……

在谈到关于掠夺和破坏艺术珍品的机构时，还有必要指出另外一个外交手腕与掠夺并用的部门。我所指的是德国外交部。

……在德国政府的直接推动下对苏联占领区进行的掠夺，不只是由被告戈林、罗森堡以及他们所属的许多部门进行的，而且还有被告里宾特洛甫所领导的外交部以一种特殊的编制参与了这类活动。

（里宾特洛甫倡议建立并由他领导的外交部）特种大队的任务是在攻陷大城市之后立即收缴该地的文化珍品和具有重要历史价值的文物，并把珍贵的书籍和影片挑选出来运往德国……③

---

① 纽伦堡国际军事法庭：《1945 年 11 月 14 日至 1946 年 10 月 1 日纽伦堡国际军事法庭对首要战犯的审判》（第七卷），转引自〔德〕P. A. 施泰尼格尔编《纽伦堡审判》（下卷第二分册），石奇康等译，王昭仁校，商务印书馆，1988，第 407~408 页。

② 纽伦堡国际军事法庭：《1945 年 11 月 14 日至 1946 年 10 月 1 日纽伦堡国际军事法庭对首要战犯的审判》（第六卷），转引自〔德〕P. A. 施泰尼格尔编《纽伦堡审判》（下卷第二分册），石奇康等译，王昭仁校，商务印书馆，1988，第 401~404 页。

③ 纽伦堡国际军事法庭：《1945 年 11 月 14 日至 1946 年 10 月 1 日纽伦堡国际军事法庭对首要战犯的审判》（第八卷），转引自〔德〕P. A. 施泰尼格尔编《纽伦堡审判》（下卷第二分册），石奇康等译，王昭仁校，商务印书馆，1988，第 477~479 页。

　　苏联的起诉代表在法庭审理中提出，这些被特种大队掠劫的文物包括叶卡特琳娜女皇王宫博物馆的陈列品，乌克兰科学院图书馆的珍贵书籍（一些是波斯文、阿比西尼亚文和中文的珍贵手抄本），基辅各个博物馆、乌克兰艺术博物馆、俄罗斯艺术博物馆和东西方艺术博物馆，以及舍甫琴科中心博物馆收藏的陈列品，柯罗连科图书馆中的几千册珍贵图书，哈尔科夫美术馆中的几百幅画作以及许多古代雕塑和博物馆的全部学术档案，捷克布拉格大学图书馆和私人收藏馆中的大量艺术品、绘画、雕像和稀有手稿，波兰议会图书馆中的国家文物以及大量的古代文物，同时他们对巴甫洛夫斯克城、沙皇村和彼得宫城的艺术古迹和建筑物进行了大肆焚毁……这些文化艺术珍品"既无法统计其数量，也无法估计其价值"。苏联的起诉代表还指出，纳粹的这些行为不仅构成战争罪之中的破坏文化财产行为，而且"消灭和损毁历史文化遗址，卑劣地嘲弄民族感情和信仰，这只是希特勒政府制定与实施的灭绝人性的计划的一部分。这个计划旨在彻底消灭苏联民族文化的意义……并以暴力迫使俄罗斯人、立陶宛人、拉脱维亚人、爱沙尼亚人和苏联其他各民族日耳曼化"。①

　　根据各国起诉代表的起诉，经过整整 218 天的审理，军事法庭确认"在所有被占领的国家里，掠夺的原料和制成品包括大批艺术珍宝、家具、纺织品和类似物品"，"在苏联的被占领区的博物馆、宫殿和图书馆遭到系统的浩劫"，② 故而以此为理由之一判处对破坏占领区文化财产承担主要责任的戈林犯破坏和平罪、战争罪和违反人道罪，并处以绞刑。尽管戈林的辩护律师施塔默尔提出辩护意见，声称戈林"个人不能对希特勒的侵略政策承担责任；他只是为国家利益才掠夺艺术品"，"他对希特勒的忠诚毁了他自己"。③ 里宾特洛甫被判处破坏和平罪、战争罪和违反人道罪，处以绞刑，因为"大量证据足以证明，里宾特洛甫完全赞同民族社会主义理论的主要原则，而且还证

① 纽伦堡国际军事法庭：《1945 年 11 月 14 日至 1946 年 10 月 1 日纽伦堡国际军事法庭对首要战犯的审判》（第八卷），转引自〔德〕P. A. 施泰尼格尔编《纽伦堡审判》（下卷第二分册），石奇康等译，王昭仁校，商务印书馆，1988，第 487 页。

② 纽伦堡国际军事法庭：《纽伦堡国际军事法庭判决书》，转引自〔德〕P. A. 施泰尼格尔编《纽伦堡审判》（上卷），王昭仁等译，王昭仁校，商务印书馆，1985，第 208、209 页。

③ 利旋：《纽伦堡大审判——第二次世界大战纳粹战犯受审纪实》，四川人民出版社，1994，第 47 页。

明，他在犯破坏和平罪、战争罪和违反人道罪等方面，明显与希特勒以及其他被告进行了无保留的合作。里宾特洛甫之所以心甘情愿为希特勒效劳到底，是因为希特勒的计划和政策与他本人的观点相一致。"① 罗森堡被判处犯破坏和平罪、战争罪和违反人道罪，处以绞刑。相比前两个被告来说，军事法庭对于罗森堡破坏文化财产的行为在判决书中写得最为详细，"罗森堡对欧洲所有遭受袭击的国家的有组织掠夺公私财物的体制负有责任……他组织和领导了罗森堡特别工作处，该组织洗劫了许多博物馆和图书馆，没收艺术珍品和收藏物，抢劫私人住宅……在 1941 年 12 月按罗森堡建议发起的（家具）'行动'中，西方有六万九千六百一十九户犹太人住宅遭到洗劫，仅巴黎就有三万八千户。为了把没收的家具运往德国，曾动用了二万六千九百八十四节火车车皮。到 1944 年 7 月 14 日为止，特别工作处在西方劫夺的艺术珍品，包括名画和博物馆藏品在内，共计二万一千九百零三件之多。"②

3. 纽伦堡军事法庭对文化财产犯罪管辖的评析及思考

（1）纽伦堡审判对文化财产保护的积极意义

第一，纽伦堡审判将掠夺或破坏文化财产的行为既归于战争罪的范畴，又归于违反人道罪的范畴，并对犯下此类行为的个人判处了严厉的刑事制裁。

《纽伦堡军事法庭宪章》第 6 条明确定义，违反战争法规或战争习惯的行为即构成战争罪，这类行为包括但不限于屠杀、虐待平民或战俘；杀害人质；掠夺财产；恣意毁坏城镇乡村；及其他非出于军事必要的破坏行为。但宪章没有规定现有国际刑法所指之种族灭绝罪，对此宪章是将战前或战时进行的屠杀、灭绝、奴役、放逐平民的行为或者其他非人道行为，以及因政治、种族或宗教的理由而对平民进行的迫害行为统统归入了违反人道罪之中。也就是说，纽伦堡审判中的违反人道罪实际上包括了现行国际刑法之反人类罪和种族灭绝罪，只是当时所定义之犯罪构成相对简单得多。

这种犯罪构成定义的简单也体现在战争罪的定义上，但是，战争罪"系

---

① 纽伦堡国际军事法庭：《纽伦堡国际军事法庭判决书（里宾特洛甫）》，转引自〔德〕P. A. 施泰尼格尔编《纽伦堡审判》（上卷），王昭仁等译，王昭仁校，商务印书馆，1985，第 262 页。

② 纽伦堡国际军事法庭：《纽伦堡国际军事法庭判决书（罗森堡）》，转引自〔德〕P. A. 施泰尼格尔编《纽伦堡审判》（上卷），王昭仁等译，王昭仁校，商务印书馆，1985，第 271 页。

指违反战争法规或战争习惯的罪行"之定义，以及违反人道罪系指各种非人道的行为或"犯罪有关的迫害行为"之定义却留下了可以任意扩展解释的空间，对于犯罪所指之行为并未以列举的方式进行限定。这样就为审判纳粹分子破坏文化财产的行为奠定了基础。按文化财产国际刑法保护的历史发展脉络来看，当时的规范战争行为的法规主要是指 1907 年两个《海牙公约》附件，即海牙第四公约附件《陆战法规和惯例章程》和第九公约附件《关于战时海军轰击公约》。其他战争习惯则包括生效或未生效的一些法规中的规定，如 1922 年的《空战规则草案》、1935 年的《关于保护艺术和科学机构及历史纪念物条约》（亦称《罗里奇条约》）、1938 年《国际博物馆草拟条约》等。

　　法庭认为被告的行为事实上违反了下列义务。①海牙陆战法规之战争中文化财产保全义务（第 27 条）；尊重公民的私有财产，私有财产"不得征用"的义务；占领国的没收权只限于被占领国的国有财产之义务，但即使属于国家"宗教、慈善、教育、艺术和科学机构的财产"，也应被作为私有财产对待（第 46 条、56 条）；禁止掠夺的义务（第 47 条）。②《罗里奇条约》规定之对历史纪念物、博物馆、科学、艺术、教育和文化机构应受尊重与保护的义务（第 1 条）。由此，三名被告均犯有军事法庭《宪章》规定的战争罪之行为——掠夺公私财产、破坏文化艺术财物，被判处犯下战争罪行。

　　除此而外，从苏联起诉代表的起诉意见来看，纳粹破坏被占领区文化财产的行为也构成了违反人道罪中"与犯罪有关的迫害行为"之要件，虽然当时对于何种行为可视为"迫害"并无明确的定义，但从国际刑法的发展过程看来，为行使非人道的行为而有计划、有目的地破坏被侵害人群之文化财产，以达到消除被侵害人群的文化信仰、文化痕迹，进而对特定人群进行非人道的杀戮、灭绝等目的的行为就属于违反人道罪。因此，虽然法庭最后的判决表面上并没有一个案例清楚阐释了违反人道罪这一构成要件，[①] 但事实上，在纽伦堡审判时已经可以看出国际刑法对文化财产保护在这一犯罪要件上的突破。

　　由此可以看出，纽伦堡审判对破坏文化财产的行为以战争罪（特定情节

---

① 法庭的判决书对所有既犯有战争罪又犯有违反人道罪的罪犯的判决都是两罪合并判处的，这一问题在下文"从纽伦堡审判看国际刑法对文化财产保护之不足"中详细阐述。

下以违反人道罪）惩处，并要求有责任的个人承担直接刑事责任，这对文化财产的保护具有深远的意义。

第二，纽伦堡审判推动了武装冲突中保护文化财产法律的立法进程。

纽伦堡审判对戈林、里宾特洛甫、罗森堡做出有罪判决的法律依据是《纽伦堡国际军事法庭宪章》。从法律性质而言，宪章更像是同盟国为审判轴心国罪犯累累罪行而制定的"事后法"，因为在审判之前的所有战争法规或战争习惯都只规定了战争中文化财产保护的义务，并未将战争中的此种行为定性为一种国际罪行。起诉人也承认，"虽然战争已经遭到了谴责和禁止，但是并未被谴责为犯罪，也没有被作为犯罪行为而加以禁止。也许有人会说，国际法并没有把国家看成是犯罪的，就更不用说个人了。"① 不过，对于这种"事后法"，各起诉人从不同的方面阐述了它的合法性。美国首席起诉人杰克逊法官指出，1928 年的《白里安-凯洛格公约》（全称为《关于废弃战争作为国家政策工具的一般条约》，又称《巴黎非战公约》）让一些战争上的习惯过时了，1924 年 48 个国家所缔结的和平解决国际争端的《日内瓦公约》、1927 年国际联盟第八次全体会议发表的决议、1928 年 21 个非洲国家在泛美联盟第六次大会上通过的决议、1939 年确立的原则无疑都表明侵略战争是国际犯罪行为，应接受国际法的制裁。苏联首席起诉人鲁登科中将指出，法庭依据 1945 年《伦敦协定》而创立，因此"法无追溯既往的效力"的论点就失去了任何意义，法庭的条例是有实效的，条例的所有条款都具有绝对的约束和效力。英国首席起诉人肖克罗斯爵士则认为，这些战争罪和违反人道罪的行为"使许多国家的文明的最根本的前提遭到了破坏"，我们难道真的能容许这些被告声称，他们只是逾越了法律，可以通过赔偿损失来加以惩处，而不必通过法庭对罪行进行判决？法国首席起诉人弗朗索瓦·德芒东则一句切中要害，"在破坏国际法的前提下发动的战争，事实上就已经不再具有战争的合法性质，它实际上是一种强盗行为，是一种有组织的犯罪活动。"②

---

① 《英国首席起诉人哈特利·肖克罗斯爵士的开庭致辞》。见〔德〕P.A. 施泰尼格尔编《纽伦堡审判》（上卷），王昭仁等译，王昭仁校，商务印书馆，1985，第 93 页。

② 参见《美国首席起诉人杰克逊法官的开庭致辞》、《英国首席起诉人哈特利·肖克罗斯爵士的开庭致辞》、《法国首席起诉人弗朗索瓦·德芒东的开庭致辞》、《苏联首席起诉人鲁登科中将的开庭致辞》。见〔德〕P.A. 施泰尼格尔编《纽伦堡审判》（上卷），王昭仁等译，王昭仁校，商务印书馆，1985，第 87~88、93、99、104~105 页。

即便如此，被告们在法庭审理过程一直从法庭合法性、起诉合法性问题两个角度提起辩护。法庭审判落下帷幕，但国际社会对于这一问题的思考不得不继续前行：1949 年《关于战时保护平民之日内瓦公约》通过，其中规定各缔约国应制定必要立法，对于违反公约之行为人，予以刑事制裁、或送交其他缔约国审判（第一百四十六条）；1954 年《关于发生武装冲突时保护文化财产公约》通过，公约不仅对文化财产的定义和保护做了特别的说明，还赋予各缔约国对于违反公约义务之行为人，可行使普遍管辖的权力（第二十八条）；[①] 1977 年《1949 年 8 月 12 日日内瓦四公约关于保护国际性武装冲突受难者的附加议定书（第一议定书）》规定了对于日内瓦公约及议定书所指的严重破坏行为，应视为战争罪（第 85 条）。这一时期由于国际刑事法庭的缺失，这些国际法律文件只是将战时破坏文化财产的行为定义为犯罪，将这类犯罪行为的管辖权授予了国家。之后，随着国际刑事法庭的建立，国际刑事法庭对此类犯罪行为的定义更加明确，相应的管辖权也逐步确立，如《前南斯拉夫国际刑事特别法庭宪章》、《柬埔寨特别高等法庭宪章》、《国际刑事法院规约》等对"战争罪"和"反人类罪"定义的丰富以及管辖权的确立，离不开纽伦堡审判中依据《纽伦堡宪章》的审判实践（详细分析见后文）。

因此，纽伦堡审判虽然或多或少存在一些法律上的瑕疵，但它推动文化财产刑事保护立法的功绩却不可磨灭，甚至"相对于二战之前国际法的状况来说，这是一个伟大的成就"，[②] 它为保护文化财产提供了判例法依据，使得习惯国际人道法深入人心。

（2）从纽伦堡审判看国际刑法对文化财产保护之不足

纽伦堡审判中，罗森堡等人对文化财产的犯罪行为得到了相应的制裁。但就该案件来看，在这之前，国际社会对文化财产的刑事保护并未引起足够的重视，主要表现如下。

第一，文化财产保护范围有限。

---

① 1999 年《武装冲突情况下保护文化财产公约第二议定书》将这一普遍管辖权明确界定为，对下列犯罪人缔约国有管辖的权力，"a. 违约行为发生在该国的领土范围内；b. 被推定为违约行为者是该国的国民；c. 违反第 15 条第 1 段 a 分段至 c 分段之规定的被推定作案人就在该国领土之上"（第 16 条）。这一规定实质上就是对普遍管辖权的具体说明。

② 黄树卿：《文化财产国际司法保护的里程碑》，《沈阳工业大学学报》2014 年第 7 期。

　　纽伦堡审判前的国际法基本只从财产保护法的角度对文化财产进行保护，如 1899 年和 1907 年的两个《陆战法规和惯例章程》都是如此规定。从纽伦堡审判开始，破坏文化财产的行为被纳入了战争罪之中，刑法也就从此进入了文化财产保护的视域。因此，从那时起，对文化财产的保护已经从财产法保护模式发展到了刑法保护模式。① 但是，审判实践中认定的可归入战争罪中的文化财产范围并不广泛，起诉书及判决书均只涉及了文化艺术珍品的掠夺和毁坏的行为，主要包括画作、雕塑、家具珍品、珍贵书籍、历史建筑及名城等，与后来国际刑法所认定的文化财产范围还有较大的差距。

　　1954 年的《海牙公约》已经将文化财产定义为："对每一民族文化遗产具有重大意义的可移动或不可移动的财产"，而不问其来源和所有权，即使用于保存艺术作品、古籍、档案等物品的"纪念物中心"也被称为文化财产受到法律的保护。而《国际刑事法院规约》中规定的犯罪构成要件明确指明，破坏或侵占的财产只要一项或多项受 1949 年《日内瓦公约》的保护，或者故意攻击一座或多座专用于宗教、教育、艺术、科学或慈善事业的建筑物、历史纪念物等，这样的行为即构成战争罪。而构成危害人类罪中的"迫害"所指更为广泛，只要能造成精神或心理上痛苦的针对受迫害人文化财产或建筑物的攻击行为均满足构成要件。

　　第二，纽伦堡审判对于战争罪和违反人道罪进行了合并判决，不利于对破坏文化财产的犯罪行为的定性。

　　纽伦堡审判对于战争罪和违反人道罪进行了合并判决，从所有犯有两罪的被告的判决书中可以看出。如戈林被判犯有破坏和平罪、战争罪和违反人道罪，在对其的判决书中，破坏和平罪是单独列明并详细说明了判决理由的，而战争罪和违反人道罪则是两罪合并列出，判决理由也一并进行阐释。其他被告的判决也是如此。而这样的判决，对于破坏文化财产的哪些行为构成战争罪、哪些行为又构成了破坏人道罪是无法得出结论的。因而，从判决书中，几乎不能发现一个是因破坏文化财产行为而被判处违反人道罪的判例。因为，

---

　　① 随后，国际立法将这种模式继续向前推进并加强，产生了《日内瓦公约》、《关于禁止和防止非法进出口文化财产和非法转让其所有权的方法的公约》的财产法保护模式，《保护世界文化和自然遗产公约》、《保护非物质文化遗产公约》的环境法保护模式，《关于发生武装冲突时保护文化财产公约第二议定书》、《国际刑事法院规约》刑法保护模式等多种保护模式。

违反人道罪中的"迫害"行为并没有在判决中得以清晰阐释。这就导致苏联起诉人虽然起诉了纳粹破坏文化财产的违反人道的行为，但在法庭的判决中这一诉求却没能得到明确的体现。而从法庭的整个起诉、审理、判决过程来看，这显然不是由于法庭没有认定起诉之罪。最重要的原因，恐怕还是因为当时的法律对于文化财产刑法保护并不完善。相信也正是基于此缘由，才在纽伦堡审判之后，国际社会陆续诞生了众多的文化财产刑法保护措施。

第三，文化财产犯罪行为的审判和判决是不充分的。

德国纳粹对被占领国文化财产的破坏令人发指，受损的文化财产无论从数量、还是从价值上看都是相当巨大的。从各国起诉人的起诉中，至少可以明显看出，戈林、里宾特洛甫、罗森堡三人对被占领区的文化财产损失负有直接的责任。从这一点看，法庭也应对三个被告的这一行为进行审理和判决。可遗憾的是，在戈林和里宾特洛甫的判决书中，几乎无法发现两被告对文化艺术珍品破坏应承担的责任。戈林的判决书中只模糊地认定戈林要对"公私财产的掠夺行为"承担责任，里宾特洛甫的判决书（战争罪和违反人道罪部分）只要求其对残害俘虏、灭绝犹太人的行为负责，对财产破坏这一块只是模糊要求其对在被占国占领时期实施的经济政策负责，这样表述并不能得出里宾特洛甫需要对他在占领区破坏文化财产的行为承担责任的结论。只有对罗森堡的判决明确写出了其实施的抢劫、掠夺、破坏文化财产行为，并因这些行为犯下了战争罪行。判决的这一处理方式，容易让后人误解文化财产的破坏行为只罗森堡一人犯下，会导致对这一严重战争行为的忽视。军事法庭对于破坏文化财产所构成的战争罪以及违反人道罪的审理和判决是不充分的。

当然，有不足才会有完善。也正是由于纽伦堡审判中存在这样或那样的问题，国际法对于文化财产的刑法保护才一直不停地处在发展和进步之中。

（二）前南斯拉夫国际刑事法庭对文化财产的保护

1. 前南斯拉夫战争犯对文化财产的破坏

前南斯拉夫国际刑事法庭是继纽伦堡军事法庭之后由联合国安理会设立的首个战争犯罪法庭。20 世纪 90 年代，前南斯拉夫社会主义联邦共和国解体，引发了一系列的民族内战。自前南境内发生武装冲突后，联合国安理会频频收到关于前南斯拉夫境内发生的违反国际人道法行为的报告。在此背景下，联合国安理会于 1992 年通过第 764 号决议，强调"前南斯拉夫冲突各方必须遵守国际人道主义法，特别是 1949 年的各项《日内瓦公约》，凡是实施或者命令实施严重违反国际公约者应以个人的名义承担战争罪的责任"。之后，1993 年联合国再次通过第 827 号决议，决定正式设立一个国际刑事法庭，以对自 1991 年起在南斯拉夫境内严重违反国际人道法、战争法、种族灭绝相关法的负责人提起指控和审理。最终，法庭根据《前南斯拉夫问题国际刑事法庭规约》，对文化财产犯罪的主要负责人进行了审判。

米奥德拉格·约基奇指挥其他人在 1991 年 12 月炮击杜布罗夫尼克老城的历史建筑物以及宗教寺庙。约基奇明知杜布罗夫尼克老城被列入联合国教科文组织的世界文化财产名录，城内许多建筑标有 1954 年《海牙公约》所规定的识别标志，仍然对老城进行无情袭击，使得许多用于宗教、教育、慈善和科学教育的建筑物毁于一旦，据统计，老城内有多达 100 座的历史建筑物被摧毁。蒂霍米尔·布拉斯季则非法攻击平民建筑或住宅，在泽尼察等地区做出了非处于军事必要的文化财产破坏行为，故意破坏在波黑穆斯林民族区和克罗地亚用于宗教和教育的建筑或文化设备，如在清真寺四周安放炸药。

而在"检察官诉 Milomir stakić"一案中，被告被指控在克罗地亚和波斯尼亚战争中故意和肆意掠夺摧毁平民住宅，摧毁已被联合国教科文组织列入世界文化财产名录的杜布罗夫尼克城的历史纪念物以及用于宗教和教育的设施。他还摧毁了波斯尼亚地区穆斯林的寺庙和历史建筑物，波黑克族地区中的清真教堂、图书馆、图书收藏室和文物收藏中心等设施。①

2. 前南国际刑事法庭的指控和判决

根据检察官对米洛舍维奇的指控，米洛舍维奇在军事交战中，报复性地把宗教建筑物夷为平地。在辩护中，被告人辩称把萨拉热窝的学院和图书馆用作军事目的实为军事之必要，因此其破坏文化财产的行为不应受法律追究。法院根据 1949 年《日内瓦公约》以及 1992 年《前南斯拉夫问题国际刑事法庭规约》的相关规定，即"无军事之必要，而以非法和蛮横之方式，对财产

---

① See Prosecutor v. Milomir stakić, Case No. IT-97-24-T. Judgement, Trial Chamber Ⅱ, Judgement of July 31 2003, paras. 833-846.

进行大规模地破坏与占用"①，或者"无军事上之必要，蛮横地摧毁或破坏城市、城镇或村庄"，或"以任何手段攻击或轰击不设防的城镇、村庄、住所或建筑物"② 认定：用于教育之用的学院和图书馆类的建筑物不具有军事防御功能，其不能成为军事交战的目标，因此米洛舍维奇的行为不能辩称为"军事之必要"，其行为违反了战争法规或惯例，应受到相应的处罚。但米洛舍维奇于 2006 年 3 月去世，所以法庭未能对他做出判决。

在杜布罗夫尼克老城事件中，检察官诉帕夫莱·斯特鲁加尔的案件受到了广泛关注，其被指控对炮击杜布罗夫尼克老城负有责任。杜布罗夫尼克老城在 1975 年被联合国教科文组织授予世界文化财产的称号，1991 年 10 月 1 日，杜布罗夫尼克被南斯拉夫人民军攻击，炮兵的攻击损坏了城市 56% 的建筑，进入联合国教科文组织世界遗产名录的杜布罗夫尼克老城城墙也遭到 650 次持续炮击。起诉书认为，斯特鲁加尔对南斯拉夫人民军具有合法有效的控制力，正是这支部队实施了炮击杜布罗夫尼克老城的行动并造成许多受保护建筑的损坏和毁灭。斯特鲁加尔本有权力确保老城免受袭击并制止正在进行的炮击，但他却未能如此。并且在此之后他也没有确保实施炮击老城的人受到惩罚。③ 庭审中控辩双方共有 50 名证人出庭作证，在经过历时 100 天的庭审后，斯特鲁加尔被法庭宣判入狱 7 年 6 个月。其他负有领导责任的参与者如马里奥·切尔凯兹等也因战争罪行受到了不同程度的刑事处罚。

约基奇对杜布罗夫尼克老城有识别标志的建筑物也坚持进行袭击，根据 1907 年的《陆战法规和惯例章程》和 1907 年《关于战时海军轰击公约》，以及 1954 年《海牙公约》第 1 条强调的对文化财产的保障和尊重义务以及第 10 条之规定，④ 法庭认为此行为构成犯罪。同时根据《前南斯拉夫问题国际刑事

---

① 参见《前南斯拉夫问题国际刑事法庭规约》第 2 条第 d 款，以及 1949 年《日内瓦公约》相关规定。

② 参见《前南斯拉夫问题国际刑事法庭规约》第 3 条规定。

③ Prosecutor v. Pavle Strugar, Case No. IT-01-42-A, Appeals Chamber Judgement, Judgement of 17 July 2008, para. 262.

④ 参见 1954《海牙公约》第 10 条规定，武装冲突期间，受特别保护的文化财产应标以第 16 条所述识别标志并受公约实施条例所规定的国际管制。

法庭规约》第 7 条第 1 款、第 3 款的规定，① 约基奇作为上级，知道或应当知道部下实施犯罪行为而未采取合理的措施加以阻止或处罚，也应该负刑事责任。最终上诉法庭结合《前南斯拉夫问题国际刑事法庭规约》以及程序性规定，裁决约基奇因有违反战争法和惯例的行为以及危害人类行为，维持初审法庭给予其的 7 年监禁量刑。②

在法庭分析布拉斯季文化财产破坏行为的犯罪构成时，布拉斯季以所毁的清真寺建筑物为军事设施进行辩护欲规避责任，但证人指出清真寺不具有防御的功能。从前南斯拉夫被毁坏的是清真寺建筑物而布拉斯季所信奉的东正教的处于军事区域的东正教堂却完好无损可以得出，③ 布拉斯季对清真寺的毁坏是出于宗教和种族歧视而故意为之，所以建筑并非毁于军事上的交战。同时，法院根据《前南斯拉夫问题国际刑事法庭规约》第 7 条第 1 款，判其对教唆和帮助行为负责。法庭最终以《前南斯拉夫问题国际刑事法庭规约》第 3 条第 d 款的规定，连同布拉斯季其他罪行，判其违反战争法和惯例，构成灭绝种族罪、危害人类罪并处以 45 年监禁。④ 布拉斯季不满法庭判决，提起上诉，上诉法院撤销他的其他罪状，维持了危害人类罪中关于文化财产犯罪的判决，被告人因此被减至 9 年监禁。⑤ 前南国际刑事法院的审判庭在审理这一案件时认为危害人类罪中的"基于政治、种族、宗教原因而进行迫害"，⑥ 不仅包括对自由个体肉体和精神上的伤害，还应当包括其他行为例如针对特定财产的攻击、通过破坏特定建筑等方式破坏受害人群之间的联系等。审理委员会还接受了检察官的观点，认为破坏对波斯尼亚和黑塞哥维那的穆

---

① 参见《前南斯拉夫问题国际刑事法庭规约》第 1 款规定：计划，教唆，命令，犯下或协助，煽动他人计划，准备或进行本规定第 2 至 5 条所指罪行均要承担个人刑事责任。

② See Prosecutor v. Miodrag Jokić, Case No. IT - 01 - 42/1 - A, Appeals Chamber Judgement, Judgement of 30 August 2005, p. 36.

③ See Prosecutor v. Milomir Stakić, Case No. IT - 97 - 24 - T. Trial Chamber Judgement, Judgement of July 31 2003, paras. 811 - 813.

④ See Prosecutor v. Tihomir Blaškić, Case No. IT - 95 - 14 - T, Trial Chamber Judgement, Judgement of 3 March 2000, p. 270.

⑤ See Prosecutor v. Tihomir Blaškić, Case No. IT - 95 - 14 - A, Appeals Chamber Judgement, Judgement of 29 July 2004, p. 258.

⑥ 参见《前南斯拉夫问题国际刑事法庭规约》第 5 条第 h 项。

斯林人群具有象征性意义的建筑物实际上是迫害的一种表现形式。① "检察官诉 Kordic" 一案的法官也持有类似观点,认为故意破坏可以识别的宗教建筑可以被认为是危害人类罪中的 "迫害"。

3. 对前南斯拉夫刑事法庭审判之评析及思考

(1) 前南刑事法庭审判的积极意义

第一,前南刑事法庭继承并发展了纽伦堡审判精神。

前南刑事法庭践行并发展了在非国际性武装冲突中对文化财产的国际法保护规定。② 从法庭的审判实践来看,前南刑事法庭对被告人的判决依据了 1899 年及 1907 年的《陆战法规和惯例章程》,1949 年《日内瓦公约》第一、二议定书,1954 年《海牙公约》,1975 年《世界遗产名录》,以及联合国安理会通过的《前南斯拉夫问题国际刑事法庭规约》中的相关规定。前南刑事法庭将 1949 年《日内瓦公约》第 3 条和 1977 年《日内瓦公约》附加第一议定书以及 1954 年《海牙公约》第 19 条中关于非国际性武装冲中保护文化财产的规定引入了司法实践中,国际刑法对一国境内武装冲突下发生的破坏文化财产罪行也有了管辖权规定先例,为后世提供了审判典范。在《前南斯拉夫问题国际刑事法庭规约》第 3 条就明确规定,将破坏文化财产的行为定性为犯罪——"夺取、摧毁或故意损坏专用于宗教、慈善事业和教育、艺术和科学的机构、历史文物和艺术及科学作品" 的行为违反了战争法和惯例,并将因此追究个人刑事责任——"不论是国家元首、政府首脑、或政府负责官员,不得免除该被告的刑事责任,也不得减轻刑罚"(第 7 条)。这是对纽伦堡审判原则的继承和发展。

同时,在《前南斯拉夫问题国际刑事法庭规约》第 21 条、第 24 条、第 25 条之规定中,前南法庭对被告人犯罪的主观构成要件 "故意" 进行了分析,同时十分注重被告人的权利,比如被告人有辩护和提起上诉的权利。米洛舍维奇和约基奇两名被告人分别在法庭中利用了辩护权利,就自己主观意图是否有损害 "文化财产" 的故意为自己进行辩护,同时对 "所毁设施是不

---

① See Prosecutor v. Tihomir Blaškić, Case No. IT-95-14-T, Trial Chamber Judgement, Judgement of 3 March 2000, para. 223, 227.

② 黄树卿:《文化财产国际司法保护的发展》,《沈阳工业大学学报》2015 年第 3 期。

是军事必要"为自己争取立场。正因为布拉斯季行使了提起上诉的权利，上诉法院撤销了其除文化财产犯罪以外的其他罪行，监禁减至 9 年。此类实践有利于推进国际司法审判公正性进程。

第二，增加破坏文化财产的行为在危害人类罪这一犯罪大类中的定罪。

破坏文化财产的行为触犯了战争法规和惯例，这一原则在纽伦堡审判中已经确立。但破坏文化财产的行为如果是为消灭或打击受迫害人群的精神文化信仰，是否构成危害人类罪，在纽伦堡审判中并无明确说明。如上文所述，苏联起诉代表在起诉中对于这类行为的危害人类的性质有控诉，但法庭在判决时却没有予以充分的考虑。从判决书中，只能非常明确地读出破坏文化财产的行为构成战争罪行。

在《前南斯拉夫问题国际刑事法庭规约》中，第 5 条规定的"危害人类罪"的行为除谋杀、灭绝、奴役等行为外还包括"基于政治、种族、宗教原因而进行的迫害"以及其他不人道的行为。从这一条的条文中，并不能明确得出侵犯文化财产的行为属于危害人类罪中的迫害行为。但前南刑事法庭以其裁判昭示，出于对受害者精神上的限制或思想上的钳制，而攻击其共同信仰的文化财产，也应该被视为是"迫害"的一种类型。其实，早在1991年国际法委员会报告就指出，危害人类罪中所指之迫害行为应包括：禁止进行某种宗教礼拜；持久地和有计划地拘留代表某一政治、宗教或文化团体的人；禁止使用民族语言，甚至禁止私下使用民族语言；有计划地摧毁象征某一特殊社会、宗教、文化或其他团体的纪念物或建筑物。所以，在最初的塔迪奇一案中，法庭提出："除了《规约》中禁止的行为，迫害也可包括其他行为，如果它们为了使个人或某个团体过一种反复或一贯地否认他们应享受的某些基本权利的生活。"[1] 因而，在对布拉斯季的审判中，法庭明确认为，迫害可以采取伤害人身以外的方式进行，如针对私人住所和营业住所、标志性建筑物，甚至还可以针对穆斯林人谋生手段进行，而法庭所提及的标志性建筑物显然是包括宗教建筑的。[2]

---

[1] 凌岩：《跨世纪的海牙审判——记联合国前南斯拉夫国际法庭》，法律出版社，2002，第117页。

[2] 参见胡秀娟《武装冲突中文化财产的国际法保护》，博士学位论文，武汉大学国际法专业，2009，第127页。

前南斯拉夫平民对宗教的信奉，要借助与之密切相关的载体，如教堂、寺庙或者纪念中心遗址等。被告人摧毁与其紧密相关的建筑物，给平民精神带来极大的痛苦，如此一来，把损害文化财产的行为与危害人类罪联系起来也就不难理解了。正因为如此，在前南刑事审判判例的基础上，1998年的《国际刑事法院规约》对于"迫害"的定义更前进了一步，将"文化"一词纳入对"迫害"的解释中，即"基于政治、种族、民族、族裔、文化、宗教所界定的性别，或根据公认为国际法不容的其他理由，对任何可以识别的团体或集体进行迫害"。这样的定义，对于推动针对特别文化财产的破坏行为构成危害人类罪有着重要的意义，扩大了冲突期间或非冲突期间危害人类罪的行为构成范围。

（2）前南刑事法庭判决对文化财产保护之不足

首先，前南刑事法庭审判了文化财产犯罪的主要负责人，但从庭审看，就现行的文化财产保护国际法规则，有几点值得重视。第一，何为军事必要。法院在庭审米洛舍维奇时，其就以军事之必要为自己辩护，欲达到规避法律责任的目的。在现行的文化财产保护国际法规则中，都有军事必要之除外规定，但对此并没有详细的解释。在学术研究中，有学者提出，在正义的战争中，军事之必要应符合六项原则：正当理由、合法性、正当意图、成功的可能性、相称性和最后手段。[1] 这些原则在逻辑上通常被理解为——并非交战国所有出自军事目的需要而采取的军事行动都是必要和合法的。[2] 这些原则至今更多地体现在实践而非规范中。如要更好地保护文化财产，就应该在法律规范中对"军事必要"进行详细的规定，避免犯罪分子利用规则的漏洞逃脱刑事责任，从而削弱对文化财产的保护力度。

第二，现行的国际刑法在和平时期对主权国家在其领土内毁坏文化财产的行为没有规制。现行的相关文化财产保护文件更多地关注文化财产所受到的外部侵害，却忽略了主权国家对于领土内文化财产的侵害。前南斯拉夫联邦解体而发生的民族内战使得大量的文化财产遭到了摧毁，其受到的威胁并

---

[1] 参见布鲁诺·考比尔特斯等主编《战争的道德约束：冷战后局部战争的哲学思考》，法律出版社，2003，第197页。

[2] 参见孙君、陈解《战争法"军事必要"原则的理论阐释》，《西安政治学院学报》2006年第1期。

非来源于外部，而是民族内部本身。主权国家内发生了文化财产破坏事件，如红色高棉政权统治柬埔寨期间，全国各地掀起了毁坏历史文物、烧坏书刊字画的高潮，文化财产惨遭破坏，大量的庙宇古迹被拆毁。2011 年柬埔寨混合法庭正式开庭审理 4 名红色高棉领导人，起诉书中指控他们所犯罪行包括"灭绝种族罪，危害人类安全罪"等罪，以及如前所述直到现在还悬而未决的 2001 年巴米扬大佛被毁事件。从上述事件看出，对文化财产的保护离不开国际社会和各个主权国家的共同努力。

（三）柬埔寨法院高等法庭对文化财产犯罪审判的发展

柬埔寨法院高等法庭关于文化财产犯罪审判实践的发展，事实上是令人遗憾的，笔者认为其是仅停留在法庭规约文字上的规定。

二战后的纽伦堡审判以及前南国际刑事法庭审判开启之后，国际刑事司法机构有了新的发展，即混合法庭的建立。混合法庭的建立弥补了国际特设刑事法庭的不足与缺陷，企图让犯罪发生地国与受害国参与审判之中，既可以增强犯罪发生地国与受害国惩治犯罪的信心与决心，更可以节省资金，利于调查取证和以后的审判工作。

柬埔寨法院高等法庭基于这样的目的成立了，目的是为审理民主柬埔寨时期（1975 年 4 月 17 日至 1979 年 1 月 6 日）的统治政权红色高棉政权在柬埔寨国内所犯下的罪行。法庭设立的法律依据是《在柬埔寨法院内设立高等法庭以起诉民主柬埔寨时期犯罪的规约》（Law on the Establishment of Extraordinary Chambers in the Courts of Cambodia for the Prosecution of Crimes Committed During the Period of Democratic Kampuchea，以下简称《柬埔寨法院高等法庭规约》），规约于 2001 年订立，2004 年 10 月 27 日进行了修订。新的规约共计 48 条，规定高等法庭对于八类犯罪具有审判权。这八类犯罪分别规定在规约的第 3 至 8 条中，具体为：屠杀罪、酷刑罪、宗教迫害罪、种族灭绝罪、危害人类罪、严重违反 1949 年《日内瓦公约》行为的犯罪、文化财产破坏罪，以及故意迫害应受 1961 年《日内瓦外交关系法》保护之外交代表罪。前三类犯罪法庭的管辖权在规约中明确注明来自 1956 年柬埔寨的《刑法典》，后五类犯罪法庭的管辖权来自国际公约惩治犯罪行为的规定。

对于文化财产破坏行为的惩治，这一规约与前述的国际刑事法庭规约不同之处在于，将武装冲突中文化财产破坏行为直接规定为一类犯罪，在规约的第 7 条明确注明，"依据 1954 年《海牙公约》的规定，特别法庭有权对 1975 年 4 月 17 日至 1979 年 1 月 6 日期间发生的武装冲突中应就文化财产破坏承担最大责任（most responsible）之所有人进行审判。"《柬埔寨法院高等法庭规约》这一条的规定，可以不夸张地说，是国际社会制裁文化财产犯罪迄今最前卫的立法。说它前卫，主要原因在于两点。第一，它明确指定了犯罪管辖法庭，不像 1954 年《海牙公约》那样需要转化为国内立法后，才能有真正的管辖权。换句话说，《柬埔寨法院高等法庭规约》就是对《海牙公约》在国内实施的最明确规定。第二，它脱离了战争罪的罪名，以独立的"破坏文化财产罪"的方式出现在国际社会面前，而以前的国际立法包括各刑事法庭规约均将这类行为规制在战争罪之中。遗憾的是，前卫的立法并未带来对于文化财产犯罪成功的审判。

1975 年 4 月，红色高棉政权在柬埔寨掌握政权后，宣告回归"零年"时代（Year Zero），着手毁灭与过去、与外界、与宗教的连接。作为系统攻击佛教的一部分，红色高棉亵渎或者直接摧毁了柬埔寨境内 3369 座寺庙的绝大部分，给寺内的雕像、圣物以及其他宗教物品造成了不可挽回的损失。类似的损害也发生在柬埔寨占族穆斯林清真寺中，其中 130 座清真寺被损毁。红色高棉政权还攻击了基督徒礼拜堂，甚至一块一块地拆卸了金边天主教大教堂的石头，直至在原址上只残余一块空地。1975 年，红色高棉摧毁了柬埔寨境内当时所有的 73 个天主教教堂。也许这些行为不如谋杀、酷刑、殴打、强奸等犯罪那么令人震惊，但劫掠及破坏文化财产的行为却对文化团体身份的认同有着相当重要的影响。文化财产的破坏不仅影响着同一文化族群的人们，并且事实上破坏着世界文化的多样性。

出于对文化财产保护的意识，柬埔寨在法庭规约中规定了这样一条单独的罪名。可是，在已经结束的几例案例之中，没有一起案件的被告人因这一罪名而被定罪。更有甚者，没有一起案件的被告人定罪与文化财产破坏行为相关。2012 年 2 月 3 日，特别法庭上诉庭维持 1 号案件被告人的上诉，定罪罪名为危害人类罪和严重违反 1949 年《日内瓦公约》规定的犯罪。危害人类罪的表现行为包括基于政治原因的迫害、大屠杀、奴役、非法监禁、酷刑、其他非人道的行为；严重违反 1949 年《日内瓦公约》规定的犯罪的表现行为包括故意杀害、酷刑和非人道的对待、故意造成身体或健康巨大痛苦或严重伤害、故意剥夺战俘或平民公正审判的权利、非法拘禁平民。① 2 号案件的 4 名被告人于 2010 年 9 月 15 日被法庭提起指控，指控的罪名是危害人类罪（包括大屠杀、奴役、酷刑、迫害）、种族灭绝罪、战争罪（包括故意杀害、酷刑、非人道对待以及宗教迫害）。同样地，正在审理中的 3 号案件被告人 MEAS Muth 和 4 号案件的被告人 Ao An、Yim Tith 都没有被起诉与文化财产相关的犯罪。

也就是说，法庭规约对于破坏文化财产罪名的单独设立与实际审判实践并未同步，当然我们不能说今后不会有更多的案件出现，以规约第 7 条的规定定罪量刑，但至少在法庭审理的前几例案件中，并未出现与立法宗旨完全相符的情形。实际上，这种情形的出现与规约本身的缺陷是有关系的。

订立于 2001 年（后修订于 2004 年）的规约将武装冲突下文化财产犯罪单独规定为一罪并以独立条文的方式出现，没有规定在战争罪之中，② 本意也许是想突出对当年柬埔寨国内文化财产遭遇严重破坏的重视。却不曾仔细考虑，红色高棉政权统治的三年零八个月时期，国内并不存在武装冲突，想必这也是规约并未规定对战争犯罪进行惩治的原因。越南武装入侵之后，也无任何针对文化财产进行武力攻击的行为，所以这一条制定之后基本成为一个摆设。而在红色高棉后期，更多的文化财产破坏行为与文化财产（文物）非法交易、没收行为有关。被称为柬埔寨"屠夫"的塔莫在退守安隆汶③期间，大量收集、没收以及采取非法手段交易文物，在其居住的房屋内，曾发现了重达 61 吨的雕塑和大量的艺术品。但随着塔莫的去世，能对红色高棉政权此行为承担责任的高级领导人不复存在。

基于这样的原因，想以武装冲突下文化财产破坏罪来对法庭指控的被告进行定罪的话，是较为困难的。这也正是法庭审理完结的两个案件，以及正在审理之中的两个案件均未提及文化财产犯罪指控的原因所在。在这一规约中，对

---

① See Case 001（Appeal Judgement），Case File No. 001/18 - 07 - 2007 - ECCC/SC，Available at http：//www. eccc. gov. kh/sites/default/files/documents/courtdoc/Case% 20001 AppealJudgement En. pdf.

② 其实规约所规定的八类犯罪中没有纽伦堡法庭规约和前南刑庭规约所指之战争罪，只有这一条涉及了武装冲突，但仅对武装冲突下文化财产犯罪行为进行惩治。

③ 位于柬埔寨西北部、距离金边 400 公里外的一个小镇。

破坏文化财产犯罪行为的惩处成为仅停留在规约文字上"耀眼"的成就。

三　国际刑事法院对文化财产犯罪的管辖——以 ISIS 对伊拉克古城及其文化财产的破坏为例

(一) 国际刑事法院的管辖权及案件开启机制

1. 国际刑事法院的设立

由于一战后审判德国战犯的莱比锡审判戏剧性的结局，纽伦堡审判成为人类历史上第一次对严重国际罪行的审判，它极大地推动了国际法和国际人权的发展，为国际刑事法院的创立打下了坚实基础。由于它的宪章（即法庭规约）及法庭组成的缺陷，后来的一些人不断地从政治和法律角度对这次审判展开批评和抨击。但它所管辖的三个罪名（破坏和平罪、战争罪和违反人类罪）却为国际刑法所继承，它也开创了制止严重国际犯罪暴行、保护人权的国际刑事审判实践，并引导着同时期远东国际刑事审判的进行。

20 世纪 90 年代设立的两个特设国际刑事法庭——前南斯拉夫国际刑事法庭和前卢旺达国际刑事法庭——是距纽伦堡审判近半个世纪后的又一次人类历史上具有重要意义的国际刑事审判法庭，它们依联合国安理会决议而设立，是安理会的下属机构。两个刑庭对于管辖的事件、时间都有严格的限制，也只管辖三类严重的国际性犯罪，即战争罪、种族灭绝罪和危害人类罪。在审判中，被告对于法庭的合法性也提出了极大的质疑。且由于两个法庭均未设立在罪行发生地——前南斯拉夫国际刑事法庭庭址设在荷兰海牙，前卢旺达刑事法庭庭址设在坦桑尼亚联合共和国的阿鲁沙，调查取证、证人出庭存在相当大的困难，故而审判效率低、资金耗费大。2015 年 12 月 31 日，设立了 20 多年的前卢旺达国际刑事法庭关闭，但 2010 年决议设立的"刑事法庭余留事项国际处理机制"（余留机制）依然保留，以便继续追捕起诉 8 名法庭指控的逃犯。而前南国际刑庭至今仍在运作，无法按原计划时间关闭。

由于前南、前卢旺达两个刑庭的一些缺陷，国际社会之后不再设立类似的特设刑事法庭，转而设立国际社会与国家合作的混合法庭，如东帝汶、柬埔寨、黎巴嫩、塞拉利昂等混合法庭。不过混合法庭在设立、资金的筹措、法官的选任、法庭的规约制定等方面也存在许多局限，因而设立一个永久性、独立的国际刑事法庭在所难免。

1998 年，国际社会通过了《国际刑事法院规约》（简称《罗马规约》），规定设立一个独立权威长期运作的常设机构——国际刑事法院，于规约生效时①法院正式成立，总部设在荷兰海牙，具有国际法律人格。国际刑事法院的筹备可以追溯至二战结束后的纽伦堡审判，但 20 世纪发生在前南、前卢旺达国内的种族冲突，以及发生在世界各地违反人道主义法律的事件，最终促成了国际刑事法院的成立。它不同于以往的各个刑事法庭，这些特设的和混合的国际刑事法庭对特定事件才能展开调查和起诉，审判完毕法庭即行关闭，法庭具有临时性的特点。而国际刑事法院对于《罗马规约》中所规定的四大类犯罪行为具有的管辖将长期存在，与国际法院一样是永久性的；但与国际法院不同之处在于它不依附于任何一个国家或国际组织，它不是联合国的下设机构，而是独立存在的。

2. 国际刑事法院的管辖问题

国际刑事法院的管辖是指国际刑事法院受理和审判刑事案件的权力。《罗马规约》第 5、11、25、26 条等条文明确了国际刑事法院的属人管辖、属地管辖、属时管辖和属事管辖原则。

第一，属人管辖。

属人管辖权，即国际刑事法院可以对哪些刑事被告人进行管辖。《罗马规约》第 25、26、27、28 条规定，国际刑事法院对实施犯罪时（包括共同犯罪、未遂犯罪、煽动、唆使、引诱犯罪等形态）年满 18 周岁的自然人具有管辖权，无论其是否具有官方身份，对任何人一律平等，不因官方身份而差别对待，也不得因下级为执行上级命令的行为而免责。

毋庸置疑，所有的国际刑事法庭都对犯罪的自然人拥有管辖权，自纽伦堡审判开始也开创了官方身份无关性原则。但纽伦堡审判对犯罪集团进行了审判，要求集团的领导人对集团的犯罪行为也承担责任。而国际刑事法院却明确只对自然人有管辖权，不对犯罪团体进行起诉和审判，并明确下级不得对在明知情形下实施的犯罪主张因执行上级命令而要求豁免。当然，《罗马规约》也明确了，"关于个人刑事责任的任何规定，不影响国家依照国际法所负

---

① 《国际刑事法院规约》于 2002 年 7 月 1 日正式生效。

的责任。"不过，国家责任与集团责任的承担毕竟不是一回事。

第二，属地管辖。

国际刑事法院之前的国际刑庭（除欧洲和远东国际刑庭外）都对属地管辖权有明确规定，即对于犯罪行为地有限制，如果不是发生于特别领土范围内的犯罪行为，法庭是不能管辖的。但国际刑事法院的属地管辖权却及于"有关行为在其境内发生的国家"及"犯罪被告人的国籍国"（第 12 条），也就是如果犯罪发生国是《罗马规约》的缔约国，国际刑事法院可以管辖发生在此的犯罪行为。如果犯罪发生在船舶或飞行器上，则该船舶或飞行器的注册国即为犯罪发生国；或者如果犯罪被告人的国籍国是《罗马规约》的缔约国，则国际法院也可以管辖被告人所犯下的犯罪行为。

不过，由于《罗马规约》中规定国际刑事法院的管辖是补充性的，因而，如果不是有管辖权的国家放弃或不能或无能力管辖的情况下，国际法院不能够启动其对于案件的管辖。

第三，属时管辖。

根据《罗马规约》的规定，国际刑事法院的属时管辖有两种情形：（1）对于在《罗马规约》生效前就成为缔约国的国家，国际刑事法院"对本规约生效后实施的犯罪具有管辖权"（第 11 条），亦即国际刑事法院仅对 2002 年 7 月 1 日后实施的犯罪行为具有管辖权；（2）对于在《罗马规约》生效后成为缔约国的国家，国际刑事法院只能对《罗马规约》对该国生效后实施的犯罪行使管辖权，亦即只能对"在该国交存其批准书、接受书、核准书、加入书之日起六十天后的第一个月份的第一天"后的犯罪行为行使管辖权（第 11、126 条）。

由于《罗马规约》生效之时，侵略罪的定义和犯罪构成要件并未达成，法院对侵略罪的管辖不能实行。2010 年 6 月 11 日，《罗马规约》有关侵略罪的修正案在乌干达首都坎帕拉通过。修正案对于侵略罪的定义、犯罪构成要件、犯罪的认定、管辖等问题做出了补充规定。在属时管辖上，修正案明确"法院仅可对修正案获得三十个缔约国批准或接受后一年后发生的侵略罪行使管辖权"，但此管辖权还"需缔约国在 2017 年 1 月 1 日后以通过本规约修正案所需要的同样多数做出一项决定"方可实施。2016 年 6 月 26 日巴勒斯坦国成为第三十个递交修正案接受或批准声明的国家，2017 年 12 月 14 日第 13 次缔约国全体会议以协商一致的方式通过了 ICC-ASP／16／Res. 5 号决议，决定自 2018 年 7 月 17 日起激活法院对侵略罪的管辖权。然而，法院对于侵略罪的管辖已经激活，并不代表法院对于侵略罪可以当然进行管辖，因为修正案也明确规定若"该缔约国此前曾向书记官长做出声明，表示不接受此类管辖"，则法院也无权对缔约国的侵略行为实施管辖。

第四，属事管辖。

属事管辖，即国际刑事法院对犯罪类别的管辖，亦即可以由国际刑事法院审判的国际罪行范围。根据《罗马规约》的规定，国际刑事法院"对整个国际社会关注的最严重犯罪具有管辖权"，具体为灭绝种族罪、危害人类罪、战争罪和侵略罪（序言和第 5 条）。

《罗马规约》第 6、7、8 条对灭绝种族罪、危害人类罪和战争罪的具体表现行为做出了说明，《犯罪要件终结案文》更是在《罗马规约》条款规定的基础上详细列举了三类犯罪各个行为的构成要件，对认定犯罪的构成有积极作用。但由于侵略罪存在极大的争议，《罗马规约》及《犯罪要件终结案文》均未将其构成要件列入，指出"依照第一百二十一条和第一百二十三条制定条款，界定侵略罪的定义，及规定本法院对这一犯罪行使管辖权的条件后，本法院即对侵略罪行使管辖权"（《罗马规约》第 5 条第 2 款）。直至 2010 年《国际刑事法院罗马规约侵略罪修正案》出台，才将侵略罪定义为"是指能够有效控制或指挥一个国家的政治或军事行动的人策划、准备、发动或实施一项侵略行为的行为，此种侵略行为依其特点、严重程度和规模，须构成对《联合国宪章》的明显违反"。侵略行为具体表现为对他国领土、军队的攻击、封锁、军事占领或武力兼并等 7 种方式。[①] 另外，法院只对修正案生效后的侵

---

① 参见 2010 年《国际刑事法院罗马规约侵略罪修正案》，这七种形式具体为："1. 一国的武装部队对另一国的领土实施侵略或攻击，或此种侵略或攻击导致的任何军事占领，无论其如何短暂，或使用武力对另一国的领土或部分领土实施兼并；2. 一国的武装部队对另一国的领土实施轰炸，或一国使用任何武器对另一国的领土实施侵犯；3. 一国的武装部队对另一国的港口或海岸实施封锁；4. 一国的武装部队对另一国的陆、海、空部队或海军舰队和空军机群实施攻击；5. 动用一国根据与另一国的协议在接受国领土上驻扎的武装部队，但违反该协议中规定的条件，或在该协议终止后继续在该领土上驻扎；6. 一国采取行动，允许另一国使用其置于该另一国处置之下的领土对第三国实施侵略行为；7. 由一国或以一国的名义派出武装团伙、武装集团、非正规军或雇佣军对另一国实施武力行为，其严重程度相当于以上所列的行为，或一国大规模介入这些行为。"

略行为行使管辖权。这样一来，国际刑事法院对于侵略罪才有了管辖的依据。不过至今，国际刑事法院还未就侵略罪有过审判案例。

3. 国际刑事法院管辖案件的开启机制

《罗马规约》第 13 条规定了如何行使管辖权，也就是案件如何在国际刑事法院开启。从第 13 条看，国际刑事法院开启案件的方式有三种。

第一种，缔约国向检察官提交已经发生的犯罪的情势资料。2003 年 12 月，乌干达总统约韦里·穆塞韦尼决定将该国反政府武装"圣灵抵抗军"在该国北部地区实施犯罪的情势提交给国际刑事法院检察官，这是国际刑事法院成立以来接受的第一个案件。之后国际刑事法院审判的在刚果（金）民主共和国东北部伊图里地区冲突中发生的战争罪、危害人类罪等罪行也属于此类。

第二种，联合国安理会向检察官提交已经发生的犯罪的情势资料。以这种方式开启的案件有：国际刑事法院分别于 2009 年 3 月 4 日和 2010 年 7 月 12 日对苏丹总统巴希尔发出的逮捕令，罪名是种族灭绝罪、危害人类罪和战争罪；以及国际刑事法院对于前利比亚总统卡扎菲发出的逮捕令。

第三种，检察官自行调查犯罪行为。不过此种案件开启方式有限制条件，一种限制来自安理会，如安理会认为案件开启有何疑问，可向国际刑事法院提出要求，法院在 12 个月内不得开始调查或起诉（《罗马规约》第 16 条）。另一种限制来自预审分庭，如预审分庭认为检察官的调查不合宜，则预审分庭可拒绝授权调查（《罗马规约》第 15 条）。国际刑事法院检察官对前科特迪瓦总统巴博的控告，以及对肯尼亚 2007 年大选冲突期间犯罪嫌疑人的指控属于此类开启方式。

从上述三种案件的开启方式来看，《罗马规约》是对以前法庭案件开启机制的继承和发展，体现了缔约国惩处严重国际罪行的共同意愿，又赋予了联合国安理会和检察官在面临国际严重违反国际人道法的行为时，表明态度及立场的权利与义务。不过，对于后两种案件开启方式，国际社会的争议也颇多，并成为一些国家不加入国际刑事法院的原因之一。

（二）国际刑事法院框架下的文化财产犯罪及构成

1. 国际刑事法院框架下的文化财产犯罪性质

自 2002 年国际刑事法院成立以来，总共有 13 个情势下的 36 个案件进入调查审理程序，① 涉及刚果、乌干达、苏丹、肯尼亚、科特迪瓦等多个国家和地区，主要集中在战争罪和反人类罪行的指控上。尽管《罗马规约》已将破坏文化财产的行为纳入战争罪的范畴，关于文化财产犯罪的案件目前仍未出现在国际刑事法院的审理程序中。从巴米扬大佛到廷巴图克古城，再到后来ISIS对伊拉克古城的破坏，近年来世界文化财产在武装冲突中被破坏的事件不断发生，逐渐引起了国际刑事法院的关注。

在纽伦堡和前南国际刑事法庭的审判活动中，文化财产犯罪是法庭指控的主要罪行之一，其案例可以给分析国际刑事法院框架下的文化财产犯罪提供参考。这些案例首先明确了武装冲突中破坏文化财产的行为构成战争罪，这与《罗马规约》的认定相同，在此不再赘述。但在侵犯特定文化财产的行为也构成危害人类罪的情形下，战争罪和危害人类罪便存在法条竞合的关系。也就是说在一定情况下，武装冲突中的文化财产犯罪既构成战争罪，也构成了危害人类罪。对此，《罗马规约》也有类似的规定，② 但对"迫害"一词没有进一步的解释，下面就此种情形进行进一步的分析。

在武装冲突（包括非国际性武装冲突）中毁坏特定具有宗教、政治或历史意义的文化财产被当作打击迫害特定人群的战争手段，这类方式并不鲜见。在宗教冲突较为敏感的地区，战争手段之一就是通过破坏宗教建筑来排除异教。此种情形中，被破坏的文化财产与战争的直接受害者因宗教、政治等原因存在特殊的联系，即这类文化财产是相关人群信仰和精神凝聚力的寄托之所在。因此，并非所有武装冲突中的文化财产犯罪都有可能构成危害人类罪，构成此罪的前提条件须是文化财产与受害人群存在紧密的联系，以至于攻击方破坏文化财产的目的即是通过此种方式对受迫害人群进行心理和精神层面上的打击。国际刑事法院目前并没有判例来阐释迫害的情形是否包含对特定建筑的袭击，但在危害人类罪的列举中隐含了对心理造成巨大痛苦及类似行

---

① 参见国际刑事法院官网案件汇总，https：//www.icc-cpi.int/pages/crm.aspx，最后访问日期：2017 年 10 月 20 日。

② 参见《国际刑事法院规约》第 7 条第 1 款第 8 项："基于政治、种族、民族、族裔、文化、宗教所界定的性别，或根据公认为国际法不容的其他理由，对任何可以识别的团体或集体进行迫害，而且与任何一种本款提及的行为或任何一种本法院管辖权内的犯罪结合发生。"

为也能构成此罪，① 比《前南斯拉夫问题国际刑事法庭规约》更为明确地将心理损害也纳入危害人类罪的范围中。因此，吸收前南刑事法庭的判例"对迫害"一词的解释符合《罗马规约》的立法精神，即危害人类罪中的"迫害"应当包含损害特定文化财产的情形。

危害人类罪有一个重要的特征是它损害的是平民的权利，这种对平民人权的系统而广泛的攻击是对全世界和平、安全与福利的威胁。因此，在武装冲突时期破坏和劫掠文化财产的行为除构成战争罪外，也构成了危害人类罪，但这类行为还应当是广泛或系统地针对平民袭击的一部分。在"检察官诉 Kunarac"一案中，前南刑事法庭的上诉法院更清晰地表达了这一观点，即攻击并不是被告人的个体行为，而应该是广泛而普遍的大规模武装行动中的一部分。因为相对于战争罪，危害人类罪具有一定的集合属性，它排除对个人的攻击和孤立的暴力行为，强调攻击对一个国家或一个区域内平民的损害。

要构成武装冲突中文化财产犯罪，主观方面的要求为故意，即要求行为人明知其破坏文化财产的行为是广泛而系统地针对平民的攻击的一部分。细化到危害人类罪中的迫害这一方面，要求被告是故意因宗教、政治或历史某一方面的原因而实施区别对待。当武装冲突中的文化财产犯罪行为符合上述主观方面的特征时，即构成危害人类罪中的故意。虽然战争罪和危害人类罪保护的法益并不相同，但在特殊情形下二者产生了竞合，纽伦堡和前南刑事法庭的案例也体现了这一点。

而对于非武装冲突下文化财产的犯罪，如果要进入国际刑事法院的视野，一定需要构成危害人类罪的行为要件。《罗马规约》第7条以及《构成要件终结案文》已经取消了危害人类罪需要有武装冲突的前提，不再要求"反人道罪"必须具有武装冲突这一要素，只要"广泛或有系统地针对任何平民人口进行的攻击中，在明知这一攻击的情况下，作为攻击的一部分而实施的下列任何一种行为"就可构成危害人类罪。这样的话，只要针对任何平民广泛或者系统地实施了针对其宗教、文化等相关建筑物的攻击，造

① 参见《国际刑事法院规约》第7条第1款第11项："故意造成重大痛苦，或对人体或身心健康造成严重伤害的其他性质相同的不人道行为。"

成其精神上或心理上的痛苦，便均可因文化财产的破坏行为而构成危害人类的罪行。2001年阿富汗的塔利班政权下达灭佛令，强行用大炮炸毁世界第三大佛像——巴米扬大佛，其目的之一就是迫害阿富汗境内与塔利班历来不和的哈扎拉人，巩固统治基础，因为大佛由哈扎拉人亲手建造，是其引以为豪的文化财产。

除战争罪和危害人类罪之外，国际刑事法院目前管辖的灭绝种族罪与文化财产犯罪的关系也曾引起争议。从历史上看，灭绝一个种族的行为往往从文化的灭绝开始，因为独特的文化是一个民族区别于其他民族的重要特征，也是种族传承和个体认同的重要纽带。毁坏历史纪念物、建筑物和具有特殊历史文化价值的物品是文化灭绝的主要手段之一。在《罗马规约》有关灭绝种族罪的起草过程中，有参会代表提议将文化中的种族灭绝行为纳入灭绝种族罪的范围之内，但未得到大多数代表的认同。因为在有多民族聚居的国家，主流文化对少数种族文化的入侵十分普遍，若将文化灭绝纳入种族灭绝罪的范围，就有可能侵犯到一国内政而背离了国际刑法的初衷。最后灭绝种族罪仍限定在较为保守的范围之内，即必须是实体上的或是生物学意义上的灭绝，不包括文化上的灭绝。因此，尽管有一定的相似性和联系，文化财产犯罪无论是在法律层面还是在司法实践层面，都不会构成灭绝种族罪。

综上，破坏文化财产的行为在武装冲突下视情况不同可构成战争罪，也可构成危害人类罪，在非武装冲突下则只可构成危害人类罪。在现行国际刑法框架内，侵犯文化财产的行为不可能构成灭绝种族罪。

2. 国际刑事法院管辖下的文化财产犯罪构成要件分析

国际刑法范畴之内的文化财产犯罪主要是指控制、破坏和非法贩运文化财产。国际刑事司法机构主要惩治的是严重的国际犯罪，而在文化财产犯罪方面则集中在武装冲突中对文化财产的破坏上。

国际法概念中的武装冲突通常包括国际性和非国际性武装冲突。战争法和国际人道法在诞生伊始就是为了解决国际性武装冲突中的问题，非国际性武装冲突则一般是由国内法来调整，但随着国际形势的变化和人道主义保护的需要，国际刑法也开始将非国际性武装冲突纳入调整范围之内。

国际性武装冲突首先是在两个或以上国家发生的冲突，前南国际刑事法庭曾在一个判决中指出，"两国之间的任何差异导致武装人员的介入，都是国际武装冲突，而无论冲突持续的时间有多长，也无论有多少平民被杀害"。①另外，如果有像联合国这样的国际组织参与其中，那么冲突自然也具有国际性质，国际法也可以适用。

在特定的情况下，在一国领土之内发生的武装冲突也可能具有国际性特征。

1949年《日内瓦公约》的第一附加议定书将国际武装冲突的概念从两国之间的冲突扩大到"各国人民在行使联合国宪章和关于各国依联合国宪章建立友好关系及合作的国际法原则宣言的自决权中，对殖民统治和外国占领以及对种族主义政权作战的武装冲突"。国际红十字委员会在评论中指出此处三种情况的列举是穷尽式列举。即在此三种情况之外的反政府武装冲突不属于国际性武装冲突。

发生在一国领土内的武装冲突，其他国家即便没有直接的军事参与，但以提供武器、资金等其他方式间接地支持交战中的一方，这种情况下当内战一方的行为可以归咎为支持国时，也可以考虑将其视为国际性武装冲突。由于若将战争犯罪的法律扩展到包括国家内部的冲突，将造成对一国国家主权的侵犯，国际刑法对武装冲突的界定是十分谨慎的。

然而第二次世界大战之后，国家之间的武装冲突和民族解放运动日渐减少，非国际性武装冲突中文化财产受到破坏的情形屡见不鲜。在1998年通过的《罗马规约》中就将部分战争罪的情形适用于非国际性武装冲突，并将这里的非国际性武装冲突的范围界定为在一国境内发生的武装冲突，包括政府当局与有组织武装集团之间，或这种集团相互之间长期进行的武装冲突。这是对武装冲突情形下文化财产保护的新发展。

具体到文化财产犯罪方面，目前的公约都将非国际性武装冲突纳入保护范围之中，同时为了避免侵犯一国国家主权，公约一般都对涉及的非国际性武装冲突进行了严格的界定。例如1999年《海牙公约》第二议定书的保护范围包括非国际性武装冲突，其界定的非国际性武装冲突的范围明确排除了内部局势紧张和动乱，诸如骚乱、孤立零星的暴力行为或类似现象。另外，《国

---

① Prosecutor v. Zejnil Delalić et al. , Case No. IT-96-21-T, Trial Chamber Judgement, Judgement of 16 November 1998, para. 208.

际刑事法院规约》适用于非国际性武装冲突的部分战争罪行即包括破坏文化财产的相关犯罪。

2012 年 4 月，基地组织分支在占领了马里历史名城廷巴图克后对其进行大肆破坏。他们摧毁了古城遗迹，其中包括廷巴图克三大清真寺之一的西迪·叶海亚清真寺。这是继塔利班 2001 年炸毁阿富汗巴米扬大佛之后，伊斯兰激进组织又一起破坏世界文化财产的行为。这是一起典型的在非国际武装冲突中破坏文化财产的例子，也是目前武装冲突中文化财产保护状况的缩影。时任国际刑事法院总检察长的法图·博姆·班苏达对此指出，"我希望明确告诉那些犯下这些罪行的人，停止毁坏宗教建筑。这是战争罪，我的办公室有权全面调查。"① 尽管到目前为止，并没有文化财产犯罪的案件进入国际刑事法院程序，但该言论至少表明面对武装冲突中文化财产保护的严峻形势，国际文化财产犯罪已经进入了国际刑事法院的视野。

属于国际司法机构管辖内的破坏文化财产犯罪，其客观要件记述于各司法机构的规约之中。《国际刑事法院规约》第 8 条第 2 款第 5 项规定在国际性武装冲突和一定情形下的非国际武装冲突中，故意指令攻击未用于军事目的，而专用于宗教、教育、艺术、科学或慈善事业的建筑物、历史纪念物属于战争罪。

（三）国际刑事法院对 ISIS 管辖的可能性及评析

1. ISIS 组织下的文化财产破坏行为简介

ISIS 组织中文名为伊拉克和大叙利亚伊斯兰国，② 其前身是 2006 年在伊拉克成立的"伊拉克伊斯兰王国"。其自称建国时间是 2014 年 6 月 29 日，国际上则将其视为一个政教合一的恐怖组织。ISIS 组织的成立目的是消除当下中东一带的国家边界，建立一个无边界的伊斯兰王权。为了达到上述目的，ISIS 组织采取迅速扩张手段，用极端残暴的行为推行自己的政策和理念，如通过贩卖人口、抢劫银行、倒卖石油、贩卖制造毒品、倒卖文物等手段换取资金进行军事活动，还对异教徒什叶派穆斯林发动袭击，残害政治对手，制

---

① 欧叶：《基地组织毁坏马里古迹被指犯下战争罪》，http：//www.chinadaily.com.cn/hqzx/2012-07/05/content_ 15551948.htm，最后访问日期：2013 年 12 月 20 日。

② 在 2013 年前，ISIS 组织称为"伊拉克伊斯兰国"，2013 年 4 月 9 日宣布与叙利亚反对派武装组织"胜利阵线"，称为"伊拉克和大叙利亚伊斯兰国"。

造数起爆炸案伤害平民。

在 2012 至 2014 年，ISIS 组织在控制的叙利亚帕尔米拉古城下，炸毁用作宗教目的的建筑物，挖掘古城遗址，同时还盗窃、劫掠建筑物中大量文物，将其贩卖给文物贩子以换取活动资金，使贩卖文物获利成为 ISIS 活动资金的第二大来源。2015 年 2 月至 3 月，在伊拉克北部重镇摩苏尔的一家博物馆内，极具历史价值的雕像被 ISIS 武装分子推倒，他们用大锤和电钻将其粉碎。ISIS 还摧毁了哈特拉古城，该古城的部分文物在 1985 年被列入联合国教科文组织世界遗产名录。另外被 ISIS 摧毁的还包括建于公元前 13 世纪古亚述时期的尼姆鲁德古城。尼姆鲁德古城已被列入联合国教科文组织世界遗产预备名录之中，亚述国王阿淑尔纳西尔帕二世曾定都于此。"古城遗址中发掘出有'尼姆鲁德的蒙娜丽莎'之称的精美绝伦的女性雕像，遗址中保留有大量珍贵文物。"① ISIS 摧毁这些古城和遗址，目的之一是出于宗教或种族歧视，从精神、心理上摧毁受迫害人们的宗教信仰和文化传统，另一目的是将盗窃而来的文物出售以获得利益。2014 年 8 月 15 日，联合国安理会就"恐怖主义行为对国际和平与安全的威胁"举行会议通过第 2170 号决议，对 ISIS 的上述行为进行了谴责，并决定采取措施切断 ISIS 资金和外来武装来源。② 可是，ISIS 依旧我行我素，国际社会也未见对其有何大的行动。那 ISIS 组织到底将会受到怎样的制裁？

2. 国际刑事法院对 ISIS 的管辖及评析

国际刑事法院对 ISIS 的管辖从法律的规定上看是可行的，这应该毋庸置疑。

首先，就发生时间来看，ISIS 破坏文化财产的行为是《罗马规约》2002 年 7 月 1 日生效后发生的。《罗马规约》中明确规定公约没有溯及力，对公约生效前的犯罪行为不具管辖权。因此，发生于其生效后的 ISIS 破坏行为符合国际刑事法院的属时管辖权。

其次，就其客观行为可分两种情况进行探讨。第一种情形，ISIS 和伊拉

---

① 倪红梅、顾震：《潘基文："伊斯兰国"毁古迹是攻击全人类》，《新华每日电讯》2015 年 3 月 8 日，第 1 版。

② 王晓易：《联合国决议打击 ISIS》，http://news.163.com/14/0818/02/A3T8JIJN00014Q4P. html，最后访问日期：2015 年 12 月 24 日。

克政府军交火的行为。自 2014 年 1 月起，伊拉克政府军与 ISIS 开始激烈地军事交火，数天后，伊拉克重镇费卢杰被 ISIS 组织占领，直至 2015 年 5 月，伊拉克拉马迪又落入 ISIS 手中。在双方的交火过程中，军民致伤、致残的有上千人，许多城镇房屋以及具有宗教、文化教育性质的建筑物被毁损。这一交火行为属于典型的武装冲突，而武装冲突中攻击文化财产的行为构成战争罪，因《罗马规约》规定，"故意攻击专用于宗教、教育、艺术、科学或慈善事业的建筑物、历史纪念物，医院和伤病人员收容所，除非这些地方是军事目标"及 "摧毁或没收敌方的财产，除非是基于冲突的必要" 这类行为要件构成战争罪。[①] 第二种情形，ISIS 迫害伊拉克平民的行为。ISIS 对伊拉克境内的平民进行绑架、强制实施割礼、奴役。从上述情形来看，ISIS 与伊拉克平民间并无武装冲突，ISIS 只是在系统地并且是大规模地欺辱伊拉克国内的平民。除了对人身的伤害，ISIS 还损毁了伊拉克境内亚述人的保护神——人首翼牛像、千年亚述雕像、摩苏尔博物馆文物和极具收藏价值的书籍、巴格达博物馆文物等文化财产，其目的是恐吓伊拉克摩苏尔的居民，在心理上压制他们的反抗，同时体现出他们对原教旨主义的推崇，对异教徒宗教文明的蔑视。这给受迫害的人群造成了心理和精神上的伤害。因而，此种行为与前南斯拉夫一案颇为相似，都是通过破坏文化财产的行为给异教徒带来心理上的极大痛苦。此类行为符合《罗马规约》第 7 条危害人类罪的规定。

最后，就 ISIS 犯罪行为的发生国来看，它损害的文化财产所处地域主要位于伊拉克，都是伊拉克的重要古城，如尼姆鲁德、摩苏尔、哈特拉古城。但伊拉克不是《罗马规约》的缔约国，直到现在伊拉克也未签署《罗马规约》，但这并不代表国际刑事法院就无权审判和管辖 ISIS 在伊拉克所犯下的罪行。根据国际刑事案件的启动机制，法院除可以接受伊拉克提交接受法院管辖的声明外（依《罗马规约》第 12 条第 3 款的规定），联合国安理会还可向检察官提交犯罪资料申请或者由检察官根据《罗马规约》第 15 条对该项犯罪单独提起调查，这样也能启动国际刑事法院对 ISIS 罪行的指控和审判。正如前文所说，国际刑事法院总检察长法图·博姆·班苏达也提到，他的办公室对此类战争罪行可进行全面的调查，不过对 ISIS 所犯下的违反人类罪该如何

---

① 参见《罗马规约》第 8 条第 2 款。

考虑，从总检察长的谈话中无法得出结论。

从上述三方面的分析来看，国际刑事法院对于 ISIS 破坏伊拉克古城及其文化财产的行为完全是可以提起指控和进行审判的。原因如前文所述，文化财产是人类共同的财产，它们印证着历史发展的足迹。文化财产代表着对生命的认同，是将我们人类的过去、现在和未来联系在一起的纽带。近百年的司法实践告诉我们，尤其是纽伦堡审判对文化财产里程碑式的保护和前南国际刑事法庭对其发展式的保护，保护文化财产、打击破坏文化财产的国际性犯罪已经成为一种国际习惯。国际组织乃至任何国家都有义务对世界文化财产进行保护，并追究犯罪分子的责任。

当然，ISIS 在破坏伊拉克古城及其文化财产的同时，也有盗窃、贩卖大量文物的非法行为。根据《罗马规约》的规定，国际刑事法院对此类行为并无审判依据。换而言之，国际刑事法院对此类行为不能进行管辖甚至制裁，所以对于盗窃、非法贩运大量的文化财产的犯罪行为，更依赖于各主权国家间的普遍管辖及亲密合作。

但遗憾的是，国际刑事法院对于 ISIS 此类行为的处理到目前为止仅停留在口头谴责上，并未付诸真正的指控，造成这种局面的原因是多方面的。其一，如上文所说，如果要对这一案件进行调查和指控，需要检察官自行启动案件，而在《罗马规约》依旧存在许多争议（特别是对于案件三种开启方式的争议）的情况下，检察官自行启动案件需要莫大的勇气和国际社会的共同参与与支持。其二，调查和指控 ISIS 的犯罪行为，目的是需要 ISIS 领导者、组织者、策划者对这些行为承担责任，可是抓捕这些人实际上是存在困难的。就像"乌干达的圣灵抵抗军"5 名首领早已进入国际刑事法院视野，5 个红色通缉令也已下发到 184 个刑事法院成员国的国家中心局，但 5 名被告目前依然不见踪影。其三，国际刑事法院的精力是有限的，它集案件调查、起诉、审判、上诉为一体，虽然不同的办公室承担不同的职责，但毕竟机构单一、人手有限。相关的国际性犯罪在世界各地几乎时时都在发生，国际刑事法院要做到一一应对是十分困难的。到目前为止，国际刑事法院开启的案件只有区区几件。正因为如此，ISIS 如果没有更大的国际犯罪动作，要国际刑事法院将其纳入受理案件之列并不是件太容易的事。

综上所述，文化财产虽然对人类精神文明的发展如此之重要，时隔五六十载，国际社会对文化财产的保护却没有突破性的进步，表现如下。第一，对文化财产的破坏行为没有得到很好的遏制，对文化财产的摧毁事件仍在不断上演；第二，在武装冲突中，对破坏文化财产的罪行，会以战争罪或（及）危害人类罪的罪名定罪，并要求责任人承担相应的刑事责任；在非武装冲突下，也会以危害人类罪的罪名定罪。但是，战争罪、危害人类罪所包括的行为要件太过广泛，文化财产破坏只是其中的一种行为，这就使得法庭在审理案件时，只是笼统地将杀人毁财的行为定性在上述罪名之中，无法突出文化财产遭遇的毁损；第三，在现行的国际刑法体系之中，对盗窃或贩卖文化财产的行为大都实施的是一种财产性处罚手段，但现行的《国际统一私法协会关于被盗或者非法出口文物的公约》、《关于贩运文化财产及其他相关犯罪的预防犯罪和刑事司法对策准则》等大多为行政性的处罚规定，如申请返还、要求赔偿等，而将刑事制裁的权力赋予了各缔约国，即需要国家刑法体系内的惩罚才能使这类行为接受刑事制裁，这更需要国家间的相互合作。

第三章　比较法视野下的文化财产
犯罪立法规制

2018 年 6 月，共有 167 个国家的 1092 项遗产进入联合国教科文组织世界遗产名录，其中文化遗产 845 项。而仅欧洲和北美地区，就包括涉及 50 个国家的 514 项遗产，其中文化遗产 440 项，占整个世界遗产名录遗产总量的40%，欧洲和北美地区文化遗产的数量更是超出世界遗产名录中文化遗产总量的一半。[①] 曾经有学者进行过统计，在欧洲世界遗产数量占前四的国家中，其文化遗产又几乎占据了世界遗产的全部。[②] 因此，加强对文化遗产的保护，特别是刑法方面的保护，直接关系到欧洲文化财产的发展大局。二战后，因欧洲各国对如何保护文化遗产的认识不统一，使得修订一部能够得到普遍认同和遵照执行的文化遗产保护公约势在必行。之后，欧洲确实通过了一系列保护文化遗产的区域性公约，对区域文化遗产，乃至世界文化遗产的保护都具有深远影响。至于欧洲以外国家的文化遗产保护，则发展相对延缓，涉及刑法保护的内容也不多。因而，本章先从欧洲对于文化财产的刑法保护入手进行分析，接着对欧洲以外的地区（美洲、亚洲）的文化财产刑法保护进行论述。在论述各大洲保护特色的同时，结合一些典型国家的刑法保护现状与措施，在比较法视野下对文化财产的刑法保护进行探讨。

[①] 《世界遗产名录统计》，联合国教科文组织网站，whc. unesco. org/en/list/stat#d1，最后访问日期：2018 年 7 月 20 日。

[②] 参见张维亚、喻学才、张薇《欧洲文化遗产保护与利用研究综述》，《旅游学研究》2007 年第 2 辑。

一　欧洲

1957 年成立的"欧洲共同体"，现在已发展成为包括 28 个国家、涵盖 3 亿人口的欧洲联盟，拥有自己独立的立法机构和司法机构。欧盟（包括其前身"欧洲共同体"）及其欧洲理事会颁布的与文化保护有关的法律大体有：《欧洲文化公约》（1954 年）、《保护考古遗址欧洲公约》（1969 年）、《关于对欧洲不可移动文化遗产的有效保护的法律框架草案》（1970 年）、《欧洲文物古迹保护宪章》（1975 年）、《有关与文化遗产相关的违法行为的欧洲协定》（1985 年）、《关于文化遗产出口的规章》（1992 年）、《关于归还从欧盟领地非法带走的文化遗产的纲领》（1993 年）以及《关于社会文化遗产价值的框架公约》（2005 年）等。[①]

1954 年欧洲理事会通过了《欧洲文化公约》，主要强调的是文化价值方面的具体实践。1969 年比利时等 17 个国家签订的《保护考古遗址欧洲公约》（亦称《瓦莱塔公约》）沿袭了 1954 年《欧洲文化公约》的思想，旨在防止非法发掘。公约对文化遗产保护的影响体现在以下三方面。第一，公约第 1 条第 3 款明确规定考古遗址包括建筑、建筑群以及其中的可移动对象，受保护的考古遗址包括陆上和水下两部分考古遗址，即明确了考古遗产的内容。第二，公约明确规定"每一缔约国应尽可能承允禁止并制止非法发掘"，[②] 确定了缔约国对考古遗址保护的义务，对于非法挖掘考古遗址做出了禁止性规定。第三，公约第七条明确规定，缔约国应在其立法许可的范围内进行积极合作，由此强调了国家间合作的重要性。

不过，1969 年《保护考古遗址欧洲公约》所规定的考古遗产范围较狭窄。因此，在 1992 年，欧洲国家对《保护考古遗址欧洲公约》进行了修订。修订后的《保护考古遗址欧洲公约》将水下遗产纳入保护范围，对考古文化遗产的保护更加全面深入。而且 1969 年公约和 1992 年修订的公约都强调了考古物品的国际流通、博物馆收购政策方面的国际合作，并规定为甄别和认证考古财产的犯罪嫌疑人，各国家机构应遵循合作原则。同时，1969 年和

[①] 参见白瑞斯、王霄冰《德国文化遗产保护的政策、理念与法规》，《文化遗产》2013 年第 3 期。

[②] 《保护考古遗址欧洲公约》第 3 条第 1 款。

1992 年公约都规定了预防考古财产贩卖的两种方式：国际合作和国家法律的调整，虽然两个公约所规定的具体措施有所不同。

对于国际合作，1969 年公约强调缔约国之间的合作是为了确保考古对象的国际流通中没有这样或那样的偏见文化或科学价值附加到这样的保护对象上（第 6 条）。1992 年公约则通过有经验的专家间的交流对考古遗产相互提供技术和科学合作，防止贩运考古物品（第 12 条）。除国际合作外，两个公约也规定了国家立法的调整措施。国家立法调整是为了避免考古财产的扩散与贩运，防止任何人或机构非法挖掘或转移考古遗产。公约规定只有特别授权资格的人员才能开展科学的考古勘探和发掘，使用金属探测器或任何检测设备或工艺进行考古调查必须得到事先特定的批准（包括 1969 年和 1992 年的第 3 条约定）。财产挖掘如果不符合公约所规定的方式，则将被认定为非法，被认定为非法的挖掘行为则可能被禁止、约束（1969 年公约第 3 条）或阻止（1992 年公约第 3 条）。公约还规定博物馆和类似机构的收购应由国家控制，不得收购怀疑为不受官方控制或非法发掘的考古财产；并且敦促各国不遗余力地确保博物馆和类似机构尊重这些原则，防止犯罪嫌疑人的收购行为（1969 年公约第 6 条；1992 年公约第 10 条）。

2000 年欧洲理事会制定《欧洲名胜保护公约》供公开签署，该公约为了更大范围地保护文化财产，用了"名胜"一词，使得保护对象的确定变得困难。但是以上公约都没有涉及文化财产保护的刑法规则。

在 1992 年《保护考古遗址欧洲公约》修订前，为了制止破坏文化财产的罪行，1985 年欧洲议会通过了《关于侵犯文化财产的欧洲公约》（亦称《德尔福公约》，European Convention on Offences Relating to Culture Property of 1985），实现了刑事领域的文化财产保护。不过遗憾的是，因为仅有六个国家签字未达到三个以上国家交存批准书的生效条件，公约至今没有生效。《关于侵犯文化财产的欧洲公约》从保护对象、具体罪行以及制裁等方面对文化财产犯罪做出了具体规定。其中第四章文化财产的恢复的第 8 条包括一系列关于归还、回复以及引渡等的司法合作条款；第 9 条规定为了确保该公约的实施，各缔约国要采取必要措施对侵犯文化财产的行为予以处罚；第五章诉讼部分的第 12 条规定了制裁措施，明确缔约国在必要情形下需采取相应的制裁措施，这是为了达到保护文化财产的目的而扩大刑法适用范围的后续规定。这些规定表明对于侵犯文化财产的刑法保护正在逐步形成①。

1985 年《关于侵犯文化财产的欧洲公约》对文化财产进行刑法保护主要体现在以下四个方面。首先，详细罗列了受保护的文化财产，以列举的方式在附录二中详细说明了受保护的文化财产，使得保护对象一目了然；其次，对侵犯文化财产的罪行进行了区分，明确侵犯文化财产的行为分为作为与不作为两种方式，并且在附录三中作了详细说明，便于对侵犯文化财产犯罪的认定；再次，明确了缔约国义务，公约第 12 条规定，在确定存在文化财产犯罪的情况下，无论是作为还是不作为，缔约国均需采取适当且必要的制裁措施；最后，该公约还对文化财产犯罪的管辖以及诉讼程序做出了清晰的规定，增强了公约的可操作性。所以，1985 年《关于侵犯文化财产的欧洲公约》的内容相当完善和细致，包括文化财产的罪行、诉讼、判决、制裁、管辖等一系列内容，堪称文化财产刑法保护的典范。因此，尽管公约并未生效，不具法律拘束力，但它对欧洲文化财产的保护起着重要的引导作用。

在国际公约以及以上欧洲国家签订的公约相继诞生的背景下，欧洲各国非常重视文化财产的立法保护，不断加强文化财产保护体系的建设。例如，法国、德国、英国以及意大利都具有相对完备的文化财产保护法律框架，对文化财产的保护成效显著。

（一） 英国

英国作为文化财产交易大国，同时也是文物走私集散重地，对文化财产的保护来说尤为重要。英国对文物财产的保护可追溯到 1882 年颁布的《古代遗址保护法》。在此之后的一百多年中，英国的文化财产保护制度渐趋丰富和完善。在这个过程中，英国颁布了一系列法律、法规，例如《历史纪念物保护法》、《城乡规划法》、《国家遗产法》等；但从保护范围来看，这些法律所保护的文化财产有一定的局限性，主要是古建筑物、历史街区及遗址、文物

---

① See Stefano Manacorda & Duncan Chappell edited, Crime in the Art and Antiquities World: Illegal Trafficking in Cultural Property (Heidelberg: Springer, 2011), pp. 77-78.

及美术工艺品，无形文化财产及民俗文化财产并不在上述法律保护之列。除各类立法外，英国对于文化财产的保护还体现在大量的实施指南上，如1990年英国环境部下发的政策指导性文件——《规划政策指南：考古与规划》强调了在开发过程中要保护古迹等文化财产；1994年，英国环境、运输与区域部及国家遗产部又共同颁布了《规划政策指南：规划与历史环境》，进一步强调了规划过程中保护历史遗址及周边环境的重要性。

在立法上，英国对文化财产刑法方面的保护涉及多个方面，包括历史建筑、小型有形文化财产、水下文化财产等，也在多种法律形式中有所体现，例如有关的普通法、成文法、国际条约以及专门的文物保护法案等。

1. 对历史建筑和各类遗址进行专门立法保护

英国政府早在1882年颁布了《古代遗址保护法》，这是英国第一部对文化财产进行保护的立法。该立法对68处以史前遗址为主的古迹规定了国家登录制度，同时规定如所有者同意，国家可购买登录的古迹，且所有者还可申请代管古迹。此外，毁坏登录古迹者会被处以一定的罚款或拘留。[1] 该法于1900年进行了修订。1979年《古迹与考古区域法》颁布（1998年进行了修订），对《古代遗址保护法》有了进一步的完善。该法律全文共三章，对考古工作中的遗址保护做出了更为具体的规定，是目前英国有关考古遗址保护的最重要的法律。该法规定：（1）在施工条件上，未获得主管机关同意，其他任何主体不得在国家认定的考古遗址上施工作业；（2）在经济支持上，如果相关责任单位认为该项遗址需要调查，则有权向主管机关申请业务经费；（3）在保护范围上，开发商对于考古单位在政府指定的考古核心区进行的考古发掘工作无权阻拦和干涉。

1932年，行政立法《城乡规划法》颁布，这是英国第一部有关历史建筑的法律条文。该法案明文规定，经中央政府同意，地方政府有权对具有特殊意义的历史建筑物下达保护令。[2] 1947年修订的《城乡规划法》进一步规定

---

[1] 参见杨丽霞《英国文化遗产保护管理制度发展简史（上）》，《中国文物科学研究》2011年第4期。

[2] 保护令是非常有英国特色的历史建筑保护制度，是主管部门对急需保护的建筑在登记名录前签发的短时间内给予保护的令状，该制度在1979年的法律《古迹与考古区域法》中被废止，由新的登录许可注册系统制度取代。

了对具有重要建筑价值及历史价值的建筑物的保护，该法赋予城乡规划大臣登记造册的权力，同时规定地方政府拥有将具有重要建筑价值及历史价值的建筑物指定为历史建筑的权力。1987 年颁布的《规划（指定建筑与保护区）法》的保护范围有所扩大，该法对保护建筑类文化财产及历史街区提出了更具体的规定，包括对建筑与保护区指定的定义、原则、解除，主管单位的认定、管理以及对建筑与保护区的施工许可、修护补助等。1983 年英国又颁布《国家遗产法案》，该法的突出贡献是从法律上明确地将历史建筑与遗址委员会从环境部中独立出来，从而使得这个委员会具有了更大的自主权。从此英格兰古迹保护方面有了第一个现代意义上的以官方身份出现的法人单位。①

英国这些法律将英国的文化财产主要分为在册古迹、登录建筑、保护区三大类。法律规定，"任何人如想拆卸、更改或扩建登录建筑，而有关工程可能会影响该建筑物的特色，需向有关政府当局取得登录建筑施工许可。任何人如果进行未经批准的工程，可被判没有上限的罚款，或监禁达 12 个月，或罚款兼监禁。对登录建筑进行超过任何 115 平方米的改建、扩建或拆除，外观和内部的变更等都须得到地方规划部门的许可。任何违规行为都在相关法律中有严格而明确的处罚措施。"②

2. 对小型文化财产也有专门的立法

在小型有形文化财产保护方面，《宝藏法》和《宝藏法施行细则》有定的代表性。1996 年英国制定《宝藏法》，并于次年（1997 年）制定了《宝藏法施行细则》。这些法律条文与实施细则为小型有形文化财产的发掘、收藏、转让、评估、出口管制提供了充足的法律依据。《宝藏法》是在《出土文物法》的基础上拟定的，该法对宝藏的定义、有关单位对宝藏的鉴定、违反法律的惩罚以及发现文物的奖励都有所规定，其中对惩罚的规定更为严格和具体。法律规定，"发现某物品可能是宝藏的人，必须在十四日内报告有关单位，如果违反规定，将遭到监禁、罚款或两者兼具的处罚。"③ 而《宝藏法施行细则》则是在《宝藏法》的基础上对其内容进行细化和改进。该法的内容

---

① 参见顾军、苑利《文化遗产报告——世界文化遗产保护运动的理论与实践》，社会科学文献出版社，2005，第 67 页。

② 刘爱河：《英国文化遗产保护成功经验借鉴与启示》，《中国文物科学研究》2012 年第 1 期。

③ 潘汝欣：《英美法中文物保护规定的评析》，《云南大学学报》（法学版）2013 年第 1 期。

主要包括宝藏的所有权归属、流通转让、价值评估、出口许可，发现者的权利义务、奖赏惩罚以及主管官员权力的运用与限制等等。

英国法规定，金、银及特意埋藏待日后发现的物件才是国家的财产。很显然，这一规定限制了国家财产的范围，包括文学艺术作品等在内的具有人文价值的财产并不包含其中。

3. 对水下文化财产的保护

英国对水下文化财产的保护主要体现为以下四个法律的规定。

1973年的《沉船保护法案》是水下文化财产保护的重要法律依据。为了保护英国领海内的沉船遗迹遗址，该法案规定在英国海岸线划定的60个沉船遗迹的专属区域内，在未获得相关的活动许可证之前，任何对区域内具有特殊历史或考古价值的沉船及其遗址进行的诸如潜水、打捞、损毁、移动其中任何物体或船体的部件的行为都被禁止。1979年的《古迹与考古区域法》主要针对陆地古迹进行保护，但也保护英国内水及领海内有特殊考古或历史重要性的水下文化遗产。"法案为古迹的保护规定了开发日程，如果沉船遗迹被列入开发日程，仅允许公众非触摸式的参观和潜水，开发日程以外的沉船遗迹仍然不允许破坏、改变。对未列入开发日程的沉船遗址，其明确禁止未经同意而拆除、破坏、改变或修复。"[1] 1986年的《军事遗迹保护法》则主要规定了对军用飞行器及船只的保护，一般通过在受控制的遗址地区划定保护区来进行。1995年的《商船运输法》为尊重沉船所有人及占有人权利，允许打捞者通过打捞获得捞救奖金。

虽然在英国的法律中肯定了私人对于一些文物财产的所有权，但是并不意味着法律对其取得方式和后果不加限制。英国《古迹与考古区域法》、《军事遗迹保护法》及《商船运输法》当中均规定了对于可能不利于文物财产保护的行为应当在取得有关机关的许可证的条件下进行。

4. 制定专门的法律打击盗窃、挖掘、非法交易文物的行为

英国对于盗窃文化财产的行为，在2003年《文物交易（犯罪）法》通过前，笼统适用的是1968年的《盗窃法》，即只有在英国国内或国外被盗的文化财产才受法律的保护。2003年《文物交易（犯罪）法》将盗窃、非法发掘

---

① 余诚：《英美有关水下文化遗产保护的政策及立法介评》，《武大国际法评论》2010年第1期。

或者非法进出口特定种类文化财产的行为规定为犯罪，即该法保护对象不仅涵盖被盗窃的文化财产，同时也涵盖被非法挖掘或搬移的文化财产。法律规定，非法发掘物以及从具有历史或考古价值的建筑物或构造物中的转移物，均存有"污点"，无论该发掘行为是否发生在英国或该行为是否违反了英国法，此种行为均构成犯罪。同时，若在知道或相信某文物有"污点"的情况下仍然进行不诚实交易的任何人也应受到刑事处罚。若是在诉讼中裁判，则应处以七年以下监禁或罚金，或并处监禁和罚金；若以建议程序定罪处罚，则会被处 6 个月以下监禁或罚金，或并处监禁和罚金。[1] 值得注意的是，虽然 2003 年《文物交易（犯罪）法》所保护的文化财产范围有所扩大，但该法没有溯及既往的法律效力，即只适用于发生在 2003 年 12 月 30 日以后的犯罪行为。

（二）法国

法国非常注重文化财产的保护，首创了文化遗产日，而且其对于文化财产的保护一直处于世界各国前列。法国保护文物的立法历经 200 多年，形成了一套完备的法律保护制度，"仅文化遗产法一项，便颁布过 100 多部"，[2] 已经形成了"以《遗产法典》为核心，以物质文化遗产保护为主体，与《城市规划法》、《环境法》、《商法》、《税法》、《刑法》等相互配合有机协调的完整的法律保护体系"。[3] 法国在刑事保护机制方面更是别具一格。

法国立法对文物的保护最早可追溯至 1793 年的《共和二年法令》，法令规定：法国领土内的任何一类艺术品都应受到保护。《共和二年法令》的出台，与法国大革命时期文化财产的破坏密切相关。法国大革命首先使有着 400 年历史的巴士底监狱因作为封建统治的象征而被夷为平地，之后大量的宫殿被砸、教堂被毁，其中包括始建于公元 5 世纪、埋葬了 38 位国王和 21 位王后的圣丹尼大教堂。这些珍贵文化财产的被毁让法国人开始意识到国家文化财

---

① 杨文涛：《文化财产的国际保护和追索的法律体制构建》，硕士学位论文，吉林大学国际法学专业，2011，第 23 页。

② 顾军：《法国文化遗产保护运动的理论与实践》，《江西社会科学》2005 年第 3 期。

③ 叶秋华、孔德超：《论法国文化遗产的法律保护及其对中国的借鉴意义》，《中国人民大学学报》2011 年第 2 期。

产需要立法加以保护，也最终让大量文化财产在动荡的年代免受浩劫。也正基于此，法国对于文化财产的保护是从对历史建筑的保护开始的。

1840 年，法国第一部文化财产保护法梅里美《历史性建筑法案》颁行，这是世界上最早的一部保护文物方面的法律。此后，1887 年、1913 年、1941 年、2004 年又分别颁布了《纪念物保护法》、《保护历史古迹法》、《考古发掘法》及《遗产法典》①几部重要的文化财产保护立法。而 1913 年《保护历史古迹法》更成为世界上第一部保护文化财产的现代法律。因此，法国的文化财产保护在对象上更侧重于对历史街区和古老建筑物的保护，1941 年的《有关发掘的法令》和 1943 年的《文物建筑周边环境法令》都是保护这类文化财产的立法②。

1. 刑法典中规制文化财产犯罪的罪名局限且单一

在 1994 年制定的《法国刑法典》中，对于文化财产的犯罪是放在分则第二编"其他侵犯财产罪"中的第二章"毁坏、破坏、损坏财产罪"中，并未单独设立对于文化财产的犯罪及量刑。《法国刑法典》规定对于受法国法律保护的文化财产（即已分类定级之动产和不动产）、正在发掘中的考古物或遗址、公立之博物馆或档案馆中的物品、公立展览陈列的具历史或文化或科学性质的物品，如有毁坏、破坏或损坏的行为且构成犯罪，应处 3 年监禁并处 30 万法郎的罚金，即使犯罪未遂，也处以相同的刑罚。③ 也正是由于《法国刑法典》中对于文化财产犯罪的规定如此单一且不完备，导致法国必须得以其他的行政规范来补充完善刑法的局限。但法国对于这一犯罪未遂行为的惩治与既遂行为相同，凸显了法国严厉打击此犯罪行为的态度。

2. 在文化财产保护的行政法律中设置刑法规范

在法国，对于文化财产犯罪的规制及刑罚设置在相应的行政法律法规之中。以法国最新修订的 2011 年的《遗产法典》为例，长达 50 多页的《遗产法典》，"汇总了各项四散于各项文化大法中的条款"，④ 涉及了总计五篇的内

---

① 2004 年的《遗产法典》几经修订，最近的一次修订是于 2011 年。
② 参见〔法〕米歇尔·米绍、张杰、邹欢《法国城市规划 40 年》，社会科学文献出版社，2007，第 52 页。
③ 参见 1994 年《法国新刑法典》第 322-2、322-4 条。见罗结珍译《法国刑法典刑事诉讼法典》，国际文化出版公司，1997，第 109~110 页。
④ 吴辉：《论中国民办博物馆登记管理的立法必要性》，《东南文化》2014 年第 4 期。

容，分别是总章程、国家博物馆的规定、法国博物馆最高理事会的规定、对"法国的博物馆"制度的全面规定以及对"法国的博物馆"藏品管理的规定。这样一份行政法规针对文化财产犯罪行为制定了严格的刑事监管制裁规定，如"违反法定呈缴物（L131-1）、档案（L214-1至L214-9）、考古（L544-1至L544-13）、历史古迹（L624-1至L624-7）、景观（L341-19至L341-22）相关规定的要承担相应的刑事责任"。[①] 在行政规范中设置刑事制裁措施，不是法国的一个独有特征，事实上在许多国家都有这样的立法习惯。将刑法典的规定与行政法中的刑事制裁规定相结合，可以有针对性地弥补国家刑法规定的不足，的确是行之有效的做法。

3. 支持刑事保护的机制完备

第一，法国对于文化财产的保护设有许多专门的机构（委员会），包括文物建筑和保护区两个国家委员会、景观地高级委员会和省级委员会、遗产和景观地大区委员会以及保护区地方委员会等。[②] 这些保护机构，依据职权的不同，分担起各自对文物的保护职责，对规制文物犯罪构建起一套完整的机构支撑。这样会使得规制文物犯罪的法律更为丰富，问责文物犯罪的责任更加统一和明确。第二，强化国家在文化财产保护中的职责。在法国，文化财产交易许可及监督的职责在文化部。另对于定位为国家级保护的文物，则规定可由国家优先收购；对某些易破损的文物，由国家进行保存。第三，文物交易不仅受到限制，而且还严禁出口。在法国，不准随意对受保护的建筑物、文化遗址进行改造，文物交易也只能在国内进行，严禁出口。一旦出现未经国家允许，擅自对文物进行改造、出境拍卖文物、私藏极易破损的文物的行为，将会受到刑法的制裁。

（三）意大利

意大利文化遗产数量众多，位列世界第一，共有45项文化遗产和4项自然遗产被列入世界遗产名录之中。意大利国土面积仅32万平方公里，却拥有

---

① 叶秋华、孔德超：《论法国文化遗产的法律保护及其对中国的借鉴意义》，《中国人民大学学报》2011年第2期。

② 参见彭峰《法国文化遗产法的历史与现实：兼论对中国的借鉴意义》，《中国政法大学学报》2016年第1期。

2000 处考古遗址和数千家博物馆。西方文明中最有代表性的古迹有 60%～70% 集中在意大利，因而意大利也被称为是一个"巨大的露天博物馆"。也正基于此，意大利是西方世界最早遇到文化财产保护问题的国家。早在 15 世纪，罗马教廷就制定了第一部旨在防止艺术品破坏与流失的国家法令。1797 年法、奥签署了《波隆那协定》，法军根据协定第 8 条的规定对意大利文物展开大肆掠夺。"1799 年 7 月 28 日，法国车队将罗马艺术品，包括朱纽斯·布鲁图斯的青铜胸像，马尔库斯·布鲁图斯的大理石胸像及 500 部珍贵的手稿，艺术大师提香、拉斐尔等 100 件油画运回法兰西，日后成为卢浮宫古代收藏品的主体。"① 针对这种赤裸裸的掠夺行为，意大利开始了文化财产保护的立法历程。教皇庇护七世于 1800 年颁布敕令规定：未经教皇许可，禁止挖掘、出口艺术品。1820 年意大利即以教皇国红衣主教团的身份颁布了意大利历史上第一部文化遗产保护法——《历史文物及艺术品保护法》，此后又先后颁布了第 185 号令（1902 年）、第 1089 号令（1939 年）、第 112 号令（1998 年）等诸多法令，1999 年意大利政府又在上述法令基础上颁布了意大利历史上第一部文化遗产保护综合法——"联合法"。②

1. 以《文化与景观遗产法典》为核心并设立刑事规范

意大利于 2004 年 1 月 22 日颁布《文化与景观遗产法典》，该法典在总则部分定义了文化遗产、明确了保护文化遗产的机制，在第二、三部分对文化财产、景观资产的保护做了行政监管、保护措施、交易要求、出入境管理、使用与展览等方面的明确规定，并在第四部分的第一编做出了相应的行政责任规定。不过该部法典并不是纯粹的行政性法典，它在第四部分关于处罚的规定中，在第二编明确规定了刑事处罚，把违反考古规定、违反文化财产保护措施、非法交易文化财产、非法将文化财产出境、对抗文化财产的行政管理措施的行为都认定为犯罪，并对刑事处罚做出了规定，与第一编行政处罚的规定相衔接、相协调。因此，意大利的《文化与景观遗产法典》是一部对文化财产保护较为全面、兼顾行政与刑事保护性的综合法典，是一部集中统

---

① 李冈原：《意大利历史文化遗产保护刍议——以威尼斯为个案》，《浙江传媒学院学报》2007 年第 4 期。

② 参见顾军、苑利《文化遗产报告——世界文化遗产保护运动的理论与实践》，社会科学文献出版社，2005，第 10 页。

一的文化财产保护法典。

2. 《刑法典》通过规制财产犯罪保护文化财产

在意大利，《文化与景观遗产法典》与《刑法典》对文化财产的保护相互协调、互为补充。在《刑法典》中，对文化财产犯罪的规制，主要通过第二编重罪分则的第十三章侵犯财产罪系列罪名得以实现，即在意大利，文化财产并未在刑法上从一般财产的范畴中独列出来。这就意味着，在意大利的刑法中，第 624 条的盗窃罪、第 624 条第 2 项的入室行窃和抢夺罪、第 628 条的抢劫罪、第 640 条的诈骗罪的犯罪对象都包含着文化财产，盗窃、抢夺、抢劫、诈骗文化财产的，都构成上述罪名。意大利刑法的第 647 条还规定了侵占遗失物、埋藏物和因错误或意外事件而得到的物品罪。这就意味着，对于埋藏于地下的文化财产，意大利在刑法上否认行为人的擅自取得行为，也同样否认基于错误或是意外原因取得的文化财产的合法性，这就扩大了文化财产在刑法上的保护范围。值得一提的是，意大利刑法在第 639 条中设立了污损或者玷污他人物品罪，当中明确规定："如果行为是针对位于任何地点的具有历史或艺术价值的物品实施的，或者是针对位于历史中心范围内的不动产实施的，处以 1 年以下有期徒刑或者 1032 欧元以下的罚金，并且实行公诉。"[1] 而"具有历史或艺术价值的物品""历史中心范围内的不动产"的涵盖范畴就包括了文化财产。此外，在意大利，被提起公诉的犯罪都是严重的犯罪，污损和玷污文化财产都要通过公诉的方式被科以刑罚，可见意大利对文化财产在刑法上的保护是多么重视。

3. 独特的文化财产刑事保护机构——"文物宪兵"

由于文化财产十分丰富，文化财产被盗、被破坏和走私在意大利一直是一个严重的问题。"1970～2001 年，意大利统计的文化财产被盗案为 40855 起，已登记的被盗艺术品数为 695344 件"，而"各地博物馆、教堂、公共机构和私人文物被盗案件 2001 年为 1740 起"，2002 年"为 1339 起"。[2] 正是为了打击日益猖獗的盗窃、破坏文化财产犯罪，意大利诞生了世界上独一无二的文化财产刑事保护机构——"文物宪兵"。这是一支专门负责文化财产保护

---

① 《最新意大利刑法典》，黄风译，法律出版社，2007，第 230 页。

② 刘曙光：《文明古国 遗产大国 保护强国——意大利文化遗产保护速写》，《中国文物报》2003 年 9 月 12 日。

的武装部队，成立于 1969 年 5 月 3 日。它介于军队与警察之间，一方面隶属于国防部，属于军队序列；另一方面直属文化遗产部，直接接受文化遗产部部长指挥，在体制上接受国防部和文化遗产部的双重领导。打击各种文物犯罪活动，如盗窃、非法贩运和非法交易等，是文物宪兵的主要任务；宪兵队员来自警务人员，要有警务执法经验，也需要对文物保护有经验；除此之外，查处赝品的工作也归文物宪兵负责；同时文物宪兵还积极与国际社会进行合作，如接受联合国委派前往维和地区，负责维和地区的文物保护工作。① 从成立之初到现在，"文物宪兵"发挥着极其重要的作用，现今也在协助联合国教科文组织，将其优秀经验传授给其他国家，帮助他们打击文物犯罪活动。

4. 未经文化遗产部同意的受国家保护重要文物的输出，以走私罪论处

此外，意大利为解决文化财产分散性和高度私有的状况，制定了国家重要文物认定法律制度。即有些重要的文化遗产需要通过文化遗产部的认定，以特别行政令的方式通知物主，宣布该物品受国家保护。未经文化遗产部的授权同意，不得私自毁损、易主甚至擅自修复该物品，且其用途必须符合它的历史或艺术特点、并不得有损于它们的保护及完整性。文物所有者、使用者或管理者需要转让文物的，必须上报文化遗产部，未经国家许可的文物输出，一律以走私罪论处。

（四）德国

德国是一个联邦制国家，又是传统的大陆法系国家，因而其法律制度以大陆法系传统的法典为主，但联邦和州有各自的立法权限。德国现分划为 16 个邦州，各州拥有自己的立法机构（州议会），但在州级机关之下还有区县和乡镇，它们也可以制定相关法律的实施细则。在联邦层面保护文化财产的法律主要有：《保护文化遗产以防流失法》（1955 年）及 1998 年修改案；《在武装冲突中保护文化遗产的法规》（1967 年，1971 年修改）、《关于联邦法规中应顾及文物古迹保护的法规》（1980 年）、《文化遗产归还法》（1998 年）、《关于实施联合国教科文组织 1970 年 11 月 14 日发布的有关禁止和防止文化

---

① 参见何洁玉、常春颜、唐小涛《意大利文化遗产保护概述》，《中南林业科技大学学报》（社会科学版）2011 年第 5 期；朱兵：《意大利文化遗产的管理模式、执法机构及几点思考》，《中国文物报》2008 年 3 月 28 日，第 1 版。

遗产的违法进口、出口和转让之措施的法规》（2007），以及德国联合国教科文组织全国委员会的两项决议《关于保护文化遗产以防偷盗和违法出口的决议》（2003 年）和《关于德国境内由联合国教科文组织指定的世界遗产的决议》（2006 年)[1]。除此而外，各邦州也制定有自己的地方文化财产保护立法。这些立法构成德国文化财产法律保护体系的基本框架。

在德国，虽然联邦宪法第 74 条将"刑法"列为联邦和州拥有"共同立法权"的事项，但宪法第 31 条也明确指出"联邦法律高于州法律"。因而，在此种情形下，联邦制定的《德国刑法典》成为德国一部非常重要的成文刑事法律。《德国刑法典》中没有专门关于文化财产犯罪的章节，对于破坏文化财产行为，一方面将其作为各具体罪名的加重情节加以规定，如《德国刑法典》第 243 条（盗窃之特别严重情形）规定，"（1）犯盗窃罪，情节特别严重的，处 3 个月以上 10 年以下自由刑。具备下列情形之一的，一般为情节特别严重：……从教堂或其他宗教场所内窃取礼拜用或宗教敬奉用物品的；窃取展览或公开陈列的科学、艺术、历史或技术发展上有重大价值之物品的……"本条的规定，是将盗窃展览或者公开陈列的文化财产以特别严重之盗窃罪论处。另一方面，则将破坏文化财产的行为作为损坏公共财物罪论处。如《德国刑法典》第 304 条（损坏公共财物）规定："（1）非法损坏或毁坏德国境内的宗教崇拜物品、礼拜物品、墓碑、公共纪念碑、重点保护的自然遗迹、公共博物馆保管或公开陈列的艺术、学术或手工物品，或公用或美化公共道路、广场或公园的物品的，处 3 年以下自由刑或罚金刑。（2）犯本罪未遂的，亦应处罚。"

除此之外，对于文化财产犯罪的规制，早在 1955 年制定并于 1998 年修正的《保护文化遗产以防流失法》中就存在了。这部法律对受保护文化财产的范围、非法出口行为与刑罚有明确的说明。该法第 16 条规定，"1. 任何人未经批准（a）出口已登记的文化财产或档案资料；或（b）违反本法所适应地区的临时性出口禁令，[2] 出口根据本法需要登记，但未登记完毕的文化财产

---

① 参见白瑞斯、王霄冰《德国文化遗产保护的政策、理念与法规》，《文化遗产》2013 年第 3 期。

② 德国对于文化财产进行国家登记，对于已经开始登记的文化财产，登记撤销前此文化财产不得出口。

或档案资料,将被判处监禁,并处或单处以最多 300,000 马克的罚款。2. 此种企图亦将受到惩处。3. 除惩处之外,还可判处没收此一文化财产或受保护的档案资料。没收应有益于将该文化财产或档案资料列入清单或准备列入清单而予以保护的州。如果不能对某一个人提起诉讼或加以判决,可以单处没收。"第 17 条规定:"没有按第 9 条和第 14 条第①款的规定履行自己的通知义务的,是行政违法,将被判罚款。"①

2015 年 9 月 15 日,德国公布了新的《文化财产法(草案)》。草案对于遏制非法文物进入德国以及"国家重要文化遗产"出口做出了新的规定。草案规定,"创作时间超过 70 年、价值超过 30 万欧元的艺术品出口需要申请许可证,包括出口欧盟国家;被视为'国家重要文化遗产'的艺术品将不被授予许可证。"②

二 亚洲

亚洲是遭受文化财产人为损坏较为严重的地区。臭名昭著的例子之一便是 1860 年第二次鸦片战争中英法军队对北京圆明园的洗劫和破坏。另一个突出的例子出现在柬埔寨 20 世纪 70 年代的红色高棉统治时期。在此期间,众多的古寺庙被破坏或拆除,无数壁画、佛像和其他文物被洗劫一空,它们被粗鲁地从原来的位置取出,运往海外。

亚洲地区的文化遗产区域保护开始得比较晚。2001 年在越南通过的《会安草案》建立和颁布了亚洲最佳保护范例的区域性标准;2002 年《上海宪章》宣告了亚太地区保护非物质文化遗产行动的开始;2005 年《西安宣言》第一次系统地确立了古遗址周边环境的定义,强调不同古迹和历史区域的重要性和独特性;2007 年《北京文件》就中国、东南亚、东方乃至世界文物建筑保护的一些问题达成了基本共识。③ 不过以上国际法律文件都没有对破坏文化财产的行为从刑事制裁方面进行探讨。亚洲地区第一次明确从刑事角度探讨文化财产保护的当属 2000 年的《东南亚国家联盟文化遗产宣言》。该宣言

---

① 第 9 条是关于所有人、占有人、控制人和有关部门的权利和义务的规定,第 14 条第①款是关于档案资料的规定。
② 郑莘编译《德国发布新文化财产法律草案》,《中国文化报》2015 年 9 月 21 日,第 1 版。
③ 郑育林:《国际文化遗产保护理念的发展与启示》,《文博》2010 年第 1 期。

指出，东盟成员国间应当尽最大的努力来保护文化财产，包括打击盗窃、非法贸易和走私、非法转让等活动，并呼吁各成员国在各自的司法管辖区内，采取措施控制收购非法交易的文化财产，配合其他成员和非成员国家处理严重的类似问题，并应用适当的措施进行有效的进口和出口管制。可是如何制裁、如何管辖在宣言中并没有提及，加之宣言并没有约束力，因此其影响力、对文化财产刑事保护的作用是有限的。

除上述多边协议和宣言外，在2000年时，柬埔寨和泰国签订了一份双边文化财产保护协议。协议特别强化了两国打击文化财产犯罪方面的合作，通过引入一系列措施来遏制国际非法买卖文化财产的行为，并规定如发现被盗的非法走私文化财产，双方应互相归还；同时建立了一个规范的合法出口证书审查程序，并尽可能地使用一切手段推动目标的实现；进一步地规定非法进口或出口文化财产的制裁、返还程序；加强信息互换与共享。柬、泰两国的这份双边协议虽主要涉及的是和平时期的文化财产刑事保护，但对亚洲国家来说，却具有不可多得的示范效应。

（一）日本

日本对于文化财产的保护源自明治时期（19世纪中后期及20世纪前期）。那时，刚刚打开国门的日本被欧洲国家武力所震慑，在欣赏欧洲武力的同时也崇拜这些发达国家的文化，日本整个社会形成了一股舍弃传统文化的风潮，再加上明治政府采用"神道国教化"以及"神佛分离"的政策导致废佛毁释运动盛行。这导致当时大量与佛教相关的建筑被毁坏，还有一些较贫穷的寺院将具有历史价值的佛像、佛具等卖给文物商人。在此状况下，明治天皇下设的太政官在大学（即日本旧文部省的前身）的建议下，于明治四年（1871年）发布了关于保护31种文化财产（包括美术工艺品等在内）的《古器旧物的保存方》，旨在向文化财产的所有者宣传保护文化财产的思想。该政令是日本第一次对文化财产保护采取国家措施，成为日本文化财产保护法制化的开端。此后，日本陆续颁布了《古社寺保存法》、《国宝保存法》、《史迹名胜天然纪念物法》等一系列法律。其中明治30年（1897年）制定的《古社寺保存法》对文化财产保护的近代化具有重大意义。当时正值中日甲午战争刚刚结束，日本的民族意识空前高涨，以此为契机为保护当时成为关注焦点的古社寺制定了该法。该法总则和附则共有 20 条内容，对特别保护建造物以及国宝的指定、处分、展出以及修理的事项都有明确规定。其中指定和处分文化财产的的一些规定是现行文化财产保护制度的原型，并将文化财产保护的行政管理职责由内务省和宫内省共同管理改为由内务省单独行使。该法成为日本明治初期开始的文化财保护措施近代立法制度化的开端。①

1949 年 1 月 26 日，一场大火烧毁了法隆寺的金堂壁画。之后，日本又连续发生了几起举国震惊的文化财产失火案件。为保护重要文化财产、妥善保存其价值以及防止其再次损毁，日本于 1950 年 5 月 30 日公布了《文化财产保护法》（同年 8 月 29 日施行）。它对日本来说是一部非常重要的文化财产保护法律，它整合了《古社寺保存法》、《国宝保存法》、《史迹名胜天然纪念物法》以及《重要美术品保存法》等法律，对破坏、损毁文化财产行为的刑事制裁也主要规定在其中。《文化财保护法》自颁布到现在进行过五次修正，最近的一次是 2004 年的修正。② 1975 年以后几次修正，修改的内容不多，主要是在罚金的数额上有所增加，同时增加了对违法出口民俗文化财产的处罚。日本学界认为，"日本的文化财产保护的效果可以说是万众瞩目的"。

1. 文化财产刑事保护有中央、地方两个独立运作体系

日本《刑法典》中并没有针对文化财产保护的内容，只是规定的盗窃罪中有关于盗窃坟墓（而非古墓）的犯罪。在日本，针对文化财产刑事保护的内容主要集中在《文化财保护法》之中。除国家的这一立法外，日本还有地方性的文化财产保护立法，以条例的方式呈现，如《东京都文化财保护条例》。中央、地方两个体系有关文化财产保护的立法，各有鲜明的特点。

首先，从内容来看，二者所保护的文化财产的范围是有区别的。《文化财保护法》中罚则所惩罚的对象是针对重要文化财产所进行的犯罪，如"违反第 44 条规定，没有经过文化厅长官的允许，出口重要文化财的，处五年以下有期徒刑或者拘役，并处一百万以下的罚款"（第 193 条），"违反第 82 条规定，没有文化厅长官同意的情况下，出口重要有形民俗文化财的，处三年以下监禁，或处五十万以下的罚金"（第 194 条）。而《东京都文化财保护条

---

① 参见大沼友纪惠在《物の文化的利益の確保のための所有権の制限の比較法的研究——文化財保護法による制限について》一文中的论述。

② 5 次修正的时间分别是 1954 年、1968 年、1975 年、1996 年、2004 年。

例》罚则中所惩罚对象是重要文化财产以下级别的文化财产，如"对于（东京）市指定的文化财进行破坏、抛弃的处以五万以下的罚金或者罚款"（第62条），"对东京市指定的史迹古迹名胜天然纪念物的现状进行变更的，或者做出影响到其保存的行为，使其灭失、损毁或者到衰亡地步的处五万以下罚金或者罚款"（第63条）。其次，两个体系中各自承担保护责任的主体也是不一致的。在《文化财保护法》中，承担保护责任的主体是"文化厅长官"，如前第193、194条规定所示，所有重要文化财产的出口均需要经过"文化厅长官"的同意，否则会被处以人身刑或罚金刑。而《东京都文化财保护条例》规定的保护责任主体是当地"教育委员会"，如"违反第十四条（包含适用第36条的场合）规定，没有经过教育委员会许可，或者不遵守许可的条件的，对指定的文化财或者史迹古迹名胜天然纪念物的现状进行变更，或者进行其他影响到其保存行为的，以及不听教育委员会的停止命令的，处三万以下罚金或者罚款"（第64条）。最后，两个体系给予既是财产破坏者又是财产所有权人的处罚是不相同的。这一点在《文化财保护法》中体现最为明显。《文化财保护法》第195条规定："损坏、抛弃、藏匿重要文化财的，处五年以下拘役或者有期徒刑，并处三十万以下罚金。如果行为人是该文化财所有者的话，处两年以下有期徒刑或者监禁，或处二十万以下罚金。"[1] 第196条规定："史迹名胜天然纪念物的现状的变更以及影响到保存的行为使得该文化财灭失、损毁、衰亡的，处五年以下有期徒刑或者监禁，或处三十万以下罚金。如果行为人是该文化财的所有者的话，处两年以下有期徒刑或者监禁，或处二十万以下罚金。"而区别是不是文化财产所有者的类似处罚方式在《东京都文化财保护条例》中没有规定。

2. 日本法律规定中的文化财产犯罪行为范围相对较窄，许多行为被作为一般犯罪行为的加重情节进行处罚

日本《文化财保护法》中罚则主要针对的是文化财产的违法出口、破坏、抛弃、藏匿、不合理地改变现状的措施等行为，也就是在该法的前十二章中

---

[1] 在日本，徒刑和监禁都是剥夺受刑人自由的刑罚方式，且都是将受刑人关押在监狱中执行。二者的不同之处在于，被执行徒刑的人必须实施作为改造措施的强制劳动，而被执行监禁的人则没有这一要求。徒刑和监禁都有有期和无期之分。参见黎宏《日本刑法精义》（第2版），法律出版社，2008，第263页。

规定的一些必须或者禁止的事项。但是其实在日常生活中，针对文化财产的犯罪行为远不止这些，如对文化财产实施的盗窃、抢劫、放火等行为，这些行为在《文化财保护法》中没有明确规定，在日本《刑法》中也没有专门针对文化财产的盗窃、放火等行为的罪名，它只是作为审判中的加重情节被法院予以考虑量刑。例如，涂鸦根据日本《刑法典》第 261 条规定属于器物破坏罪的行为，可被判处三年以下有期徒刑并处 30 万以下的罚款。且一般的器物破坏罪在日本属于亲告罪，即被害者没有提出诉讼，法院不会受理也不会审判，因而行为人破坏的行为不构成犯罪，但如果涂鸦的是受到特别保护的文化财产的话，判处的有期徒刑可提高至 5 年。

3. 将一些国际条约进行了国内法的转化

日本签署过一些针对文化财产犯罪的国际性条约，如《关于禁止和防止非法进出口文化财产和非法转让其所有权的方法的公约》、《关于发生武装冲突时保护文化财产的公约》（1954 年《海牙公约》）等。为保障这些国际条约在国内的有效实行，日本将这些法律中的原则和精神进行了国内法的转化。如平成 19 年（2009 年）4 月 27 日公布的《武装冲突时文化财保护的相关法律》（法律第三十二号），[①] 其中第 7 条规定，当武装冲突发生时，如没有正当理由，则需对破坏国内或者《海牙公约》第二议定书缔约国的文化财产行为（不包括特别保护文化财产以及强化保护文化财产）处五年以下有期徒刑。即使犯罪行为未遂也应当受到惩罚，只要导致这种文化财产处于毁坏危险的状态（日本《武装冲突时文化财保护的相关法律》第 8 条）。对于将被占领区的文化财产进行掠夺、甚至予以变卖出售的，行为人不仅应当被处以一定的有期徒刑（不同情节一年至三年不等），还应处以相当的罚金（第 9、10 条）。

（二）韩国

韩国文化财产保护法制化的开端一般被认为是以朝鲜政府 1910 年颁布的《乡校财产管理章程》为标志。实际上，学界对于该法能否作为文化财产法律保护的开端还存在一定的争议，因为其中只涉及了乡校财产中的文化财产问题。尽管这样，韩国学者多还是认为，"《乡校财产管理章程》的出现，标志

---

① 见日本文化厅《文化财保护法令集》。

着韩国文化遗产保护工作法制化建设的开始。"[①] 1911 年，日本占领下的朝鲜政府颁布了《寺刹令》，法令规定，"寺刹所藏贵重物品的处置及寺刹住持人选，必须经过日本驻朝鲜总督的同意"，尽管"这项法令虽然接近文化遗产管理方面的内容，但离真正的文化遗产法仍有一定距离"。[②]

韩国第一部正式的文化财产保护法是《古迹及遗物保存规则》，该法于 1916 年 7 月由日本驻朝鲜总督参照当时日本相关的法律制定而成，主要针对的是当时朝鲜古迹遗物的保护。之后，1933 年《朝鲜宝物古迹名胜天然纪念物保存令》颁布，其针对文化财产的保护范围与《古迹及遗物保存规则》相比更加全面，几乎涵盖了文化财产的所有方面，因此该法的颁布在韩国的文化财产保护历史上有重大的意义。由于该时期的朝鲜半岛属于日本的殖民地，法律的制定也基本上都是在日本的直接干预中进行的，因此 1916 和 1933 年的这两部法律带有浓厚的殖民主义色彩。1945 年日本战败撤出韩国，但是那时的朝鲜半岛正陷入内战，根本无暇顾及文化财产的保护，更没有精力对文化财产相关的法律进行修改。当时韩国保护文化财产的法律依据依然是《朝鲜宝物古迹名胜天然纪念物保存令》。

1960 年以后，韩国在美国的支持下经济飞速发展，随着城市化进程的加快，一些传统建筑与历史遗迹受到了严重冲击，引发学界对保护文化财产立法的强烈呼吁。1962 年，韩国政府以日本的《文化财保护法》为蓝本制定了自己国内的《文化财保护法》，作为一部综合性的文化财产保护法，一直沿用至今。其对日本《文化财保护法》中的"文化财"的概念、管理体系、指定与登录等制度基本进行了套用，是对日本的《文化财保护法》的一次比较全面的沿袭。因为两国的文化源头相似，国民的生活习惯、信仰等方面也没有冲突，再加上作为殖民地的期间在日本方面的控制下就已经形成了一套相对完整的文化财产保护体系，因此虽然日本的侵略给韩国人民造成了极大伤害，但是理智上韩国政府还是接受了文化财产保护的日本模式。目前，韩国已经形成以《文化财保护法》为主干，以《古都保存法》、《乡校财产管理法》、

---

① 杨琳曦：《中韩世界文化遗产管理制度比较及其影响研究》，硕士学位论文，四川师范大学旅游管理专业，2008，第 30 页。
② 苑利：《韩国文化遗产保护运动的历史与基本特征》，《民间文化论坛》2004 年第 6 期。

《建筑法》、《国土利用管理法》、《城市计划法》以及《自然公园法》等众多法律为枝叶的完整法律保护体系。①

1. 文化财产范围相较缩小

根据韩国《文化财保护法》的规定，文化财产的种类主要包括四种：有形文化财产、无形文化财产、纪念物、民俗资料。文化财产的范围比日本的少了文化景观与传统建筑群两类。"有形文化财指有价值的建筑物、典籍、笔迹、古籍、绘画、雕刻、工艺品等；无形文化财指具有历史、艺术或学术价值的戏剧、音乐、舞蹈、工艺技术等；纪念物指具有重大历史、艺术和科学价值的寺址、圣地、遗物埋藏地等历史遗迹和动物区繁殖地、植物、矿产等特别的自然现象；民俗资料指衣食住、职业、信仰、每年例行的活动等方面的风俗、习惯以及这方面所使用的服饰、器具、房屋等。"② 不过韩国的法律将传统建筑群划入有形文化财产之中进行保护。周边的环境能够与建筑等文化财产和谐统一的，在日本的《文化财保护法》中也属于受保护的范围，但是在韩国的该法律中所规定的是"在文化财的保护上有特别需要时，还应制定保护物或者保护区"。③ 而且韩国《文化财保护法》规定，在对执行文化财"保护"与"管理"的法定权力时，其条文是优先于其他法律规定的，但是该法中的文化财产，只针对那些经过政府鉴定后被指定为文化财产的文物，对于已经出土但没有经过政府鉴定并被指定为文物的文化财产，其保护所依据的法律是相应的普通法律，因此并不能得到有效的保护。④ 这样就会产生一些新发现的政府还没有来得及通过程序指定的文物，给许多不法商人以可乘之机。

2. 刑事罪名规定细致

韩国的《文化财保护法》是一部综合性的文化财产保护法，是韩国文化财产保护的根本大法，虽沿袭了日本《文化财保护法》的制度基础，但仍旧体现了韩国自己文化财产保护的特点。

---

① 参见都重弼、潜伟《韩国文化遗产保护政策现状及未来发展方向》，《中国文物科学研究》2007 年第 2 期。
② 韩国《文化财保护法》第 2 条。
③ 顾军、苑利：《文化遗产报告——世界文化遗产保护运动的理论与实践》，社会科学文献出版社，2005，第 121 页。
④ 参见许庚寅《韩国〈文化财保护法〉的架构探讨》，《文化遗产》2011 年第 4 期。

　　韩国的《文化财保护法》中关于文化财产刑事制裁的规定体现在第十二章"犯规"中，并且相对日本来说要细致很多。韩国除规定了日本也有明确规定的没有经过许可的情况下输出、损伤或者隐匿文化财产行为之罪以外，还规定了虚假指定等诱导之罪、淹没史迹罪、虚伪指定罪、无许可搬出域外罪、违反行政命令罪、妨碍管理行为罪等。如法律规定，"违反第三十九条规定，没有经过文化财厅长的许可出口或者搬出指定文化财的或者领事指定文化财的，或者在规定期限内没有返还所搬出的文化财者，处五年以上有期徒刑并没收文化财。对于没有取得文化财厅长许可出口或者搬出文化财的以及出口或者搬出文化财没有返还的，处三年有期徒刑并没收文化财，对于以上情况的知情者予以中介、转让或者受让者处三年以上有期徒刑并且没收文化财"（第 90 条），"以虚假或者其他不正当的方法，使之被指定为指定文化财或临时指定文化财的，判处五年以上有期徒刑"（第 91 条）。对于常见的针对文化财产的犯罪行为例如放火、放水等行为也规定了相应的惩罚措施。如"针对指定的文化财或者临时指定的文化财建造物以及保护指定文化财或者临时指定文化财的建筑物，实施火烧、溢水或者破坏行为的犯罪者，准用《刑法》第一百六十五条、第一百七十八条、第三百六十七条之规定进行处罚，并加重原处罚刑罚的二分之一"（第 94 条）；"对于以溢水侵害文化财厅长所指定或者临时指定的遗址、名胜古迹、天然纪念物以及保护区城的，处两年以上十年以下有期徒刑"（第 95 条）；"以溢水侵害文化财厅长所指定的文化财或者临时指定的遗址、名胜古迹、天然纪念物以及保护区者处两年以上十年以下有期徒刑"（第 96 条）；"违反第二十一条关于紧急状态下文化财保护的条款的以及第四十二条相关的行政命令，或者在指定的天然纪念物（包含市、道指定的纪念物）栖息地、繁殖地、舶来地等，引进或者散发对其有害的物质者处以三年以下有期徒刑或者三千万元以下罚款"（第 100 条）。

　　3. 设立了文化财产加重罪

　　韩国《文化财保护法》在罚则中设立了对侵犯文化财产的加重犯罪罪名，称为加重罪。例如，"团体、聚众威胁或者携带危险品的方式触犯第九十条至第九十二条之规定的，加重各条的刑罚的二分之一。以上行为如果对保护、管理指定文化财或者临时指定文化财的人产生伤害时，处以五年以上有期徒刑，致死时处以五年以上有期徒刑或者无期徒刑或者死刑。"对于侵犯文化财产未遂的行为规定如下："触犯第九十条至第九十二条、第九十三条（一）、第九十五条以及第九十六条的未遂犯，亦处以同样的刑罚。预谋犯以上各罪的，处以两年以下有期徒刑或者两千韩元的罚款"（第 97 条）。

综合韩国《文化财保护法》第十二章中的各项处罚规定来看，除了与刑法相关的规定要比日本的更加细致以外，处罚的力度也是更加严格，建立了完善的刑法制裁体系。日本的《文化财保护法》中规定的最高刑罚是五年以下有期徒刑，而韩国的最高刑罚在加重刑中最高可以判处死刑。而且，对于同一种行为的处罚，韩国的规定明显要比日本的规定严厉得多，例如韩国对没有经过许可出口文化财产行为的处罚是五年以上有期徒刑，并且没收文化财产，日本则仅是处以五年以下有期徒刑。

（三）埃及

埃及作为人类文明曾经的聚集地，融汇了古埃及、古希腊、古罗马和伊斯兰四大文化，文物的种类繁多，境内的文化遗址约占全世界的 30%。[1] "埃及的文物遗迹分为古埃及文化、伊斯兰文化和科普特文化三大类型。" 其中，珍稀文物也颇为丰富。"埃及的努比亚遗址、孟菲斯及其墓地、古城底比斯及其墓地、伊斯兰开罗、阿布米奈遗址以及位于南西奈半岛的圣凯瑟琳地区都被联合国教科文组织列入《世界遗产名录》。"[2] 埃及政府首次采取措施保护文物可以追溯至 1835 年，当时的埃及统治者 Mohamed Ali 曾下令禁止将本国文物非法偷运出境，同时命令在首都开罗建设了一个宝库用以储藏文物。[3] 埃及目前对于文化财产保护最重要的法律是 1983 年的《文化保护法》，该法后于 2010 年进行了修正。《文物保护法》总则第 1 条即限定了文物的范围，"凡史前、历史上各时代直至一百年前的与各种文化、艺术、科学、文学和宗教有关的一切具有考古价值或历史意义的动产和不动产均属文物。这些文物都

---

① 参见尚继媛《埃及保护文化遗产新举措》，《北京观察》2003 年第 3 期。

② 辛俭强、林建杨：《埃及多方筹措资金保护文化遗产》，《中国旅游报》2006 年 7 月 7 日，第 11 版。

③ 刘芳：《论埃及追索海外流失文物的法律制度》，硕士学位论文，湘潭大学国际法专业，2011，第 11 页。

是在埃及领土上出现的或与其历史有联系的各种文明的标志。人类遗骸和同时期的生物遗骸也属文物。"埃及目前对于文化财产犯罪的刑法规制,主要体现于两部立法之中,一是《埃及刑法典》,二是《文物保护法》。

1. 开放式的《埃及刑法典》与《文物保护法》共同形成轻重惩罚层次

《埃及刑法典》与中国的《刑法》不同,它是开放式的体系,在刑法典之外还存在众多专门领域的或者和特定对象有关的犯罪。《埃及刑法典》在第二编"危害公共利益的重罪和轻罪"第十二章第162条规定故意拆除或者毁坏具有纪念、技术价值的艺术品的,除要支付其所毁灭、破坏物品的价款外,还要被判处拘役,单处或并处100埃镑以上500埃镑以下的罚金;如果出于恐怖主义目的而犯本罪规定的行为的,则可在规定的刑罚上限加重1倍进行处罚。① 但除此条规定之外,《埃及刑法典》中并无其他关于文化财产犯罪的规定,具体针对文化财产犯罪的规定基本都在《文物保护法》中列举。而《文物保护法》第40条规定,"在不违反刑法和其他法律规定的任何最严厉惩罚的情况下,凡违反本法各条款者按下列条款判处刑罚。"这样,刑法作为一个原则性的规定,《文物保护法》构成细节性内容的补充,而且这种补充是在不违反刑法最严厉惩罚的情况下才适用,所以《文物保护法》中"关于文物轻罪、违警罪的规定与《埃及刑法典》的相互关系,大体上也相当于重罪与《埃及刑法典》的关系",② 开放式的《埃及刑法典》与《文物保护法》共同形成了针对文物犯罪的轻重惩罚层次。

2. 收藏文物有严格的申报制度,未经许可收藏文物要被判处刑罚

《文物保护法》第三章从第40条至47条为罚则,大体分为三类,即重罪、轻罪以及违警罪,具体包括对走私文物、非法迁移、挪动古物、伪造古物、涂抹古物及针对古物玩忽职守等犯罪行为的处罚。这些罚则在大多国家都有类似的规定,但埃及有一个针对文物非常特殊的制度,即收藏文物申报制度。新旧《文物保护法》都规定,在《文物保护法》生效之日起6个月内(新《文物保护法》规定的是2年内),经营文物的商人和非经营性的文物收藏者要向文物局申报其所收藏的文物,在上述期限内如未申报和登记所收藏

① 参见《埃及刑法典》第162条,陈志军译,中国人民公安大学出版社,2011,第75页。
② 薛瑞麟:《文物犯罪研究》,中国政法大学出版社,2002,第54页。

的文物，属非法占有或收藏文物。而法律生效后，禁止任何个人收藏任何文物（经申报和登记的除外）。如果违反此项规定（法律上称之为非法占有），则会被处以一定期限的监禁刑和罚金。

埃及因为不允许任何人收藏任何文物，所以对于偶然发现的文物——包括可移动文物或不可移动文物的一部分和若干部分，要求必须由有关机构进行接收。如发现人不报告，则以非法占有文物论处，其处罚与未经申报占有文物处罚一致，一年以下监禁并处五千至两万埃镑的罚金，且没收"文物、作案工具、设备、车辆归文物局"所有，若是被认定为"蓄意不经许可藏匿文物"，还要追加五年监禁刑期。

埃及的刑法对于文化财产犯罪的规定较为严酷，实施程序也较为复杂。但《文物保护法》中仅有的 8 条罚则对于文化财产犯罪行为的打击还稍显薄弱。

三　美洲

欧洲以外的其他地区也积极参与文化财产的保护，并且签订了多个国际文件，其中以美洲和亚洲较为突出。但是在这些文件中，基于不干涉各国国家主权原则等原因，并没有详细规定各国的具体责任义务，更少有提及刑罚内容，大都还只是一些宣言口号式的罗列。

早在 1940 年美洲国家就在华盛顿通过了《美洲国家动植物和自然美景保护公约》，要求缔约国对自然物进行保护与管理。在 1970 年 7 月，美国和墨西哥就签订了双边条约《关于取回和返还被窃的考古、历史和文化物品的公约》，对被窃文物的取回和返还做出了约定。1976 年哥斯达黎加等 9 个中美洲国家在智利圣地亚哥签订了《保护美洲国家考古历史和艺术遗产公约》。1976 年《保护美洲国家考古历史和艺术遗产公约》是一部专门关于保护文化遗产和自然遗产的区域性公约，其宗旨是在国家和国际各级采取步骤，以便有效保护文化宝库，并履行将文化遗产转交给后代子孙的义务。该公约的主要规定包括：（1）加强文化遗产的鉴定、登记和保管，防止非法进出口、非法发掘以及非法转移等；（2）确定了公约所指的文化遗产范围；（3）规定了缔约国之间对文化遗产进行的流通、交换和展览等。这是美洲对文化遗产保护的最重要区域性公约，公约规定"所称的文化财产应受到最大程度的国际级保护，并且除非文化财产所有国为促进对其民族文化的了解而准许出口，其出口和进口应被视为非法。"① 但对于这些非法行为的具体司法管辖，却没有更加详细的刑法规定。

（一）美国

美国是一个由印第安土著居民和大量来自世界各地的移民组成的国家，虽然至今只有短短 200 多年的历史，但却是文化财产保护的先行者，对文化财产的保存十分注重。美国通过陆续颁布的一些有关文物保护的法令，形成了相对完备的文物保护立法体系。其关于文化财产保护的法律主要以 1934 年《国家被盗财产法》、1979 年《考古资源保护法》以及 1983 年《文化财产公约执行法》为基本框架。

1. 对被盗文物的保护

1934 年《国家被盗财产法》对盗窃以及非法出口文化财产的行为有所规制，但是适用范围狭窄，起初主要是针对保护国内文化财产而设，除此之外，并无其他特别适用的法律。在实践中，该法通常是处理该类案件的刑事处罚依据，后来才演变为也适用于在美国境内的外国被盗文化财产。法律规定："对明知是被盗的外国物品的运输以及收受、隐匿或买卖构成联邦刑事犯罪。"该法令的适用条件是任何人在明知是被盗物的情况下，接受、持有、藏匿、储存、交换、买卖或处分任何超过价值五千美元的盗窃物；对于在外国被盗而后被转移到美国境内的物品有以上行为，也被视为违法行为。根据该法令第 1 条的规定，"在任何洲际间的或涉外的交易，无论谁运输、运送或是转让了价值超过 5000 美金以上的任何商品、货物、财物、有价证券，并且明知上述物品是被盗的，或欺诈所得"，都应当被处以相应的刑事制裁，并通过没收的方式将被盗物品返还给原物主。虽然在该法令中，被盗的文化财产并不包括国外的文化财产，但在美国司法实践中法院逐步确认了这样一个原则，即如果某种文化财产来源于外国，并且外国法确认了该国对某种文化财产具有所有权，那么从该国转移到美国的这种文化财产也被视为被盗的文化财产，也适用于该法令关于盗窃物品的规定。另外，美国政府在罚没被盗文化财产时，

---

① 1976 年《保护美洲国家考古历史和艺术遗产公约》第 3 条。

通常引用该法令通过刑事程序进行罚没并返还，即在被盗的文化财产转移到美国境内并且没有出售给第三人的情况下，政府通过对犯罪人提起公诉程序来没收文化财产并返还。

2. 国际公约对文化财产的保护在国内法中的体现

1983 年《文化财产执行法》是为了履行 1970 年国际公约的义务而制定的，其内容主要涉及诸如双边协议的签订或者紧急行动的采取的授权、指定授权行动多包含文化财产以及被盗文化财产的进口限制等。违反该法的第 2606 节或第 2607 节将导致文化财产的扣押和没收，[①] 这就涉及文化财产的返还问题。美国海关法中有关没收的条款适用于对没有所有人的文化财产的处分。被盗或者是进口时未向美国海关申报的财产都会被扣押或没收，涉及上述盗窃文物财产或非法转移文化财产到美国的行为人将会受到民事和刑事的惩罚。[②]

3. 对考古文化财产的保护

1979 年《考古资源保护法》是对 1906 年《古物法》的重要补充。其目的在于对猖獗的文物走私活动进行有效控制，以遏制文化财产的流失。该法不只是保护美国境内出土的文物，也将移转和持有流失的外国文物视为非法行为加以处罚。对于破坏考古资源的行为在刑法措施方面规定得相对完善。该法明确规定，未经许可在国有土地上盗掘文物者都将受到法律严惩。为有效打击走私，在后来的补充修正条款中还进一步细化了针对考古资源以及盗掘考古资源的罚则。具体表现为第 6 条规定，"任何人不得挖掘、移除、损坏或以其他方式改变或破坏位于公有土地或印第安人的土地上的任何考古资源"，除非这些活动经过批准并持有合法的许可证。"在州际或对外贸易中，任何人不得出售、转让、交换、传输、接收或要约出售、购买或交换，任何违反联邦法律规定的任何生效规定、规则、法规、条例、许可挖掘、移除、出售、购买、交换、传输或接受的考古资源。任何人故意违反，提议，促致，请求，或雇佣任何其他人违反任何（a），（b），或（c）本条的禁止的规定，一经定罪，可处以不超过 1 万美元罚款或不超过一年的监禁，或兼采以上两

---

① See Convention on Cultural Property Implementation Act. 19 U. S. C. 2601–2613 (2000).
② 《美国法典》第 18 章第 545 节、第 19 章第 1497 节和第 1595 节 (a)。

种刑罚措施；但如果所涉及的考古资源，加上恢复和修复这些资源的成本，其商业或考古价值超过五千元，此人可处以不超过 2 万美元罚款或不超过两年的监禁，或兼采以上两种刑罚措施。若经定罪后有再犯或继续此类违规行为，则可处以不超过 10 万美元罚款或不超过五年的监禁，或兼采以上两种刑罚措施。"该法的进步之处在于刑事处罚适用范围的扩大，其一，在对考古文物的价值判定上，多于 5000 美元不是必要条件；其二，在行为人犯罪的认定上，在犯罪的主观构成要件部分，只要他知道持有物是考古文物即可，并不以知道是非法移走或被盗的文物为要件。

4. 对水下文化财产和原住民的遗址遗迹的保护

1972 年制定的《国家海洋保护区法》（历经了 1980、1984、1988、1992、1996 和 2000 年六次修订）是联邦立法，它授权商务部（通过国家海洋与大气局）在美国内水、沉没土地、领海及距离海岸一定范围内设置国家海洋保护区。在保护区内禁止一切破坏、损害或毁灭水下文化遗产的行为，占有、出售、提供销售、购买、进出口、递送、携带或运输非法获得的任何水下文化财产的行为也都被立法所禁止。

美国最早关于文物保护的法律可追溯到 1906 年制定的《古物法》。制定这部法律主要的目的是保护美国境内史前印第安遗址和位于联邦土地及西部地方的文物。这部法律规定，未经允许个人对于文物的挖掘、转移或毁坏行为都要受到处罚，另外，由政府给正当的考古挖掘行为授权，并赋予总统认定国家遗址的权力以加强对文物的保护。但是该法案的范围较窄，基本上只限于保护美国境内的文物，而并不适用于非法进出口的外国文物。

1990 年制定的《美国原住民墓藏保护与归还法》主要是针对美国原住民的墓葬和遗骨的保护。该法规定了此法颁布之后在联邦政府所属或管辖的土地上发现的人体遗骨和有关陪葬品必须归还给印第安人部落和夏威夷原住民组织。任何单位和个人在国有土地及印第安人保留区内，对印第安人祖先的遗骨以及与遗骨有关的各种物质文化遗存不得擅自发掘。

5. 文化财产刑法保护的原则

另外，美国在文化财产刑法保护方面，还有一个重要的规定，即 2002 年 3 月美国量刑委员会一致通过的美国"文化遗产犯罪量刑准则"。美国"文化遗产犯罪量刑准则"是在美国"1987 年量刑准则"的基础上制定的专门针对文化遗产犯罪的刑事处罚制度。该准则具有鲜明的严厉性和确定性，为实际开展工作提供了良好的依据。美国对文化遗产犯罪行为的具体规定也是少之又少，在成文法的基本经济犯罪中，也就是财产类犯罪中有部分相关规定，具体规定在"盗窃、侵占、收受赃物和毁坏财产以及涉及欺诈和欺骗的犯罪"项下，包括"盗窃、损害、破坏文化遗产"和"非法销售、购买、交换、运输或收受文化遗产"的犯罪行为。美国"文化遗产犯罪量刑准则"对此犯罪行为构成犯罪的量刑做了细致严厉的规定，由此可见美国对文化遗产在刑法方面的保护相对较广泛，并且量刑情节具体，可操作性强。

（二）加拿大

加拿大现有世界遗产 17 处，其中文化遗产 8 处、自然遗产 9 处（其中两项与美国共有）。因此，加拿大非常重视对于国家文化遗产的保护，于 1976 年 7 月 23 日成为《世界遗产公约》的缔约国，文化遗产保护方面的国内立法也有很多。1886 年，加拿大颁行了《落基山公园法》，目的为保护加拿大第一个国家公园——班夫国家公园。之后，加拿大陆续颁布了《历史遗址与文物法》、《遗产火车站保护法》、《加拿大遗产部法》、《文物进出口法》、《国家历史遗迹公园通用法规》等多部法律法规。

在加拿大众多的保护文化财产立法之中，最具有代表性的文化财产保护立法是加拿大联邦于 1975 年 6 月制定的《关于从加拿大出口文化财产和向加拿大进口非法从外国出口的文化财产法》。这是加拿大为实施联合国教科文组织《关于禁止和防止非法进出口文化财产和非法转让其所有权的方法的公约》而做出的努力。该法律规定了文化财产进出口的实质性和程序性问题，也将文化财产犯罪与处罚的相关规定纳入本法之中。

1975 年的《关于从加拿大出口文化财产和向加拿大进口非法从外国出口的文化财产法》定义了"互惠国"制度，明确规定"自文化财产协定在加拿大和互惠国生效以来，向加拿大进口任何从互惠国非法出口的文化财产都是非法的"（第 31 条）。而在该法中，"互惠国"即为作为文化财产协定成员国的外国国家，"外国文化财产"则为被互惠国特别指定为具有考古、史前、历史、文学、艺术和科学价值的物品。

除此之外，法律还规定了许可证制度。许可证由通讯部长颁发，"除非根据按本法发放的许可证，否则任何人不得从加拿大出口或试图出口包括在文化财产控制清单之内的任何物品"（第 34 条）。且任何人都不得故意提供伪造的或误导性的信息资料以获得许可证，许可证也不得私自转让或允许未经此授权的其他人使用其许可证（第 35、36 条）。

对于违反许可证制度，非法出口或企图出口文化财产的行为规定："（1）违反三十四、三十八条规定的行为都是犯罪行为并有可能，（a）立即被判处 5000 元以下的罚款或者被判处 12 个月以下的监禁或并处罚款和监禁；（b）判处 25000 元以下的罚款或判处 5 年以下的监禁或并处罚款和监禁；（2）自愿提出主要犯罪事实起诉后 3 年内随时都可根据第（1）段提起新的诉讼的。"（第 39 条）而且，对于此类犯罪规定了集团犯罪类型，领导者或头目不仅要承担个人刑事责任，还要承担集团犯罪的刑事责任，即"当一个团体犯下本法所述罪行时，该团体中任何指挥、授权、批准、默许或参与了此次犯罪的官员、领导或代理人均属有罪并属集团犯罪，应立即或经起诉予以制裁，不管这个团体是否已被提起诉讼或是已被处罚过"（第 40 条）。

将有关刑事法律的内容在行政法律法规之中体现出来，是加拿大立法的特色，这些法律共同构成文化财产的保护网。

（三）古巴

古巴国土面积仅有 109884 平方公里，但却有 9 项世界遗产，其中有 7 项文化遗产，2 项自然遗产。古巴在《古巴共和国宪法》（2002 年修正案）第 39 条第 2 款第 9 项中明确规定了保护文化财产的宪法原则："国家关心古巴文化的塑造，保护作为国家财富的文化遗产和国家的艺术历史文物珍品。国家保护以其自然的优美著称或者具有艺术历史价值的各种国家古迹和胜地。"①

对于文化财产犯罪的惩罚，古巴规定在其刑法典之中。古巴现行刑法典颁布于 1987 年 12 月 29 日，又先于 1994 年、1997 年、1999 年、2001 年进行了四次局部修改，分为总则和分则两卷，是古巴刑法的主体。从《古巴刑法典》分则对各具体犯罪行为（共十五编）的惩治来看，古巴对于文化财产

---

① 《古巴共和国宪法》，载孙谦、韩大元主编《美洲大洋洲十国宪法》，中国检察出版社，2013，第 223 页。

犯罪问题极其重视,① 第一,"危害文化遗产罪"作为一个单独的大类罪名列入刑法典之中,具体又分为损毁文化遗产财物罪,非法致文化遗产出境罪,转让、非法持有文物或者伪造的艺术品罪,实施非法的考古勘探罪,共四章 5 条规定。第二,"危害文化遗产罪"列第六编,仅排在"危害国家安全罪""危害行政管理与司法权力罪""危害公共安全罪""危害治安罪""危害国民经济罪"五编大类罪名之后,在"危害信用安全罪""危害生命与身体罪""侵犯个人权利罪"等犯罪之前。

对于损毁文化遗产财物罪,规定"对已经被宣布成为文化遗产组成部分或者国家、地方遗址的财物,故意予以毁灭、破坏或者使之失去价值的,处 2 年以上 5 年以下剥夺自由或者 300 份②以上 1000 份以下罚金"(第 243 条)。对于非法致文化遗产出境罪,规定"在未履行法定手续的情况下,将文化遗产带离或者力图带离本国的,处 2 年以上 5 年以下剥夺自由或者并处 300 份以上 1000 份以下的罚金"(第 244 条)。对于转让、非法持有文物或者伪造的艺术品罪,规定"在未履行法定手续的情况下,对作为文化财产的组成部分进行任何形式的转移所有权或者占有权的行为的,处一年以上 3 年以下剥夺自由,单处或者并处 300 份以上 1000 份以下的罚金。在未经允许的情况下,获取、以任何理由持有属于文化遗产的财物或者占有已被宣布为国家、地方遗址的不动产的,处以相同的刑罚"(第 245 条)。而"出于对作者或者文化遗产造成损坏的目的,伪造或者交易艺术作品的,处以 1 年以上 3 年以下剥夺自由,单处或者并处 300 份以上 1000 份以下的罚金。造成严重后果的,处两年以上 5 年以下剥夺自由"(第 246 条)。对于实施非法的考古勘探罪,规定"未获得有权国家机关授权的情况下,以开凿、挖土或者其他手段实施考古勘探的实质性工作的,处 3 个月以上 1 年以下剥夺自由或者 100 份以上 300 份以下罚金"(第 247 条)。

由上可以看出,《古巴刑法典》是将危害文化遗产罪单列为一编内容来予以规定,凸显了国家对于打击这一犯罪行为的重视。但总共一编只有 5 条条文的规定,存在规制内容较狭窄、量刑情节模糊、罪名不完善、对某些严重的犯罪行为处罚过轻的缺点。

---

① 参见陈志军译《古巴刑法典》,中国人民公安大学出版社,2010,第 7 页。
② 在古巴,刑罚罚金是以份为单位,每份罚金不少于 1 比索,不超过 50 比索。

四 南太平洋地区

南太平洋地区因资料收集受限，只查到 1986 年南太平洋地区国家在阿皮亚通过了《南太平洋地区自然资源和环境保护公约》，公约重心在于保护每个缔约国的"自然遗产"，而对于文化财产的保护并未涉及。

(一) 新西兰

位于南太平洋的新西兰，国家历史较短，但是文化遗产却不少。1993 年，新西兰本着"边用边护"的理念，修订了保护文化遗产方面的法律条例，把文化遗产保护引入了人们的日常生活。在首都惠灵顿，随便走进一间咖啡馆，就可能会发现"此处乃文化遗产"之类的介绍。[1] 1975 年，新西兰政府颁布了《加强古物保护法案》。保护法案中规定了"古物"的范围，不仅分为不可移动文物和可移动文物，而且包括了书籍、档案等，甚至包含了动物、植物、矿物标准、陨石、船只等类型。可以说，受保护的古物范围相较于其他国家的立法规定要广泛得多。

在新西兰，文化财产刑法保护的立法典范当属 2012 年的《在武装冲突中保护文化财产法案》。该法案自 2013 年 7 月 1 日生效，是笔者查询资料中唯一一个单独就武装冲突中文化财产立法的国家。该法案惩治的侵犯文化财产的行为主要包括：严重违反 1999 年《海牙公约》第二议定书的罪行以及侵犯被占领土中文化财产的犯罪。[2] 该法案详细罗列了相关罪行，使得该法案具有可操作性，便于定罪。在武装冲突中，侵犯文化财产主要基于三种主观因素：偶然行为，无意识的攻击行为以及蓄意行为。[3] 对此，本文前面部分的分析已有所体现，本法案中涉及的文化财产犯罪行为也是以此展开的。法案还就武装冲突中文化财产犯罪的诉讼、处罚、引渡等内容做出了规定。该法案的出

---

① 参见夏文辉《如何把历史留下来——新西兰文化遗产"边用边护"》，http://news. skykiwi. com/na/zh/2006-06-06/22367. s. html，最后访问日期：2014 年 5 月 11 日。

② See Cultural Property (Protection in Armed Conflict) Act of 2012, Public Act 2012 No. 118, Part 1& 2, http://www. legislation. govt. nz/act/public/2012/0118/latest/DLM1559807. html.

③ Seminar Report：The Protection of Cultural Heritage in Conflict, British Institute of International and Comparative Law, 24 April, 2013, p. 3, Available at https：//www. biicl. org/files/6429_ cultural _ heritage_ in_ conflict_ -_ biicl_ seminar_ report_ -_ 24_ april_ 2013. pdf.

台开启了武装冲突下文化财产刑法保护的国内立法进程，亦即《海牙公约》及其议定书的国内立法转化过程，是文化财产刑法保护迈出的巨大一步，相信其将对世界各国的文化财产刑事立法产生深远影响。不过，该法案的不足之处在于，当今社会保护文化财产的当务之急在于加强对平时侵犯文化财产罪行的惩治，而法案局限于武装冲突时期的文化财产保护，少有涉及对文化财产的盗窃、非法贩运的惩治，因而实用性受限。

（二）澳大利亚

澳大利亚保护文化财产的法律体系相对比较完善，从联邦立法、州立法到遗产地立法，各个层级的法律对文化财产的保护均有规定。在文化财产保护的范围上，自然遗产、可移动文化遗产、历史沉船遗产、土著遗产等方面均有涉及。

1983 年，澳大利亚政府颁布了《世界遗产之财产保护法》（World Heritage Properties Conservation Act）。该法规定，澳大利亚保护的是"具有澳大利亚民族特色的遗产"的财产（第 6 条），未经过部长之同意，而在法律所确认之财产或土著遗址上挖掘、建造建筑物、破坏其附属结构等行为均属非法（第 10、第 11 条）。对于非法行为法案主要以罚款的方式进行惩罚，或者任何利害关系人可以向最高法院或联邦法院提起诉讼，请求针对任何行为主体在未经联邦主管部门同意的情况下被宣布为世界遗产的区域内从事挖掘、采矿、建筑施工、伐木、筑路、爆破等破坏行为颁发禁止令。从该法的惩罚内容可以看出，它主要是一个行政性法规，对于违法的刑事制裁力度不足。

1984 年，澳大利亚政府颁布《土著和托雷斯岛民遗产保护法》（Aboriginaland Torres Strait Islander Heritage Protection Act，1987 年进行了修正）。这部法律在土著遗产地的保护方面发挥了重要作用，目的在于保障土著居民对土著遗产的管理权和决策权。虽然在州法律和遗产地法律中均有类似规定，但是《土著和托雷斯岛民遗产保护法》的规定更为严格和具体。"法案也保护可移动文化遗产，阻止对可移动文化遗产进行非法和非道德的交易。对于触犯法律的个人处以 1 万美元罚款，还可以同时判处 5 年监禁，对于公司则可以处以 5 万美元的罚款。"①

---

① 李永乐、张雷、陈远生：《澳大利亚遗产立法及其对我国的启示》，《理论与改革》2007 年第 3 期。

1986 年的《可移动文化遗产保护法》（Protection of Movable Cultural Heritage Act）是针对可移动文化财产的专门立法。根据该法的规定，澳大利亚严格限制本国文化财产的出口，同时也限制其他国家的文化财产进口到澳大利亚。法律规定，对违反其他国家限制出口法律规定且已经进口到澳大利亚境内的文化财产，联邦政府可以没收，对违反其他国家法律规定的进口行为人可以给予刑事处罚。①

澳大利亚对文化财产的刑法保护还体现在将对文化财产的国际犯罪——战争罪转化进入了自己的国内立法。1995 年《澳大利亚联邦刑法典》在战争罪这一章节第 268 节第 46 条、第 80 条规定，如果在某一国际性武装冲突或与其相关的冲突中，行为人实施了对历史纪念碑、艺术作品、受敬仰之地的攻击，且该纪念碑、艺术作品和受敬仰之地已然构成人类文化或精神遗产，则行为人构成该法中所指之战争罪，应受到 20 年的监禁制裁。②

综合以上一些区域性公约以及一些国家的文化财产的刑法保护规定，可以总结出以下一些特点：缺乏完整的文化财产犯罪体系，所规定的具体罪名不足以满足现实需求，大多数国家的量刑情节模糊不便于操作等。其中美国有专门的"文化遗产犯罪量刑情节"，古巴将文化遗产犯罪单列为一编体现出其重要性，意大利有专门监控文物安全的"文物宪兵"，新西兰还就武装冲突中文化遗产的保护专门立法等，这些都是值得各国在对文化财产进行刑法保护立法时应借鉴之处。更为重要的是，现代社会区域性文化遗产的传播以及保护对人类文明的传承具有重大意义，并且基于区域性文化财产的一些共性以及关联、现实中区域性规范的缺位，加强区域性刑事保护公约的制定必将为文化财产的保护贡献一份力量。最后，文化遗产犯罪不可避免地涉及国家主权问题，国际社会不能做出过于强制性的规定，以免有干涉国家主权之嫌。为了更好地保护文化财产，各个国家应自主践行保护文化财产的责任，加快国内法建设，国际法国内化将是文化财产保护的重要渠道之一。

---

① 参见周晓永、黄风《跨国非法贩运文化财产犯罪界定——与国际刑事合作》，《人民检察》2014 年第 13 期。

② 参见张旭、李海滢、李綦通、蔡一军译《澳大利亚联邦刑法典》，北京大学出版社，2007，第 179 页。

第四章 打击文化财产犯罪国际司法合作之外国立法承认

一 概述

在文物返还的国际司法合作中，各国通过不断努力，已经签署通过了一系列国际公约来保障和促进文物的返还。除了前文所提及的几个重要国际公约，如 1954 年《海牙公约》1970 年《关于禁止和防止非法进出口文化财产和非法转让其所有权的方法的公约》（1970 年《禁止非法出口转让公约》或1970 年 UNESCO 公约）外，1995 年国际统一私法协会于意大利罗马通过了《国际统一私法协会关于被盗或者非法出口文物的公约》（又称 1995 年《罗马公约》）。该公约重点对文物的返还做出了较详细的规定，要求返还的文化财产范围可包括非法出口的文物及被盗文物，且不限于缔约国事前明确指定受保护文物（第 1 条）。较之之前需借助于外交部门，该条约规定可向其所在地或者其他有管辖权的法院或机构主张返还，在文物持有人对非法转移情况不知情或理应不知情时可获得相应补偿。自 20 世纪 80 年代开始我国相继加入上述这几个公约，这些公约为我们追索流失文化财产提供了法律依据和途径，同时也由于本身的局限性让我们在一些方面受到约束。

在实践中，非法转移出境的文化财产的追索与返还非常艰难，无论是返还之诉还是对涉案文物进行执行，面临的最首要也是最为关键的问题是文物输入国对文物输出国国内文物相关立法的承认，这也是最容易产生争议的问题。

在对外国文物相关立法的承认方面，各国签订的公约构建了基本框架。早在 16 世纪，早期的文物返还实践就为相关法律法规的产生奠定了基础，19

世纪起，这些实践便逐渐被转变为法律条文。二战以后同盟国试图解决纳粹在欧洲劫掠的遗留问题，在一战后战胜国成功经验的基础上，形成了 1943 年《反对在敌对控制占领领土进行掠夺行为之同盟国间宣言》（即《伦敦宣言》）。该宣言目的在于处理战争中追索与返还不当转移文物的问题，初步规定了不当转移文物的认定及处理方式，对在被占领区进行文化财产转移的非法属性进行了明文规定，确认了不当转移文物即非法的原则。

但是，这些公约的追溯力及约束范围却存在诸多限制，比如 1954 年《海牙公约》和 1970 年 UNESCO 公约中皆无溯及力规定，且 1954 年《海牙公约》保护对象仅限处于战争状态下位于缔约国境内的文化财产。而根据 1970 年 UNESCO 公约，若被盗文物未被列入所在机构的财产清单或并非从博物馆、纪念馆等场所盗取，则不属于公约禁止进口的范围，缔约国并无义务返还。根据公约可追索文物的范围因此缩小，这可能导致依据本国立法要求返还的文物由于不符合缔约国签署的公约中被盗文物范围的限制，得不到输出国的承认及保护。①

此外，公约的执行效力也存在问题。1970 年 UNESCO 公约调整的是国与国之间的法律关系，故该公约主要是通过国家之间的合作解决返还问题。然而，公约在实际运用过程中表现出执行乏力、强制力不足等问题。

因此，在这些国际法律框架下，文物的追索与返还在理论与实践中面临着许多问题。

首先，因各国对文物所有权立法的认知不同而产生分歧。公约对非签署国并无约束力，而对已有缔约国的约束力又存在诸多缺陷，国内法若对外国文物相关国内立法的承认有较为完善的规定，则能弥补公约的缺陷。但是各国国内的文物所有权立法及对外国国内的文物立法的承认都存在较大差异，有的国家认可明确的法律条文，而有的国家只需法律实质上确认了文物所有权即可。系统的国内法可以在一定程度上避免由不同法院的不同解释标准带来的矛盾。

其次，在文化财产非法出口与该文化财产的入口的关系上，产生了不同的认知，这种分歧可能导致文物输入国在考察文物输出国文物立法后，认为

---

① 周晓永：《解决追索流失海外文化财产法律困境的刑事化途径》，《刑法论丛》2013 年第 4 期。

该文化财产虽然属于非法转移出境，但是入境并不违法而不予追究。

持部分承认观点的学者认为，输入国依法扣押、没收或返还被盗窃或者掠夺转移出国的文物是符合情理的，但是出于违反所有权立法及出口管制法而被扣押是没有依据的。在许多国家，考量文物是否被允许进口时起到决定性作用的并不是该文物是否受到出口管制法限制。英美两国这样附有限制性条件地承认外国国内文物立法的情况属于部分承认观点。作为主要文物进口国，英美两国一开始并不限制文物进口更注重贸易自由，外国文物立法对其影响也不大。但是，随着国际社会文物保护意识的强化，英美两国逐渐开始承认此类法律的效力，但仍附有诸多限制条件。①

持全部否认观点的学者认为，无论涉案的文化财产是基于何种缘由出口到另一国皆不可追责于文物占有人，非法出口并不必然导致非法进口。由于德国、瑞士等国家即持此种观点，使得文物输出国向此类国家追索文物时困难重重。

最后，许多国家以刑法或者出入境管理法的形式来表达相关文物保护法，而此类法律在司法实践中已形成一个共识，即法院秉承主权原则，排除某些外国法律的适用，拒绝执行外国的公法。导致以刑法和入境管理法的方式，规定在文物非法出境被扣押时文物所有权即收归国有的法律，不被外国所承认。

因此，对外国文物立法的不同方式决定了文物返还之诉的结果。输入国不认可输出国的相关立法，输出国的权利将得不到救济。研究国际公约、重要的案例乃至其他国家的立法规定，对于我国流失在外的文物的返还之诉，有着重要的意义。

二　外国立法承认中存在的问题及分析

（一）文物国家所有权立法的差异问题——奥蒂兹案

1. 奥蒂兹案案情简介

本案产生争议的文物是来自新西兰土著毛利人的木质雕刻双面门板，具

---

① John Henry Merryman, "Thinking about the Elgin Marbles", *Michigan Law Review* 83（1985）: 1900.

有较大的历史研究和收藏价值。该文物被非法出口至英国之后，英国艺术品收藏家乔治·奥蒂兹（George Ortiz）购买了该雕刻，并在伦敦举行了拍卖会。然而，获悉拍卖消息的文物输出国新西兰政府认为，该雕刻是受到新西兰国内文物保护法保护的珍贵历史文物，依法应当属于国家所有，不得被转移出境，收藏家奥蒂兹并不能取得该雕刻的所有权。1982 年在雕刻拍卖期间，新西兰政府向英国法院提起返还所有权诉讼，要求其颁布禁制令阻止雕刻的拍卖，同时主张该雕刻的国家所有权，要求被告奥蒂兹予以返还。①

在本案中，新西兰政府根据 1962 年生效的《考古文物法》认定文物所有权的是新西兰，提出该法规定未经政府批准不得将文物运送出新西兰境内，否则没收已出口或试图出口文物。

被告对此提出抗辩，认为新西兰《考古文物法》中没收并不自动生效，除非出现新西兰政府扣押该文物的情况。而在此案中，新西兰政府并没有扣押该文物；再者，因为《考古文物法》属于刑事法律或者公法，不应该用于雕刻一案中，故雕刻不应被返还。

英国初审法院法官诗丹顿对新西兰返还请求表示支持。首先，依据新西兰法律在扣押该文物时文物所有权自动归为国有；其次，新西兰的此法律不是刑事相关法律，同时外国公法不予执行并未成为普遍原则。不过，上诉法院法官丹宁却做出了与初审法院完全不同的认定，认为新西兰法律规定的没收并不自动生效，且该法作为公法无法被外国执行，故其做出的上诉判决推翻了诗丹顿法官的判决，判定雕刻不予返还。

丹宁法官对此重申从未有人怀疑此项规定，英国法院并不会支持外国的申请而执行该项外国的税法以及刑法，不会取代该国政府收取税费或进行刑事处罚。上诉法官阿克勒及奥康拉同时提出更深层的观点，认为该法是新西兰刑事法律，新西兰政府的主张是基于刑事请求权基础，并不能得到执行。

在上议院终审审判中，布里特曼爵士对上诉判决表示支持，并提出补充观点："我认为追索非法出口的文物时，只有以所有权并非以没收方式归于国家为前提，才可获得保证。"

---

① *Attorney-General of New Zealand v. Ortiz and others*, 1982 Q. B. 349, reversed. 1984. A. C. 1（CA and HL）.

英国法院对新西兰政府诉讼请求的判决，属于对该国文物保护法的执行还是承认？这一问题在初审和上诉中引发了分歧，丹宁和其他上诉法官均将这一问题识别为执行，并以此为依据驳回了新西兰政府的请求。

最终，英国上议院否认了新西兰政府提出的返还雕刻的请求，支持了上诉法院保护现持有人所有权利的观点。然而，在审理案件的同时，上议院的布里特曼爵士也明确地提出，倘若新西兰法律对文物所有权的确认有明确的物权法法律条文，规定将这类文物的所有权单独授予国家所有，则英国法院定将承认雕刻的国家所有权。但本案新西兰要求确认雕刻国家所有权的请求，却是依据了文物保护法中出口管制的相关规定，使得国家取得文物所有权依赖于出境时的扣押行为。

2. 案例分析

在本案中，由于各国对文物所有权的立法方式不同，对该文物是否属于非法文物产生了争议，仅仅由于这一法律规定的不同本案可能出现截然不同的判决。与此同时，本案的判决也决定了往后同类案件的审判结果对文物出入境活动等有着重要的指导意义。

首先，案例中双方的争议焦点反映出，倘若新西兰法律确认对该雕刻的所有权有明确的物权法法律条文为依据，规定单独授予雕刻为国家所有，而非依据新西兰文物保护法中出口管制的规定，使得雕刻国家所有权获得的依据是出境时的查获行为，英国将对其予以承认。

由此案可知，英国法院偏向以清晰明确的所有权法律为依据来衡量是否承认外国有关文物所有权的国内立法。英国不承认像新西兰《考古文物法》这样的规定，即仅仅在文化财产非法转移出境被扣押时，文化财产的所有权才自动转移给国家的法律。对于这种情形，英国将其视为出入境管理法而非物权法。英国法院在考量了新西兰《考古文物法》是否符合英国的公共政策及其是否违反英国私有财产所有权保护规定之后，探讨了新西兰相关法律的实质意义，最后布里特曼法官的观点表明了英国的做法：对物权法和出入境管理法进行区分，明确表示英国只承认单独授予文物所有权的国内法律，而非出入境管理法。

在实践中，许多国家都认为出口管理法和物权法一样具有确立物权归属的效力，直接以出口管理法代替物权法来确认文物所有权，不再颁布相关物权法律。然而大多数文物输入国却认为，在授予一国文物以国家所有权时，出口管制法无法替代物权法，大多文物输入国不会承认输出国的出口管制法，是以常常导致输出国向输入国追索文物时，输入国不承认该文物属于输出国所有。①

其次，在是否支持事实占有上各国法院也产生了分歧，这些分歧涉及的范围从实际占有到所有权的转移，甚至包括国家所有权的确立。有些国家法院支持实际占有，而反对意见则认为实际占有不是国家享有文物所有权的前提。若将实际占有限制为国家享有所有权的前提，在实践中必然会导致以下情形，即从输出国直接掠夺出境的文物，由于自始至终埋藏于地下未被人发现从而无法占有，永远无法依据国家实际占有而返还。英国法院在审理此案时，更偏向实际占有的前提性，例如布里特曼法官仅承认新西兰雕刻文物出境时，只有被扣押时才转移为国家拥有其所有权，扣押即表现为国家实际占有该文物。

本案中，英国法院对新西兰文物国内出口管制规定的讨论，体现了英国法律对其他国家文物物权法律进行承认的基本原则。

在迈克雷恩案件中，美国法院充分讨论了对外国文物国有立法的效力，该案最终成为了里程碑式的案例。迈克雷恩原则（McClain doctrine）也成为承认外国文物国有立法效力的代名词。

迈克雷恩案件中的被告以从墨西哥盗掘了前哥伦布时代的文物并且在美国销售为由被指控，该案在审理中讨论到墨西哥是否拥有对该文物的所有权以及对墨西哥的相关法律是否承认的问题。

案件审理过程中，法院认为不论该文物是否由国家实际持有，国家都可以制定法律将遗存境内的文物规定为国家所有，基于尊重文物国有立法体现的国家主权，他国应当承认该法。美国的《国家盗窃财产法》约束出口到美国并违反输出国文物国内立法的被掠夺或被盗窃的文物，但美国法院对来源国的文物国内立法是否清晰也有严格的要求。至此，迈克雷恩案件确立了迈克雷恩原则，即只要满足足够清晰的条件，美国承认规定境内的文物属于国

---

① 胡秀娟：《国际文物返还实践中外国文物国有立法的承认——美英两国的新发展及启示》，《河北法学》2013 年第 1 期。

家所有的外国文物立法。

而在 1989 年秘鲁政府诉美国人约翰逊案中，秘鲁政府就因为本国法律没有满足美国法院要求外国文物立法足够清楚的条件而不被承认。秘鲁政府得知，由美国人约翰逊进口到美国的一批古董遭到了扣押，立即向美国加利福尼亚中区法院提起了追索该文物的诉讼。

尽管秘鲁政府引用了本国第 6634 号法令以及 1985 年秘鲁颁布的最高法令规定来证明其对争议文物的所有权，但由于秘鲁政府无法证明争议文物的具体年代，且该法令由于多次变更导致先后不一致，故法院因无法认定该法令的法律效力，从而拒绝确认秘鲁政府拥有争议文物的所有权，进而否定了其作为案件当事国的主体资格。[①]

由此可见，各国国内法的规定五花八门，物权法及出口管制法立场不同，表述也各不相同，国内混乱的立法易造成诸多疏漏，必然导致外国法院衡量外国文物国内法时出现不同的理解。所有输出国和输入国皆需面对各国截然不同的国内物权法和出口管制法的规定，这是一个亟待厘清又烦冗复杂的体系。

（二）"公法没有域外效力原则"的问题——巴拿卡特案

1. 案情简介

英国著名艺术馆巴拿卡特（Barakat）在法国、德国和瑞士购买并收藏了一批古代石器雕刻，伊朗政府获悉后，声称这批石器是伊朗古城吉罗福特（Jiroft）刚被发掘出的古墓葬群中的文物，大致产生于公元前 3000 年至公元前 2000 年间，有着 3000 多年的历史，对古伊朗文明的研究非常有价值，希望美术馆能予以返还。然而，巴拿卡特艺术馆认为，其是以合法程序取得古石器的所有权，不同意返还。2007 年，伊朗政府遂以 1979 年颁布的文物国有法案为依据，向伦敦地区法院提起返还之诉。伊朗主张，该石器的国家所有权是由本国法律明确确定，要求巴拿卡特艺术馆返还这批古石器。[②] 另外，

---

① 王菊：《流失文物追索法律问题研究》，硕士学位论文，兰州大学国际法专业，2013，第 14 页。

② *Government of the Islamic Republic of Iran v. the Barakat Galleries Limited*，[2007] EWCA Civl374 = [2007] 2C. L. C. 994 = [2008] All. E. R. 1177.

伊朗政府还依据 1977 年英国侵权财产法的规定向伦敦地区法院提起变更所有权之诉。可以看出，双方当事人争议的焦点为该古石器是否由伊朗国内法明确授予了所有权，以及英国法院是否对该法相关规定予以承认。①

在案件的审理过程中，地区法院认为，认定古石器所有权属于国家的伊朗国内法，仅规定如有发现被盗掘的文物之时即没收为国有，并没有明文规定文物的原始所有权人为国家。这些法律实际在性质上属于刑法而不是物权法，不能从这些法律规定中推定取得国家所有权，同时依据"公法无域外效力"之原则，通常一国不能承认外国的刑法及其公法。

同时，地区法院也对另外一种情况进行了讨论，倘若伊朗有明确授予文物国家所有权的物权立法，英国是否应该承认其效力？法院最后得出否定结论，因为地区法院认为，即使有明确的国内物权立法，该立法也应当视为主权行为，英国不能承认外国具有公法效力的法律。其实这里讨论的是，一个国家在其他国家法院主张其财产的所有权是否属于主张主权权力，因为主张主权权力属于公法范畴。

因此，地区法院判决原告败诉。然而，当案件到达上诉法院的时候，出现了不同意见。上诉法院完全否定了地区法院的观点，判决原告胜诉。首先，在伊朗国内立法的认定上，上诉法院透过法律条文的字面意思去探寻了法律的实质。若伊朗国内相关的税法、继承法、刑法确认的权利，其在实质上与英国法律所确认的权利是相当的，英国应当予以承认。此外，上诉法院针对地区法院认定伊朗国内法为公法不予承认的观点进行了辩驳，依据的仍然是实质原则为认定标准，即不论条文字面上为何种法律都应当考察法律的本质，即便一个法律属于此类法，它也可以包含彼类法性质的条款。假设认定伊朗相关古石器国家所有权的国内立法为公法，若该法没有影响英国国内的公共政策，英国也可以承认该公法的效力。

2. 案件分析

通过案件的审理可知，在一国面对外国公法的承认上面临如下问题。

首先，不能适用外国公法原则的例外。

二战以前，一国法院不得执行外国的刑法、税法或者其他公法，这是传

---

① The Torts（Interference with Goods）Act 1977, Section 7.

统型冲突法理论坚持的观点。① 该观点认为，外国公法是外国国家的主权行为，请求在一国国内适用外国公法，实际上是外国在他国国内主张国家主权，一国执行外国的主权行为，是不符合主权独立原则的。② 然而，执行并不等同于承认，虽然公法没有域外效力原则使得大部分国家不执行外国的刑法、税法等公法类的法律，但通常国家也不会明令禁止承认外国公法。因此，法官在实际审理案件的过程中拥有很大的自由裁量空间，随着公法私法化程度上的加深，在此类案件中已经出现了越来越多的不能适用外国公法原则的例外。

其次，在判断所涉外国法律是否属于公法的问题上，应当依据实质标准而非以诉讼的表面性质为标准，也不能仅以所涉法律条文的字面含义为准。

在奥蒂兹案（1982 年）中，英国不承认新西兰的出口管制法律规定，依据的同样也是该法为刑法或者公法的判断，而公法是不能被英国执行的。布里特曼法官认为当该文物的所有权由物权法明确规定，且非通过查获扣押的方式取得该文物的国家所有权时，英国才能承认其所有权。这一案件正涉及一个关键问题，即新西兰要求被告返还雕刻的诉讼请求在法律性质上是属于要求英国执行新西兰的出口管制法，③ 还是仅请求其予以承认？在上诉案件中，上诉法官认为这一请求属于要求英国执行新西兰的公法，所以做出了不予支持新西兰请求的判决。

而在本案（2007 年）中，同样涉及的问题是英国是否将伊朗相关法律认定为公法，以及是属于承认还是属于执行，但这个问题的答案在英国出现了新的变化。

一审中，地区法院支持了被告提出的观点，认为伊朗所依据的法律为公法，英国法院应当不予执行。不过，二审法院首先在伊朗国内法的认定上支持了伊朗政府的主张，依据实质原则认定伊朗 1979 年相关国内法并不属于公法。然后提出，在是否执行外国公法上应当具体问题具体分析，某一外国公

---

① Philip J. Mc Connaughay, "Reviving the 'Public Law Taboo' Ternational Conflict of Laws," 35 *Stan. J. Int*1 *L.* 1999, p. 25.

② ［1955］A. C. 491, 511. cf. Att-Gen of New Zealand v Ortiz ［1984］A. C. 1 (CA), at pp. 20–21, per. Lord Denning M. R., at p. 32, per. Ackner L. J.

③ 前文新西兰的案例对该国的考古文物法的性质是物权法还是出入境管理法进行讨论和区分，最后确认其是出入境管理法，明确表示英国只承认单独授予文物所有权的国内法律，而非出入境管理法。

法在英国执行时应当符合英国具体的公共政策。英国的公共政策应当包含其所签署加入的国际公约，只有符合一国签署的国际公约的行为才会被认为是符合该国公共政策的。据此，上诉法院判决，伊朗认定古石器国家所有权所依据的相关法律没有违反英国的公共政策，即使此法被认定为公法，英国也可予以承认。

由这一案例可以看出，国家确认文物所有权立法的性质和目的不同，可能决定国家在流失文物追索诉讼中是否享有诉讼主体资格。

（三）国际公约对外国文物立法的影响——苏格兰场案

1. 案情简介

1994 年，英国伦敦警察局（苏格兰场）破获了一起盗窃、走私埃及文物的团伙犯罪，发现团伙成员涉嫌走私中国文物。至 1995 年初，英国伦敦警方及中国驻英使馆同时接到数封内容与该案有关的举报他人有走私中国文物嫌疑的匿名举报信。伦敦警方遂将案件情况告知了中国使馆并寻求合作，希望中国文物专家在警方扣押查获这批非法走私文物之后能对其进行鉴定。

次年，伦敦警方发起突袭并扣押了大批走私文物，三名走私嫌疑人被捕之后依照英国法律程序取得保释。同时，伦敦警方向中国驻英使馆提出请求，希望中方的文物专家前往英国进行鉴定工作。

两名中国文物专家受国家文物局的指派赴伦敦对该批文物进行了初步鉴定，认定其中大部分文物是从中国被盗掘、倒卖然后盗运走私出境进入英国的。这批文物有从新石器时代开始的历代青铜器、玉器、石器、漆器、陶瓷和古画，大部分属于国家三级以上的珍贵文物。中国政府认为，《中华人民共和国文物保护法》规定了一切地下、水下文物均归国家所有，盗掘、贩卖及走私文物都是犯罪行为。另，1970 年 UNESCO 公约（中国于 1989 年签署并加入）及 1995 年《罗马公约》（中国于 1997 年批准加入）都明确规定，返还非法转移出境的文物是一种国际义务。虽然在案件发生时，英国还未加入这两个国际公约，但公约的精神是国际社会都应当遵循的，因此中国应当享有该文物的所有权。

据此，中国国家文物局代表中国政府致函英国内务部，主张对该批文物的所有权。就在中方紧张收集证据之时，英国伦敦地方法院告知中方，根据英国法律，英国检察机关和法院对发生在其他国家的犯罪进行起诉和审判是有限制范围的；而英国当时未加入 1970 年 UNESCO 公约和 1995 年《罗马公约》（时至今日英国也仅签署了 1970 年 UNESCO 公约，两个公约均未交存批准书），因而涉嫌走私中国文物的嫌疑人无法在英国被提起刑事诉讼。英国伦敦法院告知中方，若中方不在 1997 年 1 月 17 日之前提起民事诉讼，他们将把这批扣押文物判决返还给走私嫌疑人。伦敦警方考虑到无法取得检察机关批准提请刑事诉讼的要求，最终放弃了追查。之后，走私犯罪嫌疑人发表公开函致中国驻英使馆，要求中国在放弃对查扣文物主张权利和加入民事诉讼中做出选择，同时根据英国法律起诉警方非法查扣其财产的行为。在犯罪嫌疑人的要求下，英国法院于 1996 年 9 月 26 日和 10 月 29 日在中方缺席的情况下两次开庭审理此案，将部分文物判决退还走私嫌疑人。

我国文物局向英方提出国家豁免权的要求，同时中国公安部门在国内加紧收集中国对这批文物拥有所有权的证据，但是在短时间内中国无法收集到满足英国法律要求的盗掘时间、地点等证据。在走私嫌疑人的要求下，英国地方法庭规定中国应在限定时间内参与诉讼，而中方要求将本案移交英国上诉法院，请求在中国参与诉讼前无限期扣押该文物。1997 年，主要涉案嫌疑人表达出和解意愿，英国法庭建议庭外调解。经过漫长的谈判，双方于次年 1 月最终达成和解协议，中国追回了所有原本属于中国国家的全部 3400 余件（套）文物。①

2. 案例分析

这是早期中国追索流失海外文物最具有代表性的案例之一。在该案中，最大障碍来自英国当时并未加入相关的国际公约，所以公约的规定在英国没有效力，并不能约束其法院。中国提出主张，认为英国属于国际刑警组织的成员国，虽不是相关返还走私文物国际公约的缔约国，但英国警方协助破获本案是其责任与义务，也应当遵循公约的精神。

英国直到 2002 年才签署 1970 年联合国教科文组织 UNESCO 公约（仍未交存批准书），因其对文物保护的消极态度而广受诟病。

英国法律规定，在符合 1970 年 UNESCO 公约的条件下，涉案的文化财产

---

① 曹兵武：《中国索还走私文物案例》，《国际博物馆全球中文版》2009 年第 Z1 期。

适用于英国 1968 年制定的《盗窃法案》。根据该法案，只有在英国国内被盗窃的文化财产才能得到法律保护，其中关于盗窃的定义相较美国判例法则狭窄得多。在实际操作中，《盗窃法案》要求受保护的文化财产为被盗财产且同时被具体的人或者国家所持有。之后，英国于 2003 年颁布了《文物交易（犯罪）法》，该法的目的即为履行相关的公约义务。

1993 年，以 1995 年《罗马公约》的内容为基础，欧共体委员会制定了《关于归还从成员国领土内非法转移出境文物的 93/7/EEC 指令》（European Council Directive 93/7/EEC of 15 March 1993 on the Reture of Cultural Objects Unlawfully Removed from the Territory of a Member State，以下简称 93/7/EEC)，这是欧盟第一次制定返还非法转移文化财产的法律文件，1994 年英国制定《文物返还条例》将 93/7/EEC 指令的宗旨转化为英国法律。[1] 借鉴 93/7/EEC 指令，英国法律关于保护的文化财产范围的规定进一步完善。首先，93/7/EEC 指令将文化商品定义为输出国国家的法律或行政程序所限定的，具有考古、艺术、文化意义的国家财产，收藏于博物馆及档案馆、图书馆，或者收录于附件的目录之内。其次，93/7/EEC 指令中规定须依照本指令规定的程序返还从欧盟成员国非法转移出境的文化财产。

英国通过判例和立法承认了外国文物国有立法的有效性，虽然是附有一定限制条件的承认，但是在一定程度上弥补了文物保护公约的不足。

综上所述，中方在本案中无论是以文物返还的国际司法合作精神来约束英国，还是以国际条约的精神而不是条文的拘束力来要求英方，都不能起到实际有效的作用。英国国内判例和立法的承认虽然在一定程度上加强了对文化财产犯罪的打击，但是始终不及国际条约的全面性及有效性。所以，促使英国这样的文物输入大国加入国际公约，才是促进文物返还国际司法合作的关键。

当然，本案是中国首次通过法律途径、辅以外交等手段促进文物返还的实践，虽然最终取得了成功，但是耗时耗力，且未能完整保存文物确切的出土时间、地点等具有历史价值的资料。此后，国家文物局与公安部、海关总

---

① 迟君辉：《国际流失文化财产返还法律问题研究》，硕士学位论文，华东政法大学国际法专业，2010，第 55 页。

署合作，交流经验，总结教训，逐步重视文物返还的法律保护。

（四）国家主权相对豁免原则——查巴德案

1. 案情简介

查巴德是创立于纽约的非营利性宗教团体，是一个全球性的犹太社区组织的继任者。从 1773 年开始，查巴德的精神领袖开始致力于整理收集"稀有和不可替代的，有关查巴德哈西德哲学理念、犹太宗教法律和犹太古书籍文献及宗教著作手稿"。藏书包含了 12000 本书籍以及 381 份手稿原件，档案为一份千余页的手写教义，这份教义被视为查巴德宗教教义的起源。[①] 此后，由于经历了长期战乱，查巴德组织在战争中遗失了上述藏书及档案。档案于 1939 年遗失在波兰，苏联战胜德国后作为战利品将其占有，藏书则于苏联布尔什维克时期由苏联科学图书馆实际占有。

查巴德组织战后一直未放弃对这两份文化遗产的追索。实际上，在 20 世纪中期虽然藏书属于苏联占有，但是在 20 世纪 90 年代初，查巴德诉至苏联法院要求返还两份文化遗产时，虽然苏联法庭认定藏书和档案并不属于苏联的国家财产，判决将这些收藏归还给查巴德组织，但是实际占有者俄罗斯国家图书馆拒不履行苏联法院的判决。至苏联解体后，之前的判决被新的俄罗斯政府归于无效，俄罗斯仍然实际占有该文化遗产。

2004 年，查巴德以俄罗斯及其国家机构（包括俄罗斯国立图书馆、文化部、国家军事档案部）为被告在美国加州中央区法院提出诉讼，以寻求本国法律的救济。一年后，诉讼移交至加州联邦地区法院。不过，被告俄罗斯及其国家机构依据国家主权原则、主权豁免原则及非方便法院原则，向管辖法院提出驳回起诉的要求。2006 年，就被告提出的理由，法院部分否决了俄罗斯提出的驳回起诉主张。

加州联邦地区法院对藏书和文档这两份文化遗产持不同的态度。针对原告要求返还藏书的主张，法院予以了驳回。法院认为，俄罗斯对藏书的占有属于国家主权行为，因此针对俄罗斯占有藏书的行为应当给予国家主权豁免。

---

① 孙雯：《跨国诉讼追索流失文物的法律困境——基于查巴德诉俄罗斯政府案的分析》，《南京大学法律评论》2004 年第 1 期。

同时，法院却并没有支持俄罗斯对于文档的主张。[①]

查巴德与俄罗斯皆向哥伦比亚特区上诉法院提起上诉。此后经历了历时四年旷日持久的诉讼，俄罗斯国立图书馆、文化部及国家军事档案部，以俄罗斯联邦作为一个主权国家，不适合参与案中的辩护为由，都不再参与诉讼。[②]

直至 2010 年，哥伦比亚特区上诉法院做出缺席判决，认为查巴德充分履行了举证责任，且证据确实充分，原告所主张的权利应当得到救济。美国哥伦比亚特区上诉法院判决俄罗斯国家军事档案管理馆及俄罗斯国家图书馆，返还由俄罗斯在战争期间征收并占有的查巴德组织宗教书籍、手稿原件等文化遗产。[③] 但是俄罗斯外交部随后发出声明，认为俄罗斯与美国两国之间并不存在相关司法协助协议，没有相互承认与执行民事判决的义务。[④] 俄罗斯据此拒绝承认美国法院的这项判决，不予执行返还决定。

2. 案件分析

同样都涉及文物返还中主权权力的问题，本案与前文所列举分析的奥蒂兹案和巴拿卡特案的出发角度完全不相同。奥蒂兹案和巴拿卡特案，是因输出国国内文物立法是否属于公法产生分歧，从而导致此类法律授予的文物国家所有权不被外国法院承认。倘若一国确认文物所有权的立法被视为公法，则表示该法律的授权行为被认定为国家主权行为，输出国向外国法院主张承认文物国家所有权的行为，即被视为要求他国承认并执行输出国主权权力，这与主权独立原则相悖。

本案的争议焦点则是一国对文化财产的实际占有行为本身是否属于主权行为，以及此类主权行为是否与外国文物国有立法相矛盾、在实践中能否被承认的问题。

国家主权豁免，特指国家以国家主权平等原则为依据拒绝他国管辖的特权，可分为绝对豁免与限制豁免。限制豁免将国家行为划分为统治权行为与

---

① *Agudas Chasidei Chabad of U. S. v. Russian Fed' n*, 466 F. Supp. 2d 6, at 955（D. D. C. 2006）.

② Statement of Defendants with Respect to Further Participation 2, Jun. 26, 2009 [71]（"Ds' Stmt"）.

③ *Agudas Chasidei Chabad v. Russian Federation*, Order and Judgment（DDC 30 July 2010, per Lamberth CJ）.

④ Russia 2016. "Won't Give Schneerson Library to American Hasids INTERFAX（Aug. 12, 2010）", Accessed February 16, http://www.interfax-religion com/? act = news&iiv = 7580. html.

管理权行为，其中管理权行为不享有主权豁免。① 目前，限制豁免已成为国际法的主要趋势。美国 1976 年的《外国主权豁免法》即是以限制豁免原则为依据而制定的法律。

在本案中，因为查巴德案所诉被告主体为国家及其国家机构，所以美国法院首先必须考虑这是否符合本国法律规定之国家主权豁免原则的主体要求。当然，本案被告类别满足国家主权豁免的主体资格，即主权国家及其行为或财产。但是，依据美国《外国主权豁免法》中的第 1605 条关于豁免例外条款的规定，② 不能享有主权豁免的情形包括通过违反国际相关法律的途径取得财产，且该财产仍然存有争议的情况，或者该财产及其交换所得财产仍然处于美国境内，并与主张主权豁免国在美国进行的贸易活动相关，或者该财产的所有权属于该国在美国的贸易活动机构或者机构的经营者。③ 因而上诉法院经过举证认为，原告有充分的证据证明俄罗斯国家军事档案管理馆及俄罗斯国家图书馆都存在在美国进行贸易活动的情况，符合《外国主权豁免法》中征收行为豁免的例外条款。

《外国主权豁免法》关于征收的例外条目规定了其标准，即拥有或者解决争议相关财产的机构或者部门在美国进行贸易活动。贸易活动的界定有存在行为目的说与性质说两种，前者主张其商业性或政府职能性取决于该国行为之目的，后者则只着重于国家行为的性质。④

美国看重国家行为而非性质，这表现在《国家主权豁免案》对贸易活动的定义上，贸易活动是指正常的合乎法律的贸易行为或指某些特殊性质的交易。主权行为说认为，应根据行为性质而非目的判断其是否属于商业性的活动。"外国于美国所为的贸易活动"特指两国之间实质性的贸易活动。但哥伦比亚上诉法院主张，在美国从事商业活动的持有及管理争议财产的部门机构无须与美国有实质关联。⑤ 同时，法院认为不要求相关争议财产处于美国境内，原告若能

---

① 王铁崖：《国际法》，法律出版社，1995，第 95 页。

② 美国《外国主权豁免法》，28，U. S. C. 1605（a）（3）条。

③ 黄进、宋晓、曾涛、刘益灯：《国家及其财产管辖豁免的几个悬而未决的问题》，《中国法学》2001 年第 4 期。

④ U. S. C. C. 1605（a）（3）（2006）.

⑤ *Agudas Chasidei Chabad v. Russian Fed.*，528 F. 3d 934（D. C. Cir. 2008），pp. 947-948.

充分证明外国政府机构或部门在美活动涉及商业交易或者行为亦可。

其次，哥伦比亚特区上诉法院衡量了国家行为原则的影响力，认为其不能导致美国法院不受理该案，因为该原则对行为发生范围有要求，需发生在本国境内。上诉法院认为档案在波兰被纳粹德国掠夺后又于别处被苏联军队夺走，然而此处战后又成为波兰的领土，是依据法院认为特定情况下美国法可扣押美国境内的别国财产。对有商业问题的争议财产来说，扣押无疑非常有效，但由于查巴德案中所涉财产较为敏感所以需采取更为合适的措施。

查巴德一案说明，类似案件以普通贸易争议的强制措施定分止争是没有保障的，制定单独调整文化财产问题的国家法律体系有其必要性，在此之前只能通过完善非诉途径寻求解决方法。

三 外国立法承认的国内法分析——以英美为例

随着世界文物交易市场的日益繁荣以及现代国际社会保护文物财产意识的增强，作为主要流转集散地和收藏地的英美等国开始转变以往放任的态度。在与文物输出国漫长的交涉中，英美对外国文物立法的承认几经变迁，最终形成了较为完善的模式，开始有条件地承认此类外国法律的效力。

（一）美国

1. 成文法的规定

美国是迄今为止世界上规模最大的文化财产市场国和进口国。美国不干预文化财产所有权，在相当长时间内并不限制文化财产流通，罕见地在文化财产的出口规定方面几乎空白。在输出国缺乏有效预防措施的特定情况下，美国为履行公约限制文化财产出口而加强国内市场的监管以遏制文物流失。[①]

美国 1934 年《国家盗窃财产法》为协助美国联邦政府及各州之间控制被盗物品、造假证券及假钞诉讼，禁止在跨国贸易及各州之间的贸易中买卖流转基于非法方式取得的价值 5000 美元以上的物品，否则处以罚金或 10 年以下监禁。

---

① 张函：《美国文化财产保护法律制度研究——兼论 1970 年 UNESCO 公约中的"保有方案"之弊》，《武大国际法学评论》2010 年第 1 期。

联邦政府原本是为摩托机动车辆被盗案件提供依据而制定该法，但从 20世纪 40 年代开始，美国联邦检察官在起诉文化财产非法入境的多起案件中逐渐开始使用《国家被盗财产法》，以此扣押并返还非法流失文物。由此可知，这是对非法转移入境的文物构成被盗财产的认同。

依据本法，文化财产的非法出口不影响进口的合法，两者是分开的，除非国内成文法或者涉案国双边协定授予输入国国内法律这样的效力。单一的文化财产非法出口并不构成犯罪，不接受针对仅从输出国非法转移行为的起诉。

美国 1983 年颁布《文化财产公约执行法》（以下简称为"1983 年执行法"），该法是为执行 1970 年 UNESCO 公约而制定的国内法，约定公约的缔约国有禁止从任何缔约国国内获取被盗的记录在案的文化财产的义务，在文化财产面临被掠夺风险时，可以请求其他缔约国采取相应限制等措施减小风险。

《文化财产公约执行法》所保护的文化财产包含非法出口及被盗的文化财产。被盗文化财产必须有所有权人，非法出口文化财产则归属于不具备法律规定所需出口许可证的情形。在国际上大多数文化财产输出国都有相关国内法限制文化财产的出口，将文化财产的所有权收归国有。许多情况下，文物输出国主张对输出的所有文化财产都拥有所有权，当被盗物未获得出口许可而转移出境时，就兼具被盗文化财产和非法出口文化财产的属性，难以区分。

当违反美国执行法而对文物予以扣押没收后，可将其返还给输出国，该文化财产将返还给输出国原权利人或者善意购买人。

从 1987 年开始，美国先后同加拿大、玻利维亚、意大利等国家签订了一系列相关的协定及采取应急措施，以保护各国的考古文化财产。其中，美国与中国在 1999 年签订了双边协定，对中国石器时代至唐朝的文物及 250 年以上的特定文物进行限制进口。

2. 判例法的发展

1934 年《国家盗窃财产法》原本并非为保护外国文化财产而制定，却最终发展成解决外国文化财产争议的法律依据，并经历了从模糊到确定的过程。而将外国非法转移的文化财产纳入本法所规定的盗窃物品范围之内，是从霍林斯豪尔德（Hollinshead）案开始的。[①]

---

① *United States v. Hollinshead*, 495 F. 2d 1154 (9th Cir. 1974).

在此案中，危地马拉政府发现本国境内遗失的石柱出现在美国的交易市场。危地马拉法律规定石柱为国有，任何人不得未经同意将石柱转移出境并进行交易。据此，石柱出售人霍林斯豪尔德的行为是违反危地马拉法律的。在本案的审理过程中，联邦法院虽然并未明确说明依照《国家盗窃财产法》该文物是否应属于外国国有的文物，但是认为本法关于盗窃有着宽泛的定义，即盗窃指未经权利人同意，以故意剥夺他人所有权利为目的，取得他人财产或者占有他人财产的不正当行为。因此，该定义包含了该涉案文物。

后来类似案件沿袭了上述相关定义，也为联邦政府将来承认外国国家所有权立法奠定了基础。[①]

美国制定了1983年《文化财产公约执行法》后，直到1995年才产生了依据此法判决的首例案件。在该案中，意大利政府向联邦政府提出申请，要求调查纽约的索丝比拍卖行当时拍卖的一尊那不勒斯雕像，依据《文化财产公约执行法》，联邦政府检察长办公室没收了该雕像。支持了意大利的请求并将其返还给意大利。[②]

该执行法是1970年UNESCO公约下的执行法，实质上也是联邦政府兼顾文化财产争议当事人双方利益的结果。该法仅规制危急情况下特定文化财产的非法贸易，对1970年UNESCO公约做出了保留，即只执行第7条第2项以及第9条，而非执行公约全部内容。

然而，这项法律适用门槛过高，妨碍了其应用，常常达不到预期效果。这种阻碍在一个涉及秘鲁文物案件中有所体现，文物发现地在《文化财产公约执行法》中所承认和保护的范围内，然而后来发现该文物并不是来自原本发现的地区，导致不能适用该执行法。结果是其不能作为普通盗窃物受其他法律保护，也不能满足执行法的保护范围要求，反而是其他双边协议和海关措施的保护更为有效。

首先真正诠释了外国文物国有立法效力的案件是1977年的迈克雷恩案件。在本案中，被告被诉从该国出口一批文物到美国时违反了墨西哥法律，

[①] See Patty Gerstenblith, Schultz and Barakat, "Universal Recognition of National Ownership of Antiquities", *Social Science Electronic Publishing* 16 (2009): 191-204.

[②] Andrew Slayman, "Rencent Cases of Repatriation of Antiquities to Italy from the United States", *International Journal of Cultural Property* 7 (2009): 456-459.

法院认为其违反了 1934 年《国家盗窃财产法》做出了有罪判决。随后被告上诉时主张其非法出口行为并未违反该法，对非法出口的判决实质上是适用外国国内法。① 同时，适用 1934 年《国家盗窃财产法》时不能以墨西哥本国相关法律规定为依据。

审理法院认为单纯的进口非法文物的行为不违法，仅占有文化财产的行为不能被诉，这是当时由美国法律及所签条约确立的。根据美国法院通过案例确立的迈克雷恩原则，美国在一定条件下，承认外国文物国有立法，并不要求国家实际占有文物，只要求该文物国有立法非常明确。最终，美国法院撤销了被告的有罪判决。

值得一提的是，具有里程碑意义的迈克雷恩案发生在《文化财产公约执行法》制定之前，美国后来并不考虑案件是否符合外国出口限制而直接适用《国家盗窃财产法》。

此后在广受关注的 2003 年的叔尔兹一案中，美国对外国文物国有立法效力的承认进行了再次重申，承认违反该类文物国有立法非法入境的文物违反了 1934 年《国家盗窃财产法》。

叔尔兹是纽约的一位有名的艺术中间商，被控在美国与人合谋贩卖一批非法出境的埃及文物。埃及法律规定，1983 年后发现于埃及的所有文物归于埃及国有。第二巡回上诉法院依照此规定认定判决该批文物所有权属于埃及政府，以此承认埃及国内文物国有立法。

3. 小结

在美国成文法体系中，1934 年《国家盗窃财产法》与《文化财产公约——执行法》存在冲突，而该执行法与 1970 年 UNESCO 公约也存在冲突——美国对 1970 年 UNESCO 公约做的保留是美国一般拒绝执行外国的出口限制，只有在紧急情况下才执行，而在实际操作中，美国法院是承认外国的出口限制的。1970 年 UNESCO 公约主要与文化财产的保存相关，更偏重防患于未然。②《文化财产公约执行法》主要针对文化财产遭受掠夺及盗窃出境后

---

① The Native American Graves Protection and Reputation Act. 18 U. S. C. Sect. 2314（1990）.

② 1970 年《关于禁止和防止非法进出口文化财产和非法转让其所有权的方法的公约》第 12 条规定："该公约的当事国充分采取所有可行措施，以禁止和预防文化财产的非法进出口及所有权的非法转让"。

的情形，也存在公约将文化财产输出国的保有等同为保护文化财产的局限性。1934年《国家盗窃财产法》对盗窃财产的宽泛定义，[1] 有利于文物输出国主张国家所有权，而执行法中保护的文化财产范围包含非法出口文化财产和盗窃文化财产，但两者之间缺乏清晰的区分。

美国案例的混乱反映出1934年财产法和执行法的矛盾之处。虽然美国对1970年UNESCO公约做出了保留，即通常情况下仅在出现紧急情况时才对外国的出口限制予以执行，但根据迈克雷恩原则事实上对外国出口限制是予以承认的。这样的冲突产生了两种不同的主张。一种认为只有在紧急情况下美国才应该执行基于请求的外国出口限制；另一观点认为，根据1934年《国家盗窃财产法》对盗窃财产的定义应该支持相应输出国的主张，然而依照这种观点对外国文物立法的承认与否，将导致不同的案件结果，且忽视了文物的占有权和相关的双边协定，1934年《国家盗窃财产法》实际上规避了执行法原则上不承认文物输出国的出口管理法的问题。

面对这种情形，为了使适用的时候更加清晰，可以考虑将1934年《国家盗窃财产法》规定的文化财产范围缩小至执行法及有关双边协定的范围内，即"从1970年UNESCO公约成员国所列清单内的宗教及世俗性的公共纪念馆及类似机构盗窃的文化财产"，或者受到紧急情况的影响，适用双边协议规定的文化财产。

在考虑是否承认外国文化财产立法的时候，应严格区分主张国家所有权和禁止出口两种情形。如同奥蒂兹案和巴拿卡特案产生的争议一样，被定性为出境管理法时，只有在该文化财产受到紧急情况或者有关双边协议影响的情况下适用1934年《国家盗窃财产法》；当外国国内法被确认为物权法的时候，法院无需将过多注意力放在其所有权归属上。

（二）英国

1. 成文法的规定

作为全球最大的市场国之一，英国一直未批准联合国1970年UNESCO公约。但未表明态度，英国于2003年颁布《文物交易（犯罪）法》。在该法实

---

[1] The Native American Graves Protection and Reputation Act. 18 U. S. C. Sect. 2314 (1990).

施之前，按照 UNESCO 公约在英国应当受到保护的文化财产，只能适用英国《1968 年盗窃法》。而根据该盗窃法，只有在英国国内被盗窃的文化财产才能得到法律保护，其中关于盗窃的定义与美国判例法相比较更为狭窄，即在实际操作中，要求该文化财产为具体的人或者国家所持有，并且属于被盗财产。

1994 年英国将欧洲共同体委员会于 1993 年制定的 93/7/EEC 指令转化为英国国内法——1994 年《文物返还条例》。93/7/EEC 指令是欧盟内部第一个针对非法转移的文化财产的返还制定的法律文件，其内容大多参照 1995 年《罗马公约》草案，并有许多值得借鉴的创新之处。欧共体 93/7/EEC 指令和之前的《关于文物出口的 3911/92 条例》（以下简称 3911/92 条例）互相补充和完善，3911/92 条例调整成员国与非成员国的关系，而 93/7/EEC 指令则规范成员国内部的关系；另外欧共体两个法律文件还在成员国之间建立了统一的出口管制以阻止被视作"国宝"的文物非法转移出共同体外部边界，同时相互承认成员国的国内出口管制措施以协助返还非法转移的"国宝"。[①] 不过 3911/92 条例立法的初衷是限制文物向非成员国出口，而且对于没有列入条例名录中的文化财产也是不具效力的。而 93/7/EEC 指令规定返还的非法交易的文物仅限于从欧共体成员国境内进口的文物，非欧共体成员国的文物如非法进口至成员国境内则不适用该指令。基于此，以 93/7/EEC 指令为基础制定的《文物返还条例》只适用于非法从欧共体成员国境内转移之文物。尽管《文物返还条例》在 1997 年、2001 年、2015 年进行过三次修正，但对于应返还文物依旧没有脱离从欧共体（欧盟）成员国境内转移的规定，其局限性有目共睹。

2003 年英国制定《文物交易（犯罪）法》。该法设立了一个新的罪名，即"不诚实交易瑕疵文物罪"。按英国《文物交易（犯罪）法》的规定，如果某人不诚实地交易了明知或确信有瑕疵的文物，那他可被判处最高达七年的有期监禁，而他对于所交易的物品是否知道是文物并不影响犯罪的构成（第 1 条）。而在该法中，有瑕疵的文物被定义为，从具有历史、建筑或考古价值的建筑物或结构中移除的物品，而该物品构成建筑物或结构的一部分；

---

① 高升：《欧盟立法中货物自由流通与文物保护的冲突与协调》，《法治论丛》2008 年第 23 卷第6 期。

以及从具有上述价值的纪念物（包括著作、洞穴或挖掘地、遗址等）上移除的物品（第2条）。该法还规定，购买或出售、租用或出租、借用或接受的行为均被定义为"交易"行为（第3条）。因此，根据该法，无论发掘或交易的行为是否发生在英国，也不论犯罪行为违反了何国法律，行为人都将受到制裁。但是2003年《文物交易（犯罪）法》的缺陷也是相当明显的：第一，它不溯及既往，该法的规定只惩处法律生效之后犯罪的行为，而大量发生在该法生效前的文化财产非法交易行为不能得到有效的制裁；第二，该法对违反外国出口禁令的交易行为不具效力，也就是违反外国出口禁令的文化财产不包括在该法的"瑕疵"定义之中，因此相当大比例的非法交易的文化财产被排除在外；第三，与"明知或确信"相关的证据是难以获得的，因为要证明嫌疑人在主观意图上存在"明知或确信"了解他所交易的物品有瑕疵是困难的，这实际上让该法的执行效力大打折扣。

不过，在司法实践中，英国对外国文物立法经历了从对外国文化财产立法的初步探索，到建立了较为清晰的承认外国文化财产国家所有权立法的机制的过程。

2. 判例的发展

前文分析的1962年奥蒂兹案件，是英国初步探讨外国文物国有立法效力的案件。英国法院就外国文物国家所有权立法实质上是属于物权法还是出入境管理法进行了讨论，也对该法是否属于公法以及英国是否承认或执行该法进行了分析，最终英国法院并没有承认新西兰的文物立法，体现了当时英国保护文化财产交易的保守态度。在该案中，英国法院对新西兰文物国内出口管制法的讨论，体现了英国法律对其他国家的文物物权法律基本承认的原则。最后布里特曼法官主张倘若新西兰法律有明确物权法法律条文单独将文物所有权授予国家所有，英国法院将承认雕刻的国家所有权，而不是依据新西兰出口管制法使国家取得文物所有权依赖于出境时的扣押。可见，当时英国法院偏向于必须有清晰明确的法律授予国家文物所有权，而不是出口管制法。本案的判决也决定了往后同类案件的审判结果，对文物出入境活动等也有着重要的指导意义。

在奥蒂兹案中，英国不承认新西兰的出口管制法，也有该法作为刑法或者公法不能被英国执行的原因。2007年的巴拿卡特案也和奥蒂兹案一样涉及公法的问题，巴拿卡特案代表了英国态度的转化。因为加入 1970 年 UNESCO 公约后英国开始履行公约的职责，案件的讨论焦点更加深入，确立了以实质标准而非字面标准来评判是否承认外国文化财产立法的原则，同时也开始尝试打破禁止适用外国公法原则，推进了对外国公法的适用实践。

3. 小结

英国 2002 年正式加入 UNESCO 公约之后，为了履行公约义务，于 2003 年颁布《文物交易（犯罪）法》。

在该法案之前，按照 UNESCO 公约在英国应当受到保护的文化财产只能适用英国《1968 年盗窃法》。盗窃法并非专门的法律，其缺陷是只有在英国国内或者在外国盗窃的文化财产才能得到法律保护，其中关于盗窃的定义与美国判例法相比更为狭窄，即在实际操作中，要求该文化财产为具体的人或者国家所持有并且被盗窃。

之后 2003 年的《文物交易（犯罪）法》，明确规定了在知道或相信该文化财产为不正当途径获得但仍然进行不诚信交易的人应当受到刑事制裁，并且将所指文物进行了较为明确的定义。

英国作为主要文物市场国家，它的问题代表了英美等国共同存在的问题。英国依据 UNESCO 公约确定的禁止进口盗窃文化财产方面的基本原则限制了文物进口，该限制对文物的定义也是基于公约的规定，但实际执行的范围却又更为狭窄。另外，上述措施一般通过制定国内法明确规定，但在文物的认定上却更为严格，这种矛盾导致输出国对其追索变得更加困难。

四　对外国立法承认的再思考及对我国的启示

上文分析了几个国际典型案例，同时也对各国对外国文物立法的承认问题进行了讨论，着重对文物返还中对外国立法的承认存在的几个主要问题进行了深入探讨。事实上，这样的问题普遍存在于国际司法合作中，在完善国际司法合作的同时，对我国国内的相关立法和实践也有重要的借鉴意义。

（一）完善输入国国内立法是文物返还的前提

1970 年 UNESCO 公约与 1995 年《罗马公约》是国际社会禁止及促进返还非法交易文物的重要公约，但是 1995 年《罗马公约》对主要的文物输入国并无约束力，UNESCO 公约虽然对英美两国有约束力，但不足以规制文物犯罪行为。国内法对外国文物国有立法承认的完善弥补了公约的部分缺陷。

有了完善的国内法，可以减少外国文物立法中因各自自身条件差异带来的矛盾。比如相比较由英美法院依据复杂的法律解释确认外国法律是否为所有权法律，明确的国内立法可避免由不同法院的解释标准带来的许多矛盾。

在国际司法合作的实践中，某些国家已经以国内法明确规定了其对外国文物相关立法的承认。其中，加拿大在签署 1970 年 UNESCO 公约之后立法废除了对出口管制法和物权法的区分，这意味着加拿大为承认外国文物立法、协助输出国追索与返还文物做好了准备。瑞士联邦法院在判例中也将未在本国生效的公约的基本原则作为判案依据。瑞士法院主张国际公共利益值得参与返还文物相关的国际法律援助的法院关注，这是现行主要公约的基本理念，也代表着新的国际公共政策趋势。

我国虽然是较大的文物输出国，但是随着经济的高速发展，旅游业和海外投资的兴盛，作为文物输入国而考虑对外国文物国有立法的承认的情况也必然会发生。我国作为三个禁止文物非法流转国际公约的缔约国之一，一直以来并未按照公约的规定在现有文物法规之上增添具体的细则或者进一步制定相关的法律法规。中国应该完善对外国的所有权立法和出口管制法的效力进行承认的法律规范，并且明确制定相关法律，参与到文物返还的国际司法合作中来。

（二）完善输出国国内的文物所有权立法

若文化财产输出国的国内文物所有权立法足够清晰，外国法院在审判时将能尽量避免因为立法不够清晰而导致的不予承认。像奥蒂兹案中新西兰《考古文物法案》这样，仅仅规定在文化财产非法转移出境被扣押时，文化财产的所有权才自动转移给国家的法律，可能被某些国家视为出入境管理法而非物权法，从而不被英国承认。

在各国的具体实践中，文物输出国应该尽量避免用出入境管理法代替确认文物所有权的物权法，颁布相关物权法是非常有必要的而并非是对出入境管理法的重复。出口管制法和物权法分属两类性质完全不同的法律，出口管制法不能代替物权法授予一国文物的国家所有权。

　　我国明确规定了文物的国家所有权，形成了我国文化财产保护法规体系，如 2002 年颁布并于 2007 年修订的《文物保护法》，以及与其相关的各项条例如《文物保护法实施条例》、《文物认定管理暂行办法》以及《文物进出境审核管理办法》等。[①]　其中 2002 年《文物保护法》对文物的所有权进行了十分详尽的规定。[②]

　　当违反我国出入境管理法时，文物所有权人常常无法自己向国外主张返还，这时候将由国家代为提出请求，但在实践中常常存在问题。《文物保护法》规定文物非法出口时没收文物违法所得，但未对文物的所有权做出规定。[③]　另一实施细则规定不准私人带离出境的私人文物收藏可由文物行政管理部门登记后，准予发还或者收购，有必要时可予征购。[④]　由此可知，此时将出现文物发还给私人或为国家所有两种情况，这对国家作为原告追索文物并不有利。除了没有统一的实施办法之外，还存在在所涉文物属于国家所有的情况下仍需证明国家的事先收购或征购的问题，在证明国家有收购或征购行为后，还需考虑作为部门规章的实施细则能否获得外国法院的认可的问题。实施细则的目的并非为取得文物所有权而是为管制文物市场，所以很可能不被外国法院承认。

　　总体而言，除了非法出口时被扣押没收的文物仍然缺乏明确法律规定之外，我国较为系统明确地对所有权归国家享有的文物予以了规范，我国应完善这一空白领域，促进文化财产的保护。

（三）促进签订双边条约或者多边条约

　　通过鼓励签订双边条约或多边条约，既可以使各国深入了解彼此的相关国内法，也可以促进各国借鉴他国的相关法律以完善本国国内法，最重要的

---

① 迟君辉：《国际流失文化财产返还法律问题研究》，硕士学位论文，华东政法大学国际法专业，2010，第 146 页。

② 《中华人民共和国文物保护法》第 5 条表明领海、内水和地下的所有文物所有权归于国家。古文化相关的遗址、石窟寺及古墓葬的所有权归于国家。除另有规定外，不可移动的文物中，石刻、近代及现代的代表性建筑物、纪念性建筑物等所有权为国有，可移动文物类之中包括出土于中国境内的文物、各单位收藏保管的文物、国家接受捐赠、征集或购买的文物。

③ 《文物保护法》中第 71 条规定将国家禁止买卖或出境的文物进行出租、出质、出售及购买、转让于外国人而未构成犯罪的，没收其违法所得，其中，未对文物的所有权做出规定。

④ 《文物保护法实施细则》中第 42 条。

是可以为文物返还提供便利。这些双边及单边条约与国际公约共同发挥作用，相辅相成，各司其职，促进对国际文化财产的保护，推动文物的返还进程。

具有借鉴意义的有秘鲁与美国签订的《关于追索与返还盗窃考古文物的协定》、墨西哥与美国之间签订的《追索与返还盗窃考古文物合作机制条约》，以及美国与玻利维亚等拉美国家签署的双边协议等。

其中最具有代表性的是美洲国家订立的《圣塞耳瓦多公约》，为防止各国文物的流失，公约第3条限制缔约国的文物进口，规定只有当其属于以文化交流为目的而批准出口的文物时才可以进口。同时，公约第7条还规定由各国决定文物所有权。

对我国而言，首先应该积极利用现有公约参与到国际文化财产的保护活动中来。我国加入国际公约时应注意保留于我国不利的公约条款并且发挥有利条款的作用，将我国已加入的公约作为追索文物的武器，同时也可参考其内容来弥补国内相关立法的缺陷。

其次，应积极促进现行公约的修订，推动拟定新的公约。随着我国国际竞争力的提高，及国内相关学者对国际法研究的深入，在国际公约方面我国开始有了号召力和话语权。我国可基于国情提出切实可行的意见，制定创新方案，促成新公约的形成。

（四）促进对公法效力的普遍接受

外国公法的适用历来属于国际法重要研究课题，在国际统一私法学会会议上，拉里夫教授对外国公法适用做出了报告，他主张外国公法不予适用的一般原则是不存在且不适当的，不利于当代社会的进步。[①]

国际法学会相关报告认为在当代实践中，作为公法性质的法律逐渐显露出其重要的地位及扩张的影响力，不承认公法是没有依据也是不适当的，反而外国公法的承认在实践中受到越来越多支持。近来的主流观念认为保护本国文物是所有国家的权利，外国应予承认及执行相关立法，并配合追索与返

---

① Diplomatic Conference for the Adoption of the Unidroit Convention on Agency in the International Sale of Goods, *Acts and proceedings of the conference / Diplomatic Conference for the Adoption of the Unidroit Draft Convention on Agency in the International Sale of Goods* (Rome : Unidroit, 1983), pp. 230-231.

还非法转移出口的文物。国际法学会在巴塞尔会议上通过了一项决议，在文化遗产保护视角下规范国际艺术品买卖，规定来源国艺术品的所有权转让由该来源国法律规制，并且规定适用来源国限制艺术品出口的法律。

自 19 世纪起，公法、私法这种古老的法律分类不再那么严格，二者开始在一定程度上日益融合。1975 年维司巴登会议上，国际法学会做出的决议推翻了不适用外国公法的传统观点。决议无疑具有超前性，对于改变传统的外国公法不可适用的观点和做法具有重要的意义。

公法的适用需要平等地对待外国公法，完善代表公共利益的公法，同时由于排除公法原则有一定历史，私法领域并不能完全向公法开放。

当前，诸国正处于以上两种态度的融合发展之中。

我国则以公共秩序保留原则排除外国法，直接适用的法律也可以阻止外国法的适用。① 我国立法未对外国法的公法性是否可以作为排除外国法适用的依据做出明确规定。学界对此有不同观点，归结起来可排除的外国法包括外国公共政策相关法律、规避法律、外国惩罚性法律、外国税法和外国的外汇管制法。可见我国在外国公法的适用方面存在立法空白，但相应的法官在解决该问题时拥有较大的自由裁量权去灵活应变。

诸多原因导致我国司法实践及立法中忽视了有关外国公法适用的规定，除外国法难以查明及公共秩序保留等大众化原因，还有我国基本国情的限制，包括公私法混合的理论体系及市场经济落后等方面。

我国应推进外国公法在我国的适用以及我国公法在域外的实现，促进争端的解决，顺应国际法律体系的发展方向。

然而，在我国实践中适用外国法律仍然十分困难，且法院偏好于不适用外国法的现状下，过早地规定外国法的适用容易使实施面临困难。因为在实际案件不多的情况下，系统地了解外国公法无疑是很大的工作量，笔者认为规定"不得因外国法的性质而予以排除"，就可以在避免法院依职权主动查明外国公法的同时仍然可对其表示接纳态度。

---

① 《最高人民法院关于贯彻执行〈民法通则〉若干问题的意见（试行）》第94条规定："当事人规避我国强制性或禁止性法律规范的行为，不发生适用外国法的效力。"关于这条是否为我国有关直接适用的法的规定尚存在争议，也有人认为这一条是我国立法对法律规避的规定。笔者支持前者。

（五） 完善主权豁免原则的相关法律

查巴德案争议的处理结果说明，在处理类似案件时亟须专门的规范文物执行的国际法律体系。

美国法院在海底打捞的跨国诉讼中，通常行使推定管辖与长臂管辖原则，在奥德赛案中却适用了《国家主权豁免法》。[①] 奥德赛公司向美国法院主张其对西班牙军舰的财产权利，美国法院认为该船作为军舰，船体及运载货物都可以被豁免，因此排除了美国法院对物的管辖权从而驳回了奥德赛公司的诉讼请求。

如果没有直接驳回奥德赛公司的诉讼请求而对其审理，美国法院亦不会支持其请求，包括请求沉船打捞费用。[②]

此案是运用主权豁免原则解决的一个较为简单的问题，因为美国国内法对争议物有非常明确的规定，而查巴德案则更为复杂，通过诉讼始终无法解决争端，最终发展为外交问题。由此可见，涉及外国国家主权的文化财产争议需要明确的可执行的国际法律体系对文化财产予以保护。

国家行为分为管理行为和统治行为两种情形，管理行为不享有国家主权豁免，这种做法被称为限制豁免原则。作为当今国际上较为流行的原则，许多国家将其运用到实践中并制定于本国国内法中。例如 1976 年的美国《外国主权豁免法案》第 1605 条第 1 款将不享有主权豁免的国家行为所取得的财产定义为违反国际法获得的财产，且要求外国机构对其享有或保管，或与违反国际法而取得的财产相交换的任何财产，同时还需满足外国机构在美国进行贸易活动的条件。例如，英国 1978 年的《国家豁免法》列出的主权豁免的例外情形就有国家从事商业交易行为或者在英国境内履行合同义务的情形。

而这些例外情形的判断标准集中在容易引起争议的对国家行为中贸易活动的认定上，所以制定较为完善统一的标准非常之必要。

我国支持绝对豁免原则，因此我国极少通过诉讼追索流失文物，因为国

---

① 谢新胜：《国际海底沉船文物打捞争议的解决路径——以美国"奥德赛"案的审理为视角》，《环球法律评论》2012 年第 3 期。

② *Odyssey Marine Exploration. Inc. v. Unidentified Shipwrecked Vessel*, 657 F. 3d 1159, 1169 – 1170 (11th Cir. 2011).

家起诉可能导致外国恶意诉讼。政府起诉的同时就放弃了国家豁免权,若对方反诉我国必须应诉,这无疑会带来许多政治压力和外交问题。

但是,我国也有学者支持限制豁免原则,我国可以加强对国外主权豁免原则的立法了解和理论研究,借鉴其经验,推进我国相关法律的研究,以期在我国向他国追索文化财产的案例中涉及外国主权豁免原则时能够清楚辨析。

五 本章小结

众所周知,文物犯罪的形势日趋严重,在国际文物返还实践中,对依据国家所有权立法主张追索与返还的承认和执行日渐普遍,一些法院开始意识到文物保护的重要性,并且据此做出了判决,这体现了国际文物保护的乐观前景。

跨国贸易的繁荣促使各国之间的贸易壁垒逐渐瓦解,在遏制文物的非法跨国流转方面,出口管制法和限制性措施发挥着重要作用。不可否认,以不适用外国公法为由不承认外国文物立法不利于国家保护文化财产,实践及理论已经证明外国法的适用是可以被接受的。

我国可以借鉴美英两国承认外国文物国有立法的经验,对追索流失于英美两国境内的文物进行探索。倘若希望最大化地利用美英两国的相关规定来追索与返还我国流失至英美境内的文物,并且遏制我国文物犯罪,我国必须完善本国的相关法律规定。

文物输入国有了完善的国内法,可以减少外国文物立法因各自自身条件差异带来的矛盾,不必像英美在判断外国法律是否属于所有权法律时一样,需要依赖复杂的法律解释,从而可以避免不同法院的解释标准产生矛盾。

外国的所有权立法和出口管制法的效力得到了许多国家国内立法的保障。我国作为三个禁止文物非法流转国际公约的缔约国,一直以来并未按照公约的规定在现有的文物法规之上增添具体的细则或者进一步制定相关的法律法规。中国应该完善对外国的所有权立法和出口管制法效力的承认规则,并且制定更为明确的相关法律,参与到文物返还的国际司法合作中来。

对于公约,我国应该利用有利于我国文物保护的公约,对不利的条款声明保留,以所签署的公约为追索文物的依据,并且借鉴公约内容完善本国法律,以此减少文物流失的现象并促进新公约的签订和新秩序的形成。

第五章　被盗文物海外追索的法律问题

　　追索被盗海外文物主要的法律依据依旧是 1954 年《海牙公约》、1970 年《关于禁止和防止非法进出口文化财产和非法转让其所有权的方法的公约》（即 1970 年《禁止非法出口转让公约》）、1995 年《国际统一私法协会关于被盗或者非法出口文物的公约》（即 1995 年《罗马公约》），以及 1999 年海牙国际会议通过的《关于武装冲突时保护文化财产公约第二议定书》（即《1999 年第二议定书》）。

　　1954 年《海牙公约》最早在国际法律文本中正式提出了在战争中将文物和私人财产一样对待并加以保护的规则，开创了国际上归还流失文物的先河。1970 年《禁止非法出口转让公约》明确了"非法进出口文物应当归还"的原则，并希望各成员国的国内机构可以相互协作，采取合理的措施限制非法文物在文物市场的流通，并使得该文物最终返还给合法所有者。此外，公约还规定了遏制文物非法流转的措施，包括设立专门机构保护文物，制作文物清单，通过制定国内文物的进出口管制法来保护文物，设立文物出口监管制度，对文物的返还进行国际合作等。在文物返还上，公约规定了被盗文物和非法出口文物的返还规则，值得肯定的是公约禁止各成员国进口被盗文物。对于进口的被盗文物，文物原属国可以要求返还。1995 年《罗马公约》则明确了对于被盗文物应当予以归还的原则，对善意取得制度的规定进行了完善和细化，规定了善意购买人的认定标准，以及"给予在文物交易时已尽到审慎义务的善意购买人公平与合理的补偿"，同时关于在公约生效之前的被盗文物的追索问题，公约对于生效之前的文物的性质是否合法不做评判，但是也不反对国家或个人以公约规定的救济途径提出被盗文物返还的请求。

除此而外，联合国教科文组织于 1999 年制定的《文化财产交易商国际道德准则》以及国际博物馆理事会于 2004 年制定的《博物馆职业道德规范》也规定了文物返还的相关要求。《文化财产交易商国际道德准则》规定参与非法文物买卖的交易商须采取积极的措施配合返还该非法文物，这与公约的目的和宗旨是相符合的。另外，如果取得人是从该类交易商处获得文物，则他很可能会被认定为善意购得人从而获得合理补偿。《博物馆职业道德规范》是主要针对博物馆收集、出口、返还文物的规定，要求博物馆全面遵守相关国际公约与法律，向文物来源国归还文物。

对我国而言，因为自身是被盗文物的受灾国，故而我国现在也积极参与相关规则的制定。2014 年 1 月，中国代表团促进了《关于打击文化财产非法贩运的犯罪预防与刑事司法对策国际准则（草案）》（以下简称 2014 年《非法贩运预防与对策国际准则》）的通过。2014 年《非法贩运预防与对策国际准则》对于文物清单做出宽泛解释，增设国际文物追索领域中的举证责任倒置原则，将非法的文物贩运明确归入刑事司法领域，将文物犯罪明确为可引渡犯罪以追究行为人的刑事责任，同时对非法文物进行追缴，促进文物的返还，明确各国应为文物犯罪提供最广泛的国际刑事司法协助，对于我国追索被盗文物具有重要作用。另外，我国组织召开了 2014 年第四届文化财产返还国际专家会议，通过了《关于保护和返还非法出境的被盗掘文化财产的敦煌宣言》（以下简称《敦煌宣言》），针对各国在被盗文物追索实践中存在的问题，《敦煌宣言》呼吁各国应及时发布有关文物的发掘与研究信息并记录于国家登记的文物清册，支持各国采取一切适当的必要措施防止被盗文物的非法出境及限制虽经合法挖掘但属于非法占有的文物的流通；鼓励对虽然已经过诉讼时效但是具有重要价值的文物的返还请求。《敦煌宣言》是第一次以我国为主导制定的在非法文物追索领域内的国际性法律规范，是我国对非法文物的追索从被动适用规则开始过渡到积极主动参与制定规则的标志。[①]

---

① 张建：《国际法视野下海外流失文物追索的路径选择及实践突破》，《齐齐哈尔大学学报》2015 年第 10 期。

一 我国被盗文物追索案例及问题提出

案例一：从日本追索被盗北朝菩萨像案

1976 年 3 月张官大队的农民在推土垫房基时无意中发现了一尊北朝石雕菩萨立像。但是该北朝菩萨像出土后即被盗，后来经当地文物部门展开工作，用了 3 年时间才收回了该菩萨像，并入博兴县博物馆。之后，该北朝菩萨像的有关文章和照片分别于 1983 年和 1993 年记载在《文物》和《山东画报》上。与此同时，日本、美国等国也有学者对此北朝菩萨像进行相关的文献资料记载。但 1994 年 7 月 4 日，造像再次被人盗走，从此没了消息。1997 年，它出现在英国一家经营文物的商店里，后被日本滋贺县 MIHO 博物馆收购并于 2000 年在日本一家博物馆展出。经过我国政府与日本有关机构进行谈判，博物馆最终同意无偿返还这尊北朝菩萨像。2001 年 4 月，山东省文物部门和日本有关机构就北朝菩萨造像返还中国的问题，在日本签订了《备忘录》。依据《备忘录》，MIHO 博物馆同意将被盗的菩萨像无偿归还给中国；考虑到日方购买、保护这尊佛像所付出的巨大经济代价以及同意无偿归还给我国的友善态度，我国同意将这尊菩萨像在 MIHO 博物馆借展至 2007 年，在 MIHO 博物馆建馆十周年纪念活动结束后归还我国山东。借展期间，MIHO 博物馆每年向山东省文物局报告菩萨像的展出和安全状况。①

此案是我国首度从日本成功追索回被盗文物的案例。在本案中，证据的作用至关重要。我国面临的首要问题就是证明北朝菩萨像是从我国被盗走的文物，最直接的证据就是《文物》杂志刊载的有关这尊菩萨像的文章，以及《山东画报》在介绍博兴文物时使用该菩萨像作为主要背景照片的材料以及当时日本、美国等国的学者研究此尊菩萨像的资料。此外，还可以凭借/依据此菩萨像的具体特征与当时一起出土的文物做对比报告，以其独有特征证明该菩萨像为我国所有。然而，北朝菩萨像收藏者是事先

---

① 罗刚：《失窃菩萨造像回国记》，http://www.todayhistory.com/pub/980810-2.html，最后访问日期：2015 年 3 月 20 日。

向国际刑警组织查询各国被盗文物名单，以此确认北朝菩萨像的合法来源，由于我国被盗文物并没有及时向国际刑警组织报备，他国就无从知道所购文物是否为盗赃物，反而可能会赋予其合法性，这对我国追索被盗文物是很不利的。

在本案中还涉及善意取得问题。北朝菩萨像收藏者是在事先确认北朝菩萨像的来源合法后才在正式的古董店里通过合法渠道花巨资购买的，是合法收购。博物馆也是在不知该文物为中国被盗文物的情况下收购了这件文物。依据《日本民法典》，博物馆应是善意购买人，在购买文物时尽到了合理的审慎义务，我们不能要求日本对其他国家所有的被盗文物知情，按照日本国内法，日本方面才是文物的所有权人，因此日本没有义务归还中国被盗文物。

按照1970年《禁止非法出口转让公约》和1995年《罗马公约》，博物馆也应当被认定为善意的持有者，但是公约规定了被盗文物返还原则，如果按照公约规定，日本应当返还文物，博物馆可能会获得合理补偿。然而当时日本尚未加入1970年《禁止非法出口转让公约》，① 也没有加入1995年《罗马公约》，根据国际规则，国际公约没有域外效力，未加入国际公约的国家不受公约的拘束。因此，日本并不是公约的成员国，不受公约的约束。之后即使日本加入了1970年《禁止非法出口转让公约》，但是根据公约规定的不溯及既往原则，公约仍然不能够对其适用。

最终博物馆同意无偿返还，一方面应当看到国际公约所提倡的道德准则的影响。对于一个新兴的博物馆，收藏被盗文物不符合国际博物馆的职业道德，尤其是对于重视名誉的博物馆，这种行为是不被允许的。另一方面，还应当给我们以启发和教训，重视国家之间签署的双边协议以加强国际合作，促进被盗文物的归还。不可忽略的是，我国应当认识到自身在文物保护方面的缺陷：一是我国对于文物保护不够重视以及在管理和监督方面存在缺陷；二是在文物被盗后，没有及时向联合国教科文组织报告，使得我国在追索文物时处于被动地位。

---

① 日本于2002年加入1970年《禁止非法出口转让公约》。

　　案例二：向荷兰追索肉身佛像案

　　1995 年农历十月二十四日清早，福建省大田县阳春村村民发现村内"普照堂"供奉的"章公祖师"佛像被盗，经过多番寻找，一直没有消息。直到 2015 年匈牙利一家博物馆展出一尊千年佛像，肉身坐佛的持有人是荷兰收藏家奥斯卡·范奥维利姆，他在对肉身坐佛进行修复时采用了 CT 扫描技术，进而发现了肉身坐佛里藏有的干尸。福建省文物部门研究发现，匈牙利的这家博物馆展出的文物很有可能就是福建省大田县吴山乡阳春村 20 年前被盗走的章公祖师像。1996 年，奥斯卡·范奥维利姆从阿姆斯特丹的一位收藏家那里买到了这尊佛像，据他透露这位收藏家是在香港购得的。① 目前我国文物局表示已经通过合适的渠道与文物收藏者取得了联系，同时也与当地政府和公安部门合作，收集整理相关的证据资料，并且已与荷兰驻华使馆协商，希望通过两国政府按照相关国际公约的规定加强合作，最终促使肉身坐佛像顺利返还。②

　　本案涉及的首要问题就是证据问题。为证明肉身佛像为我国的被盗文物，文物部门主要从以下几个方面核对佛像的身份。其一是拍摄于 1989 年的佛像照片，与匈牙利展出的佛像照片在尺寸和神态上极为相像；其二是遗存实物对比，阳春村的"显化六全章公祖师"的条幅与匈牙利展出佛像的坐垫上的"章公六全祖师"相一致；其三是史料记载，在阳春村族谱上也有对"章公祖师"的相关记载，与荷兰科学家研究发现的这尊佛像生成于公元 11 世纪到 12 世纪的结果相符；其四是时间切合，阳春村的章公祖师像是在 1995 年年底失窃的，警方有报案记录。而展出的佛像最近一次易主是在 1996 年，时间上没有冲突。另外，在匈牙利展出佛像的左手虎口位置有一个不规则圆点，这和此前阳春村村民曾对佛像左手虎口进行过修补的说法相一致。这些对比材料为证明肉身佛像为我国的文物提供了证据。

　　然而"肉身坐佛"被盗仅有我国国内的证实还不行，还需要得到对方国

---

① 柳丝：《应早日让章公祖师回家》，《新华日报》2015 年 3 月 24 日，第 3 版。
② 霍政欣：《追索海外流失文物的法律问题》，中国政法大学出版社，2013，第 265~268 页。

家的认可,这就需要通过司法协助去还原整个案件的证据链,包括盗窃、贩运、交易等阶段。毕竟在域外调查方面,我国政府的权力受限,请求司法协助本身就是一种司法常态,而对我国来讲,也更有利于司法的程序公正,节约人力、物力成本。

其次,本案还涉及了善意取得的问题。奥斯卡·范奥维利姆提出的归还条件之一是其站在善意持有人的立场得到一笔合理补偿。在诉讼中,善意取得制度采取责任倒置原则,也就是说,文物持有人如果主张自己是"善意"取得人,就必须提供其"善意"的证据,例如应证明该文物是在正规市场支付合理对价获得的、在购买前已向相关机构查询文物的来源并确信其不属于被盗文物等。若奥斯卡·范奥维利姆并没有提供充足证据证明其在购买文物前尽到合理审慎义务、支付了合理对价,在本案中他便不能称为善意取得人,况且专业的文物收藏者应当遵守更严格的规定,因此文物就应该归还我国。若奥斯卡·范奥维利姆证明了其为善意持有人,那么根据其请求,可以得到我国支付的合理补偿,但对合理补偿的内容应进行严格审查和计算。

1970年《禁止非法出口转让公约》和1995年《罗马公约》是追索被盗文物的主要国际依据,但是在本案适用的余地却大打折扣,关键在于公约没有域外效力。首先在范围上,1970年《禁止非法出口转让公约》主要针对的是馆藏文物,而此次从福建流出的"肉身坐佛"并没有被博物馆收藏。在程序上,荷兰虽然在1996年就签署了1995年《罗马公约》,但是至今荷兰的议会都没有批准,因此就目前来说该公约对荷兰仍然不具有法律约束力。

依据荷兰法的规定,被盗物品的追溯时效为自被盗取之日起20年内,如果经过20年后被盗物品仍未被追索,则追索被盗物品的诉讼时效已过。从肉身坐佛被盗之日起算,距离我国向荷兰提起诉讼接近20年,并未超过诉讼时效。因此,比较幸运的是我国仍可在诉讼时效之内追索被盗的肉身坐佛。

案例三:从丹麦追回夏商文物案

2006年2月,丹麦警方查扣了一批可疑的中国文物,当事人因涉嫌违反丹麦刑法上的非法持有被盗物品罪被起诉。随后丹麦警方及时向中国驻丹麦使馆通报了有关情况,并请求协助查明这批文物是否为中国的被盗文物，以及被盗的时间、地点等情况，以便对持有者审判定罪。后由于证据不足，未达到刑事起诉的标准，案件被转移到民事法庭。我国国家文物局通过研究丹麦警方提供的资料，确定这批文物是我国出土的夏商文物，于是通过我国驻丹麦使馆与丹麦方协商，要求丹麦以1970年《禁止非法出口转让公约》为依据，① 返还这批中国文物。

2007年8月，中国政府听从丹麦警方的建议，委托代理律师向丹麦哥本哈根地方法院提出要求将这批文物返还给我国。为了收集更有力的证据，中方律师向法院请求推迟审理时间，获得了批准，法院同意将原定的审理时间推迟到2008年3月3日至5日，并依据丹麦民事诉讼法，要求诉讼双方律师在2007年11月8日前提交证据。国家文物局紧急组织人员远赴丹麦对警方查扣的文物进行了现场鉴定评估，联合我国公安部很快查明了被盗文物的具体来源，并及时地向法院提供了相关的材料和追索的主要法律依据。最终，在案件的审理过程中，我国提供了丰富有力的证据，赢得了诉讼的胜利。2008年2月28日，根据丹麦地方法院的裁判，丹麦方将这批156件夏商文物全部返还给我国，截至4月10日，这批夏商文物终于全部抵达北京。②

在本案中，夏商文物能够成功回归，最主要的法律依据就是1970年《禁止非法出口转让公约》。由于中国和丹麦都是1970年《禁止非法出口转让公约》的成员国，公约对成员国有约束力，因此两国可以适用公约有关被盗文物的相关规定解决纠纷。根据1970年《禁止非法出口转让公约》，只要中国能提供足够的证据证明该文物原属于中国，是之后从中国被盗取的，按照被盗文物返还的原则，该夏商文物就应当返还给中国。

因而，证据在本案诉讼中起着至关重要的作用。在本案中，工作小组通过对文物外观的分析，发现文物上有"寄寄老人"的字样，③ 大致确定了文

---

① 丹麦于2003年3月26日批准加入1970年《禁止非法出口转让公约》，与中国都是1970年《禁止非法出口转让公约》的成员国。
② 穆美琳：《195件文物海外回归记》，http://china.com.cn.html，最后访问日期：2016年11月19日。
③ 周继坚：《夏商国宝流失丹麦国家文物局历时两年成功索回》，《法制晚报》2008年4月10日，第5版。

物的来源。接着国家文物局会同公安部门赶赴山西、陕西核查 2000 年以来古代墓葬或博物馆藏品的被盗案件，并对考古研究和博物馆等机构收藏的同类文物进行了仔细的观察对比，从中发现西安博物馆的 4 件陶器也印有"寄寄老人"的陶文，与丹麦查获的文物一致。同时，经查证文献资料，此陶文为我国元代陕西的一名制陶大师的字号。陶器与文献资料相互印证，证明了丹麦查获的文物为中国出土文物，也使得文物的历史、艺术、美学价值被予以确认。上述证据与案件其他书面证据相印证，构成了完整的证据链，最终使得中国在诉讼中胜诉。不同于一般的民事案件，跨国追索文物相关证据的收集需要更多的人力、物力，本案中发现了特征较为明显的陶文字迹，从而使得确认文物来源的难度大大降低，然而还有很多文物的特征并不是那么鲜明，甚至在我国国内可以搜集到的信息都少之又少。

客观上说，从丹麦追回夏商文物一方面应归功于我国政府对追索文物做出的努力，另一方面也应看到收集证据的偶然性和巧合性。我们应当反思如何加强证据的收集工作，首先应当考虑的是建立相对完备的文物登记制度和备案制度，使得我国在国内追索文物有据可查，也避免了因浪费大量的时间而超过诉讼时效的风险。其次，有关政府部门在文物被盗后也应当向国际刑警组织报告，使得我国在追索文物时可以得到有力的证据。

案例四：从美国成功追回王处直墓被盗武士浮雕案

1994 年，王处直墓被一伙盗墓人用炸药和挖竖井的方法盗开，墓中的随葬品也被洗劫一空，镶嵌在甬道和前室四壁的十块浮雕也全部被盗走，后被贩运到了我国香港。之后的六年时间，这批文物在多地进行流转，但都很隐蔽。直到 2000 年，一块武士浮雕出现在了纽约的中国文物拍卖会上，我国才获知消息。河北省文物局立即组织召开专家讨论会，通过仔细研究拍卖图录，并与 1998 年由国家文物出版社和河北省文物研究所编写的关于王处直墓的发掘报告，及大量与文物有关的图片和 1994 年王处直墓被盗掘现场的勘查记录进行比对，经研究发现，此文物与墓内的其他浮雕在材质上相同，在尺寸上也与被盗后遗留的痕迹相吻合，在技艺水平上浮雕的雕刻手法与墓内其他浮雕的雕刻手法一致，在风格上所使用的颜料与整个墓葬其他浮雕相符合，因此最终确定这件浮雕就是王处直墓甬道处被盗走的两块浮雕的其中之一。

国家文物局与公安部联合，立即与美国有关方面取得联系，希望能阻止拍卖活动的进行，并将文物返还给中国。美国政府同意协助，但提出需要中方提供相应的法律文件和充足的证据证明这件拍品是被盗的文物，例如被盗现场的勘察报告、有关图像、警方当时的立案报告等。2000年3月21日，在收到中国方面提供的证据后，纽约州南区美国地方法院通知拍卖行立即停止对该武士浮雕的拍卖，同时下达了民事没收令，授权美海关总署纽约中心局没收该武士浮雕像。一周后，美国海关官员查扣了这件中国文物。但是，对于这件文物的来源，拍品委托人辩称该文物是其家传文物且其家族已经拥有这件文物超过十年。对此，河北省出示了包括浮雕与被盗现场遗留痕迹尺寸相同、文物被盗时间、地点等翔实、确凿的证据，并出具了考古专家的证明。另外，根据美国《文化财产公约实施法》，被盗文物符合该法的调整范围。美国司法部门决定依法起诉该被盗文物的卖方，中国国家文物局代表中国政府参加诉讼。面对大量证据，美国司法部门最终签发命令，没收被扣押的武士浮雕像，将武士浮雕像无偿归还中国政府。最终，美国方面于2001年5月26日将该王处直墓的武士浮雕像归还给我国。①

在本案中，王处直墓被盗武士浮雕最终返还中国的一个重大的原因就是我国政府对于相关证据的收集比较充分。在破案过程中，我国文物部门组织考古、文物鉴定专家确认地点，进行现场勘察，查阅文献资料，考证墓主身份，研究、鉴定被盗文物，同时对被盗墓葬进行考古发掘，抢救、保护劫后余存的文物，为日后的追索提供了确凿的证据。

其次，对于跨国文物的追索，国家间的司法协助也极其重要。国内机构对于在国外的文物往往鞭长莫及，如果不是美国方面对文物拍卖的查扣、没收等，那么这些文物很可能会继续流转，造成其后文物追索难度增加，甚至可能涉及更复杂的问题，比如法院可能会根据准据法的指引最终使得文物归

① 文松辉：《河北省曲阳被盗王处直墓浮雕归国》，http://culture.people.com.cn/GB/87432/8880479.html，最后访问日期：2016年11月25日。

善意取得人所有。对善意取得人来说，文物在善意取得人手中，其物权的保障更是增加了判决书这一有力的证据。而对于我国来说，面临外国法的承认与执行这一难题，成功追回文物的可能性大大减小。因此，国家间的司法协助对于追索文物较为有利，尤其是在国家与私人的对抗中，司法协助正是我国遏制被盗文物的追索情况进一步恶化的有力途径。

二　国际公约框架下我国被盗文物追索的法律障碍

（一）效力问题

关于效力问题，下文主要从国际公约的时间范围即溯及力和公约的空间范围即约束力两方面进行阐述。

1. 公约的溯及力问题

关于公约的溯及力，是指公约对其生效以前的事件和行为是否具有约束力。根据1969年《维也纳条约法公约》规定，除非条约表示不同意思或者另经确定，一般情况下条约没有溯及力。因此，一般来说，在公约对一个国家生效以前，公约对这个国家的事件和行为不具有约束力。该公约对于溯及力的规定已为国际社会普遍认可。

1970年《禁止非法出口转让公约》对溯及力没有具体明确的规定。按照上述国际公约的规定，1970年《禁止非法出口转让公约》仅适用于公约生效之后被盗文物和非法出口文物的返还，对公约生效之前的被盗文物和非法出口的文物不具有溯及力。这是文物来源国为了避免文物市场国抵制公约而做出的妥协与让步，也使得公约的适用范围与实际效力大为削弱。

1995年《罗马公约》在第四章第10条中明确了"公约不溯及既往"的法律原则。公约规定，对于返还被盗文物的请求，公约只能适用于文物原属国加入公约且公约对原属国生效之后文物从该国被盗出的情况，或者适用于被盗文物的所在国已加入公约且公约对该国生效的情况；对于返还非法出口文物的请求，公约只能适用于公约对文物原属国和文物所在国都已生效之后的被盗文物或非法出口的文物。1995年《罗马公约》对我国发生效力是在1998年7月1日。因此，对于我国而言，大量公约生效前的被盗文物不能依据该公约要求文物所在国予以返还，可以看出这种溯及力规定显然对我国这样的文物流出国十分不利。尽管公约有关溯及力的条款并不是公约生效前的文物盗掘和贩运合法化的依据，也不阻碍各国对公约生效之前的非法流失文物进行追索的权利，但是这也明确排除了在公约生效前对被盗文物依据公约追索的途径。

由于关于追索被盗文物的主要国际公约均不溯及既往，文物来源国不能利用相关的国际公约追索在公约生效前被盗的文物。尽管我国在签署公约时声明保留对历史上被非法盗取、劫掠文物进行追索的权利，但是很显然公约并不能为此提供追索依据。

在上述案例一中，我国向日本追索被盗的北朝菩萨像时，日本并不是1970年《禁止非法出口转让公约》的成员国，不受公约的约束，因此案件不能适用1970年《禁止非法出口转让公约》。之后，日本加入了1970年《禁止非法出口转让公约》，和我国一样，都是1970年《禁止非法出口转让公约》的成员国。但是由于公约的溯及力问题，中日两国之间在此案中仍不能适用1970年《禁止非法出口转让公约》。

2. 约束力问题

国际公约的约束力，是指公约对国家或地区产生拘束力的范围。公约基于缔约国的自愿而缔结，公约适用的空间范围可以依据各缔约国的协议以及有关当事国的意思而决定。对于公约的成员国，如果没有相反意思表示，公约对其产生约束力，对于公约的非成员国，它们不受公约的限制。

虽然1970年《禁止非法出口转让公约》和1995年《罗马公约》都没有明确规定公约的约束力问题，但是根据《维也纳条约法公约》，"条约不约束第三国"的基本原则已被国际社会普遍认可，该条约如果未经第三个国家的同意，就只在成员国之间产生权利和义务关系，即条约只能约束其成员国。也就是说，对于未加入1970年《禁止非法出口转让公约》和1995年《罗马公约》的国家，非经该国家同意，公约的规定不能对其发生效力。

就目前加入公约的国家的情况来看，从缔约国的构成可以看出文物来源国和文物市场国的比例严重失调，加入公约的文物来源国远远多于文物市场国。公约作用的发挥和效果的实现，很大程度上取决于文物市场国能否进行积极的合作。由于涉及公约与国内法的冲突问题，缔约国能否正确处理公约与国内法的关系是公约能否适用的重要因素。尤其是对于1995年《罗马公约》而言问题更为突出，因为大多数的文物都是从文物来源国被盗掘贩卖至文物市场国，文物的追索也主要针对文物市场国，对于未加入公约的文物市场国，文物来源国不能依据公约向其提出返还要求。加入的文物市场国数量过少使得公约在法律适用上大打折扣，目前几乎没有依据 1995 年《罗马公约》追索文物的案例。

上述案例一和案例二中，由于日本在面对我国追索文物的请求时尚未加入 1970 年《禁止非法出口转让公约》，荷兰至今也没有加入 1995 年《罗马公约》，根据国际公约关于约束力的规定，我国从日本追索被盗北朝菩萨像案和从荷兰追索肉身佛像案不能适用公约。但是，如果在双方国家就公约适用问题达成共识，对公约进行扩张性适用也是符合公约精神的。在案例三中，由于我国和丹麦都是 1970 年《禁止非法出口转让公约》的成员国，因此我国从丹麦追索夏商文物可适用公约关于被盗文物追索的规定。

（二）善意取得问题

关于善意取得问题，下文将从三部分展开论述。第一部分主要阐述善意取得制度下文物所有权的归属，第二部分主要阐述对善意取得人的"善意"的衡量标准，第三部分主要阐述对善意取得人的补偿标准。

1. 善意取得制度的所有权归属

善意取得制度，是起源于日耳曼法的一项重要法律制度，其设立的宗旨是通过牺牲原所有人的静态权利，保护善意受让人在交易过程中产生的信赖利益。但是对于被盗文物的善意取得制度，英美法系国家和大陆法系国家的规定有极大差异。英美法系认为，非财产所有权人无权对被盗财产的所有权进行处分，只有合法所有权人的买卖行为才能导致所有权的变动。而大陆法系认为由于文物一旦进入一国市场，就可能通过买卖、赠予等方式流通并为不知情的善意购买人所得，而善意购买人的购买行为是合法的。因此，即使文物是被盗的，只要符合善意取得人的条件，法律通常会倾向于保护善意取得人。

1970 年《禁止非法出口转让公约》仅对文物的所有权归属做出了详细的规定，公约肯定了文物来源国可采取适当措施收回被盗文物。1995 年《罗马公约》在 1970 年《禁止非法出口转让公约》的基础上对所有权问题做出了更加具体和严格的规定，该公约将合法发掘又被非法占有的文物也定义为被盗文物。依该公约精神，被盗文物均应返还，只要涉及被盗文物，即便是善意取得者，也不能成为该文物的最终所有权人，这就否定了一些国家关于被盗文物也可能取得文物所有权的国内法规定。《博物馆职业道德规范》也规定了对于被盗的文物，应当返还给文物原属国。

在上述案例一和案例二中，都涉及了善意取得的所有权归属问题。如果依据公约，则被盗文物最终应归还我国。但是，按照案例二中文物所在国荷兰的国内法中关于占有的规定，如为善意取得，那么善意取得人经过三年即可取得动产所有权；只要持续、公开、非暴力、未被争议地占有他人财物，经过 30 年的时效期限，便可获得该物的所有权，而对购买者在购买时是否善意不予考虑。① 可见荷兰国内法对于所有权的归属问题与公约规定不一致，荷兰是允许被盗文物不返还原主国的。公约对善意取得制度的规定虽在一定程度上打击了盗窃文物的行为，但是可能会与各国国内法的善意取得制度存在冲突，使得依据公约规定追索文物存在障碍。

2. "善意"标准

善意取得人的"善意"，是指受让人在同让与人进行民事法律行为时，在主观上不知道具有影响该交易法律后果的因素存在。根据善意取得制度设立的目的，受让人的善意是必备要件。判断受让人在取得财物时是否善意，是是否可以适用善意取得制度的关键。

1970 年《禁止非法出口转让公约》没有规定"善意取得人"问题的具体处理规则，该公约对善意取得人的要求较低，不知情是其主要考量因素。然而主观方面的知情与否很难证明，因此在实践中本条规定的适用效果并不好。相比于 1970 年《禁止非法出口转让公约》，1995 年《罗马公约》更加注重依据客观状况判断行为人是否善意，公约第 4 条第 4 款列明了善意持有人的审慎义务，包括卖方机构是否正规、购买人是否对文物进行了查询、支付的价款是否合理等方面。② 2014 年《非法贩运预防与对策国际准则》对善意取得人的排除有更加具体的规定，只要该文物已经被登记在国家的文物清册中，

① 裴小星：《跨国追索肉身坐佛至少要过三道关》，《法治周刊》2015 年第 4 期。
② 孙南申、张程毅：《文化财产的跨国流转与返还的法律问题与对策》，《国际商务研究》2012 年第 1 期。

就不适用善意取得制度。《博物馆职业道德规范》要求博物馆在获得文物时应审查文物的来源是否合法，并做出公开说明；《文化财产交易商国际道德准则》提出文物交易商必须尽力调查文物原始出处。

在案例一中，日本博物馆在购买被盗文物时，曾向国际刑警组织查询各国被盗文物的名单，目的是确认北朝菩萨像的合法来源。首先，我们不能严苛地要求日本对我国发生的被盗文物事件有所了解，因为我国国内的监管和备案制度不健全是日本不能查询到所购买的北朝菩萨像是被盗赃物的主要原因，因此可以认定日本博物馆在购买北朝菩萨像时不知此文物是被盗的中国文物且已经尽到了合理的审慎义务。其次，博物馆是通过合法渠道支付合理对价购买的，可认定为合法收购。因此，博物馆应当是善意取得人，应适用于善意取得制度。在案例二中，当事人奥斯卡·范奥维利姆提出自己应是善意持有人，无论是1995年《罗马公约》还是最新修正的荷兰民法典，[①] 都规定对善意持有人实行举证责任倒置规则，也就是说当事人奥斯卡·范奥维利姆应提供证据证明其在购买肉身坐佛时尽到了审慎义务以确认文物的来源是合法的，经过正规的交易市场且以公平合理的对价购得，否则将承担不利后果。

3. 善意取得的补偿要求

善意取得的补偿，是指在善意取得制度下文物原有人取得文物的所有权后给予善意受让人受到损失的经济补偿。在被盗文物的跨境流转中，文物的价值往往不菲，善意受让人在与转让人交易时付出了较多的经济代价，如果强制收回而不考虑受让人的损失，势必会使得受让人不情愿交付文物而加大文物返还的难度。确立补偿制度可以弥补善意受让人经济损失，使得受让人不至于损失太多，有利于文物的追索归还。

1970年《禁止非法出口转让公约》第7条是对善意取得制度的规定，基于公平原则，文物原主国应向不知情的买主给予公平的补偿。作为对1970年《禁止非法出口转让公约》的补充，1995年《罗马公约》对文物的非法流转以及原权利人和善意购买人利益的冲突与平衡问题加以考虑。若购买人不知

---

① 荷兰民法典第86条对文化财产进行了特别规定，要求作为文物商的购买人必须尽到尽职调查义务，否则不能称自己为善意购买人。

道也应当不知道该文物是被盗的，并且能提供证据证明自己在获取该文物时是审慎的，那么其在返还文物时应当获得公正合理的补偿。因此，善意购买人在获得文物时必须尽到审慎义务，审查文物的来源是否合法，否则就不能视为善意购买人，也就要无偿归还被盗文物。

然而 1995 年《罗马公约》对于善意取得人补偿的规定不够明确，增加了文物回归的难度。公约对补偿的规定是"合理公正的补偿"，很显然这一规定过于原则性，在实践操作中，由于文物的价值往往不菲，且经过长时间的收藏，文物的价值一般会有所攀升，因此很难估计到底多少才是合理公正的补偿，即没有确定的具体的衡量标准。这样一来，有一些善意取得人就会借此机会抬升文物的价值，如果我国照价赔偿，必然会损害请求国的利益。

在案例二中，当事人奥斯卡·范奥维利姆提出的归还条件之一是其站在善意持有人的立场得到一笔合理补偿。对于补偿，两个公约都规定了善意购买人应当获得公平的补偿，因此，如果奥斯卡·范奥维利姆是善意持有人的话，他应当是可以获得补偿的。但是对于善意购买人进行补偿的标准，还没有细化的规定。

（三）时效问题

时效制度是指在一定的法定期限内，行为人应及时行使自己的诉权，否则时效期间已过后胜诉权丧失。时效制度的目的是使被告从不定期的纠纷中解脱出来，减少其潜在责任，并督促原告及时行使自己的权利，尽快解决纠纷。时效制度试图保护可能基于对法律的信任，及对卖方营造的看似正当的交易的信赖而获得文物的善意的当事人，并要求原权利人必须在法定期限内追索文物。

1970 年《禁止非法出口转让公约》并没有关于时效的规定。1995 年《罗马公约》第 3 条第 3 款和第 4 款是对被盗文物时效期限的规定。① 对于一般的

---

① 第 3 条第 3、4 款规定："任何关于返还被盗文物的请求，应自请求者知道该文物的所在地及该文物占有人的身份之时起，在三年期限内提出；并在任何情况下自被盗时起五十年以内提出。但是，关于返还某一特定纪念地或者考古遗址组成部分的文物，或者属于公共收藏的文物的请求，则除请求者应自知道该文物的所在地及该文物的占有人身份之时起三年以内提出请求外，不受其他时效限制。"

被盗文物，公约规定请求者应当在知道文物所在地或占有人时起 3 年期限内提出，这一规定给予文物原所有人相对充足的准备时间来探知文物收藏地，准备提出追索的条件，收集证据等，符合公约的价值取向和目的。第 3 款还规定了请求应在任何情况下自被盗时起 50 年以内提出，也就是说被盗文物的最长追索时效应是被盗时起算的 50 年。事实上，规定 50 年的诉讼时效主要是为了平衡善意第三人的利益，避免原权利人无限期地搁置权利而使得善意第三人的物权处于不稳定状态，符合民事法律纠纷定分止争的要求。第 4 款是关于特定纪念地、考古遗址组成部分的文物以及属于公共收藏文物的规定，由于这些文物历史文化意义重大，是国家或民族情感的重要表达，公约只规定了 3 年的时效期限，没有提出其他时效限制。另外，公约第 5 款允许缔约国在签署公约时做出受 75 年的时效期限制约或者本国法律规定更长的时效期限，这一条款很好地平衡了文物来源国与文物市场国的利益。我国在签署公约时做出了声明。从国内法的立法来看，民事纠纷的诉讼时效有 1 年、2 年，最长为 20 年诉讼时效（法院在特殊情况下有权延长诉讼时效期限）。对于我国来说，做出保留声明的国际条约及协议应当优先于国内法而适用，因而，当法院认定文物所有权争议所依据的准据法指向我国法律时，对于争议的文物应适用 75 年的时效期限。那么对于超过 75 年时效的文物，在适用 1995 年《罗马公约》时就失去了胜诉的可能性。在《敦煌宣言》中，对时效的问题有所放宽，第 13 条规定，对于文物来源国有重要意义的文物，在其请求已经超过时效时，鼓励文物所在国对其返还请求予以受理。《敦煌宣言》考虑到实践中追索被盗文物所遇到的障碍，虽然是软法，但是仍然对法律的制定和修正有积极的引导作用。

在大多数国家，对于被盗文物的追索时效问题都没有专门的法律规定，因此，若准据法指向国内法时，很有可能会适用一般动产的时效，而这一时效一般只有 2 到 5 年。实践中，由于文物被盗的隐秘性，一般很难获得文物所在地的信息，而且文物又具有极其珍贵的价值，甚至有些文物对其保存方式的要求也比较特殊，文物占有人往往会对文物进行长期隐藏，适用一般动产的时效往往不能够在法定期限内找到文物，遑论为追索文物做一些必要的考虑和研究。因此，这种情况十分不利于对被盗文物的追索。

案例二中，我国被盗的肉身坐佛在 1995 年底就已丢失，但是 2015 年 4 月我国才开启追索程序，中间时隔将近 20 年，但是即使在不考虑诉讼时效中断的情况下也并没有超过荷兰国内法规定的 20 年诉讼时效。根据 1995 年《罗马公约》的规定，对于被盗文物的返还请求，请求者应当在知道该文物的所在地及该文物占有人的身份之时起，在 3 年期限内提出；而最长的时效期限不能超过 50 年。中国文物部门在知道被盗肉身坐佛之后，很快就向荷兰方面提起诉讼，并没有超过 3 年的期限，并且自被盗之日起算没有超过 50 年。因此，并未经过诉讼时效，如果依据公约，中国仍然有胜诉的希望。

（四）证据问题

证据，就是指在司法程序中出示并用来证明事实是否存在的依据。在追索被盗文物的案件中，其核心就是要证明文物来源国对本国文物拥有合法的所有权。然而要证明这一点并非易事。在追索被盗文物的案件中，由于文物的跨境流转，证据的收集空间跨度很大；再者，由于许多文物年代较为久远，找寻证据的难度非常大，为了组成完整的证据链，往往对证据的数量要求更高；文物的专业性较强，因此在追索文物的过程中需要专业知识丰富的专家参与其中，在技术上也需要可以熟练应用现代新型科技的人才进行鉴定、提取证物等。可见，收集证据是一个庞大的工程，其中所需要付出的人力物力成本也非常之高昂。

1970 年《禁止非法出口转让公约》规定追索被盗文物应提供证据证明原主国拥有所有权。公约要求缔约国制定保护文化财产的法律和规章，制定全国受保护财产的清册，制定并不断更新公共及私有文化财产清单，促进文物保护机构的建立。公约还对文物商做出了要求，要求他们对出境的文物做详细记录，以便查询文物来源。2014 年《非法贩运预防与对策国际准则》扩大了受保护文物的清单，规定如果文物没有被登记在国家清册中，但是国家通过一些行为向公众表明一些文物的所有权属于国家，那么可视为这些文物已经登记在国家清单上。《操作指南》鼓励各国考虑将科学研究与分析作为支持返还的证据。另外，根据 1954 年海牙公约《第二议定书》第 19 条的规定，缔约国应当在依据公约规定对犯罪行为提起的调查或其他程序中相互给予对方最大程度上的司法协助，包括程序中所必需的证据收集。《敦煌宣言》对于考古类文物作了规定，鉴于其较难录入国家清册，在取证方面也比较困难，鼓励各国重视针对考古类文物制作一些专业的分析报告和鉴定，并且可以将此类材料作为支持返还文物的依据。

在追索被盗文物的过程中，首要的工作就是以充足的证据证明该被盗文物是从我国被盗走的事实。只有证明其是我国的被盗文物，才有追索的可能。而文物来源国详细记载本国文物的文物清单，就是追索流失文物的重要证据。然而我国的文物清单较为简单，不管是在文物数量上还是记载内容上，都还未能达到作为直接证据的标准。另外，我国从向文物所在国提出追索文物起，往往需要在短时间内找到充足的证据来证明文物是从我国被盗走的，如果时间确实不够，还需要向文物所在国申请延长期限，在程序上较为复杂，这对于跨境追索来说更加困难。

在上述案例中，我国花费了大量的时间精力和人力物力成本，而且不可否认的是存在许多侥幸和巧合——被盗文物的发现都是文物所在国或者国外的华侨提供的线索，不是我国自发审查国内丢失文物的结果，可见我国对文物的管理存在疏漏。

我国为追索回被盗文物，在证据的收集上都作出了很大的努力，提供了较为充足的证据来证明我国对被盗文物的所有权。在案例一中，为了证明被盗的北朝菩萨像是我国失窃的文物，我国向日本提供了当时关于文物的研究材料及文物被盗窃时的简报表，还提供了北朝菩萨像与同时出土文物的对比分析，这才使得我国有充分的证据证明该文物为我国被盗文物。在案例二中，文物部门主要提供了文物被盗前的拍摄材料、与遗存实物对比分析以及相关史料记载来证明肉身坐佛为我国失窃的文物。案例三中则主要依靠文物的出土环境、文物本身存在的字样特点和史料记载来证明我国对于夏商文物的所有权。案例四中向司法部门提供的证据主要是痕迹对比材料和专家证明。

然而在上述四个案例中，我国追索的文物并没有被列入文物清单，有些甚至没有任何的官方记载，也没有在国际刑警组织备案。其实我国很早就已经认识到文物清单的重要性，并开始为制定文物清单付出了巨大努力，如2006年开始组建流失海外中国珍贵文物信息数据库，2011年圆满完成国有馆藏珍贵文物数据库管理系统建设。但是这些数据库的数据并不全面，如国有馆藏珍贵文物数据库涉及的主要是国有馆藏珍贵文物，对于散落在民间的文物以及被盗的田野文物无法进行有效登记。

三 我国追索被盗文物的法律途径

（一）加快完善我国国内相关法律

追索我国被盗文物，既要遵守国际法的相关规定，更要完善国内的相关法律制度。目前，关于追索被盗文物的许多法律规定都在公约或国际软法中得以体现，但在国内的法律体系中却没有相关规定。还有一些制度虽然在我国早已开始实施，但是在适用上仍有很多缺陷。国内法律制度的缺失和不健全可能会使得我国追索被盗文物的难度增加，在与文物所在国的博弈过程中处于不利地位，因此我国应对相关国内法予以制定和完善。

1. 确定适格诉讼主体

我国的国内立法应明确规范追索被盗文物的诉讼主体。根据 1970 年《禁止非法出口转让公约》的规定，缔约国可以根据本国的法律规定，受理由适格当事人提出的请求返还非法文物的诉讼。但是在主体上，公约并没有赋予个人诉权，公约规定的诉讼请求主体是原缔约国。

1995 年《罗马公约》第 3 条不仅将诉权赋予缔约国，还规定相关的组织、个人可以作为诉权主体来追索被盗文物。这一规定扩大了诉讼主体范围，使得以诉讼方式追索文物的途径更为广泛。但是我国在研读公约的同时，还应当仔细分析文物所在国国内法的规定，否则很有可能要承担败诉的后果。例如在 2009 年以刘洋为首的追索圆明园流失文物律师团在法国对鼠首和兽首的收藏者和佳士得拍卖行提起的诉讼中，就因为主体资格不适格最终被裁决驳回诉讼请求。① 法官认为原告与诉讼标的没有直接的关系，原因是他们认为刘洋等人并不是文物的原所有权人，只是希望借助民间力量以法律的途径追索回文物，而这一点并不足以给予他们适格当事人的身份。国家才是文物的原所有权人，如果能有一个法定的主体代表国家参加诉讼，这一案件或许不会这样惨淡收场。

---

① 萧凯：《追索海外流失文物法律分析——从圆明园兽首拍卖事件谈起》，《东方法学》2009 年第 2 期。

因此，确定适格的当事人十分重要，而法定的追索主体也会在司法途径中获得较多的便利，但是目前我国对于追索被盗文物的主体并没有明确规定。因此，为完善文物追索机制，我国应当通过法律规范的形式将诉讼主体确定下来以弥补国内立法的空白。

2. 建立适用于被盗文物的善意取得制度及补偿制度

我国应注意到被盗文物追索的特殊性，建立相应的善意取得制度及补偿制度。1970 年《禁止非法出口转让公约》和 1995 年《罗马公约》都有适用被盗文物的规定，然而我国国内法却没有专门对被盗文物适用善意取得制度的规定，因此在依据国际条约进行文物追索时，就会由于缺乏国内法的支持而陷于困境。

根据我国国内法，法律禁止流通的盗赃物不适用善意取得制度。也就是说，对于一般物来说，若适用善意取得制度，则该物的所有权应属于受让人。这些制度都针对国内，没有考虑涉外情况。而对于被盗文物，首先它的盗赃物的性质决定了其所有权的归属应是我国。因此在对被盗文物的跨境追索中适用善意取得制度，就是考虑到各国立法上的差异性。若因为文物是盗赃物就要返还，对于尽到审慎义务的善意受让人就会不公平，若不考虑文物的特殊性，则非法文物的流通将会更加频繁，文物被盗的现象也会屡禁不止，可以说是对文物非法盗掘、贩运的变相鼓励。因此，对于被盗文物适用特殊的善意取得制度，既能维护善意取得人的利益，即维护交易安全或获得补偿，也有利于促进被盗文物的归还。

对于善意的标准，我国法律应当突破公约的模糊规定，更加倾向于以客观行为作为判断善意的标准，使得善意取得制度的适用更加具有可操作性。这就要求我国在与公约保持一致的同时克服公约自身的局限性，使法律在适用上更加规范。

另外，我国尚未建立起善意补偿制度，此制度的建立是基于公平原则。在实践中，给予善意取得人合理的补偿可以弥补善意受让人的损失，增强其返还文物的意愿，更有利于提高我国追索回文物的概率。

3. 更新文物追索的时效制度

我国应尽快更新有关文物追索的时效制度，促进法律的一致性。1995 年《罗马公约》规定了时效，一般情况下是 3 年，特殊情况下是 50 年，而且还允许缔约国做出 75 年或者是更长时效期间限制的特别声明。我国在加入公约时对时效做出保留，对于我国被盗文物的追索，即我国受 75 年时效期限的限制，但是对适用更长期限时效的权利予以保留。其主要是为了保留对于超过 75 年时效的文物的追索权利，然而这一点在我国的国内法律规范中并没有明确体现。

国内法也并没有关于文物追索的特别规定，根据法律适用原则，在有关文物追索的纠纷中往往会采用一般规定，而这一时效要比公约规定的少得多，在援引我国国内法时可能会对我国产生不利的后果。

我国与国际规范不一致的一个重要的原因就是国内关于涉外文物追索的法律规范的缺失。我国有关文物保护的法律规范很早就有了，但是一直以来都更注重对国内文物的规制。我国跨境追索被盗文物的实践也有几十年了，然而法律制度仍然主要围绕着国内文物的保护。也就是说，我国关于被盗文物的规定要远远落后于实践。时效制度在司法实践中扮演着重要的角色，由于对被盗文物的追索往往需要较长的时间，很容易超出时效期限，失去胜诉权。因而一些当事人希望采用时效期限较短的时效制度来使请求人无法请求文物的所有权。

因此，我国应当与国际公约接轨，努力完善国内落后的法律规范，对公约中对我国有利的有关追索被盗文物的时效制度予以吸收转化，并结合我国在实践中遇到的法律障碍，完善追索被盗文物的法律体系，规定适宜我国文物追索实践的诉讼时效期间。

4. 完善文物的证据保留制度

我国应完善文物的证据保留制度。1970 年《禁止非法出口转让公约》规定了缔约国应当对国内重要文物进行登记、备案。《敦煌宣言》也鼓励各国建立相对应的被盗文物数据库对文物进行登记和备案，并与国际数据库相链接；另外要保证数据库的开放性，便于各国成员进行访问。

虽然我国已初步建立了文物登记归档制度，但是目前也只是针对博物馆内的国家直接掌握和保存的文物，并没有落实民间文物的登记制度。因此，我国民间文物才会流失较多而在短时间内无据可寻。日本的文化财产登录制度值得我国借鉴——对于那些未能获得国家或地方政府指定的文化财产，日本采取一种登录的方式予以保护。曾有学者认为，由于该制度的实施，在日本从未发生过国宝或重要文化财产被非法运出境外的案例。① 虽然这一说法可能过于绝对，但是足以表明这一登录制度的重要作用。因而我国应该在致力于完善公约的同时注重对流失民间的文物进行整理和登记，并收集和整理我国被盗文物的相关资料，充分记录被盗文物的特性和重要意义，在全国范围内进行细致的清理和登记，使得我国文物的追索更加便利。

实践中，我国向国际刑警组织提供的文物被盗信息很少，文物被盗后向国际刑警组织备案的也几乎没有。埃及等文物大国在这方面做得较好。2005年5月，埃及积极与国际刑警组织进行合作，从荷兰海牙的一位收藏家手中索回15年前被盗的古埃及第十八王朝著名法老阿蒙荷太普三世头像和其他54件文物。② 备案制度有利于遏制文物的非法流转，也使得收买者对于善意取得制度的利用率大大降低，同时能为我国收集证据提供强有力的支持。因此，我国应尽早完善备案制度，尽快建立与国际资料数据库相链接的文物资料数据库，在被盗文物案发生后，要及时在国际刑警组织、世界各大博物馆、研究所或历史、文化组织备案，③ 与国际社会数据库接轨。

5. 建立非法流转文物出境制度和禁入制度

此外，我国还应当建立非法流转文物出境制度和禁入制度。目前，虽然我国已经建立了一定的市场监管制度，但是对于限制非法文物的流转收效甚微。文物的出境管制制度是文物出口的最后一道关卡，一旦我国允许文物出境，该文物就会毫不避讳地进入国际文物市场中，进而开始流转。然而由于我国法律在对职能部门的职责划分上规定较为模糊，监管部门力量有限以及长时间对民间文物的不重视等，使得文物市场的监督缺位，由此导致的后果就是我国的文物或者经由我国流转的文物没有被限制流通。我国没有建立文物进口监管制度，使得非法文物在我国文物市场流通，同时也促使我国迈向文物市场国的行列。

《敦煌宣言》也对被盗窃文物的出境制度作了规定，要求国家应采取措施对本国内的被盗窃文物进行限制，防止其出境，同时，对于未获得批准的文

---

① 于冰：《国际文物交易与管理》，《美术研究》2009 年第 4 期。
② 马海兵：《尽全力追回被盗掠文物》，http://www.gmw.cn/01gmrb/2005-09/23/content_308766.html，最后访问日期：2015 年 9 月 23 日。
③ 王胜利、王文艳：《我国境外流失文物追索的法律分析》，《法治观点》2013 年第 9 期。

物也应禁止其入境。《敦煌宣言》还对未尽到防止非法文物出入境义务的个人规定了处罚。1970 年《禁止非法出口转让公约》也要求缔约国对于在公约对另一缔约国生效后的非法出境的文物采取适当措施阻止其进入。

随着经济的繁荣，国内文物流通市场快速发展，我国已经不只是单纯的文物来源国了，在文物市场上会出现越来越多的来自其他国家的文物。或许在不久以后，我国也会成为世界文物流转集中地。因此，我国应尽快建立非法流转文物出境制度和禁入制度，充分发挥职能部门的作用，加强对文物市场的监管，为我国和其他国家对本国被盗文物的追索提供便利，遏制文物的非法流转。

（二）积极运用国际法律手段进行追索

1. 诉讼途径

被盗文物的追索往往较为复杂，目前在国际社会中，诉讼是解决国家间文物争议的主要法律途径，主要分为民事诉讼和刑事诉讼。在民事诉讼中，文物原权利人通常会在被告所在地的法院提起诉讼，为了防止被告转移文物，原告可以向法院申请诉讼保全。另外，在英美等普通法国家，判例作为一种法律渊源，在司法实践中具有约束力。一旦文物以诉讼的方式追索成功，将会产生很好的判例作用，即胜诉的案例将会对今后在该国追索被盗文物提供直接的判例支持。[①] 但是民事诉讼的局限性在于，其只重视财产所有人的合法权益，而在刑事诉讼中，还会对被盗文物的性质进行认定，进而依据刑法的有关规定对行为人追究刑事责任。目前，在《敦煌宣言》中已经有追究责任人刑事责任的相关规定。随着各国对文物保护的重视和相关法律制度的完善，通过刑事诉讼手段追索文物也将和民事诉讼手段一样，成为重要的追索途径。因此，我国可以加大对刑事诉讼途径的利用力度，一方面可以有效追索回被盗文物，另一方面还可以打击对文物的盗窃和非法贩运行为。

要追索被盗文物，当事人可以向两类法院提起诉讼。一类是国际法院，另一类是准据法指向的法院，一般是被告所在地法院。国际法院是联合国的主要司法机关，其职能是对各国提交的争议案件进行裁决。但是与一般的法

---

① 霍政欣：《"追索非法流失文物政策及措施研究专项"预研究》，《科研前沿》2016 年第 1 期。

院不同，国际法院只受理民事案件，在诉讼主体上，只受理国家之间的诉讼纠纷，对于个人或者组织提出的诉讼都不受理。在案件管辖上，只受理双方国家自愿提交的案件、争端发生前已经协定由其管辖以及国家自愿发表声明接受任意强制管辖的案件。正是由于这样的规则，而国家又很少与另一个国家因为文物纠纷发生诉讼，因此，实践中通过向国际法院起诉来追索被盗文物的国家并不多。国际法院对案件的裁决主要以国际法为依据，考虑到目前公约对被盗文物的规定，对于我国来说，国际法的适用对我国追索被盗文物比较有利，那么我国可以尝试通过国际法院来追索被盗文物。另外，国际法院的人员构成的设置较为严谨，相比于一国内的法院，国际法院最终的裁决可能会更加公平，在案件的执行上也会更加有效率。可见，向国际法院起诉追索被盗文物不失为一种可以多加尝试的途径。

另一类是向国外的法院起诉，这种方式较为常见，也是实践中运用最广的。在诉讼过程中，诉讼的主体可以是个人、组织或国家等，没有必须经过被告同意才能适用。但是其局限性在于基于"外国公法不予承认与执行"的传统规则，在无条约义务的情况下，原权利人国内的法律很难得到诉讼地法院的承认。另外，原权利人对诉讼地法院的诉讼程序和法律适用并不熟悉，可能会在诉讼中处于被动，对于其是很不利的。因此，我国应当注重研究主要文物市场国的法律制度和判例，加强国内立法的完善，促进我国立法在域外的适用，为我国被盗文物顺利返还提供有利条件。

2. 国际仲裁

仲裁在国际社会纠纷解决中是一种常见的纠纷解决方式。依据 1995 年《罗马公约》第 8 条第 2 款，当事人可以约定将争议提交仲裁。《敦煌宣言》对政府间促进文物返还委员会（ICPRCP）制定的《调解与仲裁程序规则》予以了肯定，《调解与仲裁程序规则》已在国际上产生了较大的影响，也许在不久之后，通过仲裁程序来追索文物将会成为常态。

在对非法流失文物的追索中，由于文物原属国和市场国在仲裁中拥有平等的地位，相比于双边谈判，就不会产生因为双方综合国力的差异而导致谈判地位不平等的结果。同时，仲裁能充分保障争议解决的保密性，根据仲裁规则，仲裁程序的进程不许公开，仲裁程序所涉主体不得公开仲裁过程中的案件信息，仲裁的结果一般也不会公开。由于追索文物引发的国际争议有其特殊性，大多都与历史问题相关联，在解决争议的过程中，可能会涉及对文物所承载的历史进行定性，因而会涉及一些秘密的提交，而仲裁就满足了文物追索中的这种特殊保密需求。

但是我国在选择追索被盗文物的途径时并不青睐于仲裁，以仲裁途径追索被盗文物的实践不多。目前国际仲裁法院并没有专门的解决文物争议的仲裁庭，也没有专门的文物专家仲裁员。文物争议的专业性较强，对于大部分国家来说，文物并不单纯具有经济上的意义，更重要的在于它的文化意义是与一个国家和民族的情感相联系的，因此所需要的仲裁员也应当是有资深的文化修养的文物法律专家，这才能使仲裁结果更有可接受性。另外，文物所有权的争议实质上涉及的是一种国家文化和民族身份象征的公共权力之间的利益纠葛，第三方很难选定，即使做出裁决，也可能难以执行。因此，我国可以致力于引导专门的文物争议仲裁庭的建立，拟定专门的文物专家仲裁员名单，使得仲裁更加专业化、合理化。

虽然许多发展中国家都想要追索回被盗文物，但是往往由于人力物力成本过高而搁置。我国为追索回被盗文物也付出了巨大的经济成本。其实早在1995 年，海牙国际仲裁院就设立了援助基金项目，目的在于帮助承担发展中国家在该院解决争端时所需的部分费用。[①] 只要对方当事国是缔约国，我国与对方当事国签订了既定协议，即承诺将现有的或将来的争议提交海牙国际仲裁院解决，包括提请该院仲裁、调解或调查，就可以申请该基金。因此，作为发展中国家，应充分利用这一优势，降低追索被盗文物的成本。

3. 用好国际政治手段

首先是第三方斡旋。第三方斡旋，就是指由权威的第三方机构或个人为争端当事国提供有利于他们解决纠纷的便利条件，提出自己的建议或转达各方的意见。该机制不具有强制性，以有关各方的自愿为前提，以程序灵活为特点。联合国教科文组织在这个方面扮演了很重要的角色。联合国教科文组织中的"关于促进文物返还及归还原属国的政府间委员会"为文物争端的当事方提供了一个双边或多边协商平台，主要是协助当事双方在没有可以适用

---

① 白红平、李源：《非法流失文物追索中的法律冲突及中国的选择》，《山西大学学报（哲学社会科学版）》2012 年第 9 期。

的国际条约的情况下解决相关文物的权属纠纷问题。该组织自 1978 年成立以来，积极寻求适合当事国解决纠纷的可行途径，努力推动文物争端的解决，促进各国在信息交换、文物保护等领域开展更加深入的合作，为非法文物的早日回归提供了便利。

根据 1970 年《禁止非法出口转让公约》第 17 条规定，成员国之间在文物的追索与归还方面发生纠纷，可以向联合国教科文组织请求斡旋，也可以向其他国家或机构请求斡旋，在遇到技术上的困难时，可以向联合国教科文组织请求技术上的援助。[①] 在上述案例中，肉身坐佛案就可以考虑通过第三方斡旋的方式来解决。

事实上，目前国际上已有很多通过第三方斡旋的方式追索回非法流失文物的先例。[②] 然而我国目前仍没有采取斡旋方式来追索文物的案例，不得不说存在一些遗憾。例如在 2009 年中国国宝圆明园鼠首兔首铜像将在法国拍卖事件中，联合国教科文组织就曾明确表示，鼓励通过相关机构的斡旋来使文物复权，但是中国并没有向该组织提出任何相关请求。[③]

另外，无论是 1970 年《禁止非法出口转让公约》还是 1995 年《罗马公约》，对文物的保护范围都有所限定。而我国很多民间的被盗文物并不属于公约的保护范围，对于这些文物，采取诉讼等传统的追索方式会遇到诸多障碍，此时就适合采用第三方斡旋的方式解决纠纷。因此，追索被盗文物的途径应该是多样的，在完善法律制度的同时，也应当积极借鉴其他国家的成功案例，勇于探索更加适合的途径。

其次是双方协商。双方协商是指当事双方直接交涉，解决冲突的行为。这一追索途径没有严格的法定程序和其他限制，不限于国内法以及国际公约的规定，基于双方解决纠纷的需要，可以自由平等地协商，进行多次谈判，在双方互相让步和妥协下达到其想要的目的。这一方式较为灵活，在谈判主体上，可以是国家与国家之间、机构与机构之间，也可以在私人主体之间进

① 霍政欣：《1970 年 UNESCO 公约研究：文本、实施与改革》，中国政法大学出版社，2015，第 61 页。

② 崔健：《中国是大国，追索文物不应操之过急》，《南方日报》2013 年 4 月 27 日，第 3 版。

③ 曹帅：《联合国教科文支持圆明园兽首回归：斡旋解决》，《甘州在线》2009 年 2 月 23 日，第 6 版。

行。在双方之间直接谈判更具有针对性，双方往往会顾及历史、考虑现实情况，企图达到双赢的结果。谈判本身作为利益博弈的产物，更容易为双方接受，在执行上也就较为顺利。

但是也应当看到，外交关系具有复杂性，双方谈判有很多不稳定的因素，依靠双方谈判追索被盗文物，不仅仅是法律问题，还会涉及政治、经济、军事等因素。谈判能否达成，还需要依赖雄厚的国家实力和高超的谈判技巧。双方谈判往往是利益的博弈，与诉讼等途径不同，请求国更多情况下在获得被盗文物的同时也做出了较大的让步。近年来，我国成功追索回多件宝贵文物，在上述案例一中就是通过双方谈判的方式解决的。

但是在实践中，两个国家之间的外交关系往往影响着谈判的成败，很大程度上谈判的达成依赖于对方的配合。如果双方的外交关系处于低谷，可以选择其他途径追索文物，双方谈判往往不会被作为优先选择途径。

我国应该努力提升自身实力和影响力，为外交谈判增加筹码。在寻求以外交途径解决纠纷时，要善于抓住机遇。针对具体案件，应当仔细研究，借鉴国际上的成功案例，以平等、务实的态度积极参与到谈判中，促进被盗文物的返还。

（三）加强国际双边合作

加强国际合作实际上包括两个部分，一是积极签署双边互还协议，二是加强国家间的司法协助。因加强国家间的司法合作问题已在上一章作了详细的阐述，故在这里不再赘述。

根据 1970 年《禁止非法出口转让公约》第 15 条的规定，公约的实施不影响已存在的相关国际条约，既包括双边条约，也包括多边条约，既包括全球性条约，也包括区域性条约。该条款同时明确即使是公约的成员国，也不影响成员国之间以签署双边协定的形式来促进文物所在国将被盗文物返还给文物原属国。

《敦煌宣言》也对国家之间签署双边或多边协定的方式予以认同。[①] 双边

---

① 慕容小红：《流散海外的敦煌莫高窟藏经洞文物属于谁——作为重要文化财产的艺术品的归属与索还问题》，《美与时代·城市》2015 年第 8 期。

条约具有的针对性和灵活性，往往可以克服多边国际公约抽象、模糊的缺陷。

　　事实上，双边协议还具有很强的实际操作性和较好的法律效果，依据这些双边协定，多批珍贵文物实现了返还。例如，2014 年 12 月 12 日，瑞士文物部门依据我国与瑞士的双边协议，将一尊汉代陶俑正式归还我国；① 2015年 5 月，美国依据两国 2003 年签署的关于保护文化遗产的双边条约，将一尊20 世纪 70 年代遭窃的古代哈奴曼雕像返还给柬埔寨。

　　自加入该公约以来，我国大力推进国内立法与执法机制的建立与完善，并以公约为主要国际法支撑，陆续与秘鲁、意大利、美国、印度、委内瑞拉、菲律宾、希腊、智利、塞浦路斯、土耳其、澳大利亚、埃及、蒙古、埃塞俄比亚、墨西哥、柬埔寨、哥伦比亚、丹麦、瑞士这 19 个国家签订了关于防止文物非法出入境以及促进文物返还的双边协议，并已经取得了初步成效。

　　以美国为例，我国与美国于 2009 年 1 月签署了《中华人民共和国政府和美利坚合众国政府对旧石器时代到唐末的归类考古材料以及至少 250 年以上的古迹雕塑和壁上艺术实施进口限制的谅解备忘录》，美国开始对我国的一些考古材料和艺术品实施进口限制。依据中美两国签订的双边协议，美国于2011 年 3 月向中国归还了 14 件非法流失文物。② 由此看来，加强被盗文物返还的国际合作，对于保护文物，维护国家的文化利益，打击文物犯罪行为，都具有重要的意义和深远的影响力。

　　但是，目前依靠双边协议追索被盗文物的形势依旧严峻，在本质上说，双边协议就是要在协商达成文物返还协议的同时兼顾文化国家主义与文化国际主义国家的利益。③ 我国目前与 19 个国家签订了有关文物返还的双边协议，在数量上并不算多，毕竟文物流失的范围比较广泛。在对象上，这些国家并不都是文物市场国，也就是说与文物市场国的交涉仍在进一步努力之中。在内容上，关于被盗文物的条款基本上没有与一般流失文物做明确区分，追索被盗文物的过程可能还会涉及相关的刑事、行政法律问题，而各国规定可能

---

① 张翔：《瑞士海关返还所获中国文物，千年陶俑终归故里》，《环球日报》2014 年 12 月 18 日，第 4 版。
② 朱晓：《流失文物追索，国际公约真的没用吗》，《中国文化报》2015 年 3 月 30 日，第 3 版。
③ 孙雯：《跨国诉讼追索流失文物的法律困境——基于查巴德诉俄罗斯政府案的分析》，《南京大学法律评论》2014 年第 3 期。

并不一致，实务中的一些法律问题仍有待磨合。

因此，在追索文物的法律规范并不完善的情况下，我国作为文物来源国，除了努力适用公约和准据法，还应当积极与其他国家特别是文物市场国签订有针对性、可有效实施的双边协议，加大文物追索的力度，使得流失境外的宝贵文物早日回归。

第六章 我国文物保护的刑事立法及完善

我国一直以来并没有国际社会上所指称的文化财产的概念。《左传》中将礼乐典章制度中的礼乐仪服等器物称为文物,唐代开始将各类前朝遗物称为文物,至宋代才有了与现代文化财产意义相近的古董、古玩、古物等称谓,到民国时期出现了文物一词,后被沿用至今。① 事实上,联合国教科文组织将可移动文物称作"文化财产",20 世纪 70 年代后在各类国际法文献中出现"文化遗产"一词,指称不可移动的文物。而我国的文物概念实质上包含了教科文组织划分下的文化财产和文化遗产的范畴。为与我国法律称谓相一致,本章在论述我国立法规定相关问题之时,一律以文物一词指称前文所述之文化财产。

文物在不同的国家和地区有着不同的称号,德国和法国称为文化遗产;意大利将可移动文物称为文化遗产,将不可移动文物称为景观遗产;日本、韩国和我国台湾地区则称为文化财产;我国香港地区把可移动文物称为古物,把不可移动的文物称为古迹。虽然叫法各异,但其他国家和地区的文化财产、景观遗产、古物、古迹的内涵大多都和我国的文物内涵重合。

我国作为一个文明古国,有着丰富的历史文化积淀,而当中最具智慧的物质结晶便是文物。我国的文物种类繁多、数量巨大,由于文物本身具有巨大的经济价值,客观上就刺激了针对文物的盗窃、盗掘、走私、损毁等犯罪行为的发生。尤其是最近盗墓"祖师爷"姚玉忠被判死缓后,文物犯罪再度成为讨论焦点。今年,习近平主席强调:"文物承载灿烂文明,传承历史文

---

① 参见《简明华夏百科全书》总编辑委员会《简明华夏百科全书》,华夏出版社,1998,第 238~239 页。

化，维系民族精神，是老祖宗留给我们的宝贵遗产，是加强社会主义精神文明建设的深厚滋养。"并提出了"保护为主、抢救第一、合理利用、加强管理"的 16 字方针。可见，保护文物是一项任重而道远的工作。而刑法，作为保护文物安全的终极救济法律，通过打击文物犯罪，发挥保护文物的功能，是保护国家文物管理秩序的最后一道防线，有着不可替代的作用。

一　文物刑法保护概论

刑法通过遏制犯罪，可以避免社会遭受不法行为的侵害和威胁，从而发挥刑法的保护功能。[①] 因此，刑法对文物的保护，在实然功能上主要通过打击文物犯罪得以实现。但需要说明的是，文物犯罪是一个学理概念，而非在刑法上单独存在的罪名，它是指犯罪对象为文物的各个罪名的集合，是以文物作为犯罪对象进行研究的展开。

（一）文物的定义

文物的定义是研究文物刑法保护的一个先导性的概念研究问题。对文物下定义，能够清晰地界定文物这一概念的内涵和外延，从而使法律所保护的文物权益得以明确化、清晰化、最大限度化。因此，研究文物的刑法保护，不可不首先探究文物的定义。

在我国，文物的内涵定义从属于物质文化遗产范畴，是一个国家、一个民族历史文化和智慧结晶的载体，是不可替代和被破坏后难以修复的珍稀财富。但是文物在不同历史时期、不同地域空间内的内涵指向不尽相同，依据角度和范畴的不同，有广义和狭义之分，文物的狭义定义即是文物在法律上的定义。

根据"文物"这一名词最广义的产生内涵，文物是在人类的发展史上，由于人类的物质活动而遗留下的创作物品和建造痕迹。各类文物从不同的物质角度记录着人类社会的文明进程，承载着人类社会经济基础与上层建筑、社会存在与社会意识、利用自然与改造自然、生态要素等方面的历史构建，是人类珍稀的物质文化遗产。因此，文物具有两个物质属性的基本特征：第一，

---

① 参见关福金、杨书文《论刑法的功能》，《中国刑事法杂志》2001 年第 3 期。

文物是人类在物质运动中创造的产物；第二，文物具有历史性，属于不可再生的物质创造。在现代，对文物的内涵进一步归纳分析，可以将其简单概括为：文物是指"遗存在社会上或埋藏在地下的人类文化遗物"。①

文物的狭义定义，即文物在法律上的定义。各国对文物在法律上进行定义通常有三种方式：一是将文物的定义直接拟制入刑法中，并同时在相关的文物保护行政性法律中进行拟制，尽管外延有所不同，但内涵基本一致；二是将文物的定义直接拟制入刑法中，在其他各类性质的法律中不再拟制；三是将文物的定义直接拟制入文物保护的行政性法律文件中。我国采取了第三种做法，即将文物的定义拟制入《中华人民共和国文物保护法》② 中，在《刑法》之中不再对文物的概念和范畴进行叙述，而是直接在其中规定对文物犯罪行为的惩罚。

《文物保护法》第一章第 2 条中规定："在中华人民共和国境内，下列文物受国家保护：（一）具有历史、艺术、科学价值的古文化遗址、古墓葬、古建筑、石窟寺和石刻、壁画；（二）与重大历史事件、革命运动或者著名人物有关的以及具有重要纪念意义、教育意义或者史料价值的近代现代重要史迹、实物、代表性建筑；（三）历史上各时代珍贵的艺术品、工艺美术品；（四）历史上各时代重要的文献资料以及具有历史、艺术、科学价值的手稿和图书资料等；（五）反映历史上各时代、各民族社会制度、社会生产、社会生活的代表性实物。"

对于"具有科学价值的古脊椎动物化石"和"具有科学价值的古人类化石"，虽然《文物保护法》明确把它们纳入保护对象范围中，但这一款至少并未明确将古脊椎动物化石和古人类化石规定为文物，从这一款的规定来看，它们只能视同为文物而受到国家的保护。自然景观更是未能进入文物概念的范畴。所以，我国研究文物犯罪的薛瑞麟教授认为，这种"界定的不足在于它同刑法的规定不甚协调"，主张可用两种途径解决这一问题，第一种途径是通过拟定"大文物"的概念，把文物界定为人类社会发展历史的见证物，第二种途径是通过立法列举的方式明确文物的范畴，将古人类化石、古脊椎动

① 夏征农、陈至立主编《辞海》（第六版），上海辞书出版社，2009，第2383页。
② 《中华人民共和国文物保护法》于1982年11月19日通过，同日起施行，后于2013年6月29日第十二届全国人民代表大会常务委员会第三次会议修订。

物化石、名胜古迹都列入其中。①

（二）我国文物的立法保护沿革述评

我国刑法对文物的保护历史源远流长。在中国古代，虽然并没有关于文物的法律定义，但自秦朝起的历朝历代至新中国，都在运用刑法的功能对文物进行法律上的保护。

1. 中国古代对文物犯罪的刑事立法

中国古代对文物的刑法保护始于秦朝，至清朝形成一套逐步完善的文物保护封建刑法体系。但那时并无文物这一概念与说法，刑法所明确保护的是珠宝、珍稀的工艺品、有宗教或是政治象征意义的物质财产，这是中国古代文明进步和保护文物财产的智慧的体现。到民国时期，中国才出现真正意义上的文物保护法律。至新中国成立，才使得文物保护立法更加具体和完善。

秦朝时期《法律问答》明文记载："盗出珠玉邦及卖于客者，上珠玉内史，内史材予购。何以购之？其耐罪以上，购如捕它罪人，赀罪，不购。"②此条款文段的文意内涵是：臣民未经官府许可，盗窃珠宝和玉石并倒卖给外国人的，一经查处，被倒卖的珠宝和玉石将由内史收缴，并逮捕行为人或对行为人处罚金。显而易见，在秦朝，盗窃文物的行为，属于针对封建阶层的财产犯罪。至汉朝，盗窃、破坏帝王园陵、珠宝玉石的行为，被认定为"谋大逆"的重罪。由此可见，秦汉时期对文物犯罪的打击，主要是基于保护封建权威资产的需要，是维护封建皇权的必然，而非如今保护文物历史价值的需要。

《唐律疏议》明文记载："诸盗毁天尊、佛像者，徒三年。即道士、女官盗毁天尊像，僧、尼盗毁佛刑者，加役流。真人、菩萨，各减一等盗而供养者，仗一百"，"诸发冢者，加役流；已开棺椁者，绞；发而未彻者，徒三年"。③由此可见，唐代把文物犯罪认定为对封建阶层私有财产的犯罪，但同时也可以明确认为，唐代所保护的文物是具有道教和佛教重大象征意义的物

---

① 参见薛瑞麟《关于文物犯罪几个问题的思考》，《杭州师范学院学报》（社会科学版）2005 年第 2 期。

② 睡虎地秦墓竹简整理小组编著《睡虎地秦墓竹简》，文物出版社，1990，第 165 页。

③ 岳纯之点校著《唐律疏议》，上海古籍出版社，2013，第 149 页。

质财产。

至宋代，《宋刑统》与《唐律疏议》对打击文化财产犯罪的规定近似，例如，对"神御物""神坛""佛像""发冢"的盗窃和破坏行为，都被认定为犯罪。此后，元代、明代、清代都采取了和《宋刑统》类似的规定。①

综上可见，中国古代虽然没有文物这一概念，古代刑律对现代认为的文物的保护也局限于珍稀工艺财产、具有政治宗教象征意义的物质财产，具有明显的封建狭隘性和局限性，并不是真正意义上的对人类物质智慧遗产的爱护和犯罪规制，但对近现代中国关于文物犯罪的刑事立法起到奠基和启迪观念的作用。

2. 近现代对文物的立法保护

对于文物的刑法保护，可追溯至1911年的《中华民国暂行新刑律》。《中华民国暂行新刑律》规定了"坛庙寺观、坟墓及其他礼拜场所不敬罪"和"发掘坟墓罪"等，判决相关罪行四或五等有期徒刑、拘役或罚金，② 由此开启了我国近代文物进行刑法保护的法律历程。1930年中华国民政府颁布实施《古物保存法》，是我国第一部正式颁布的文物保护立法，该部法律首次定义了文物的内涵概念，把文物定义为古物和文化相结合的历史物质遗产。随着时间的推移，文物概念的外延也在不断拓展。至1935年，民国政府官方发布的《旧都文物略》已经开始使用"文物"这一专有名词，从那时起，"文物"这一词的内涵与现代无异，由可移动文物和不可移动文物组成。也是从那时起，文物的概念一直被沿用至今。这是近代中国法制文明进步的重大标志，为新中国的文物犯罪刑事立法奠定了历史基础。

1950年5月，中央人民政府政务院颁发了《禁止珍贵文物图书出口暂行办法》和《古文化遗址及古墓葬之调查发掘暂行办法》。紧接着，6月颁布了关于征集革命文物的命令，7月又颁布了关于保护古文物建筑的指示。这一系列命令和指示开启了新中国文物法律保护的新篇章。之后，各部委依次在生

---

① 参见罗朝辉《我国刑法对文物的保护及立法完善思考》，《重庆交通学院学报》（社科版）2006年第2期。

② 1911年《中华民国暂行新刑律》第257、260条。1928年的《中华民国刑法》沿袭了这两项罪行的规定，到1935年《中华民国刑法（修正）》第246条则将前罪修改为"侮辱坛庙寺观、宗教建筑物或公众纪念处所罪"。参见盛振为等编《中国历次刑法比较》，东吴大学法律学院法学杂志社，1935，第159~160页。

产建设中文物的保护、地方文物名胜古迹、文物出口鉴定等方面发布了一些法令。1961 年，我国第一部综合性的保护文物行政法规——《文物保护管理暂行条例》——由国务院颁布。随后陆续通过了几部针对性的文物保护管理办法，如 1964 年《古遗址、古墓葬调查、发掘暂行管理办法》，1977 年《对外国人、华侨、港澳同胞携带邮寄文物出口鉴定、管理办法》，1978 年《博物馆藏品保管试行办法》，1979 年《拓印古代石刻的暂行规定》等。1979 年，新中国第一部刑法开始把损毁文物和名胜古迹、非法出口珍贵文物的行为认定为犯罪，这是新中国文物刑法保护的开端。1982 年，基于中华人民共和国成立以来积累的文物保护和管理工作经验，出于文物保护工作的规范化需要，结合其他国家和地区保护文物的立法经验，《中华人民共和国文物保护法》制定通过并实施。同年，全国人大常委会颁布《关于严惩严重破坏经济的犯罪的决定》，对盗运珍贵文物的行为作为严重犯罪进行打击，对 1979 年刑法第173 条规定的盗运珍贵文物出口罪的惩处提高至"十年以上有期徒刑、无期徒刑或者死刑"。这体现了对文物犯罪的极刑打击，但该罪的最高法定刑死刑已在《刑法修正案（八）》时取消，体现了对死刑少用、慎用的原则，也是对罪责刑相适应原则的进一步落实。

至此，我国刑法对文物的保护已经形成基本的各罪体系。同时可以透视出，重刑主义的传统，使我国在刑事立法方面，强调对文物犯罪的着重打击。

（三）规制文物犯罪的刑法设置

我国规制文物犯罪的立法主要通过在刑法典中设置罪名得以实现，通过打击文物犯罪，发挥刑法保护文物的功能。明确刑法规制文物犯罪的设置体例，是研究文物犯罪的基础要点，它体现了文物犯罪的特征，涵盖罪名体系、客体、主体、行为、对象、量刑设置等规范功能要素。

1. 文物犯罪的特征及罪名设置

"在我国刑法学中，特征与属性是同义概念。任何事物都具有一定属性，犯罪也总有其特征。"[1] 而属性是本质的同位体现，因此，犯罪的特征反映了犯罪的本质。所以，了解文物犯罪的特征，是明确文物犯罪究竟是何种犯罪

---

[1]　夏勇：《犯罪本质特征新论》，《法学研究》2001 年第 6 期。

的先导性问题。陈兴良教授认为，任何犯罪都应"在确立刑法中的犯罪概念的时候，应当以刑事违法性为出发点，将刑事违法性作为犯罪的唯一特征"。[①]因此，基于此学理观点，文物犯罪的本质特征应当是违反刑法关于文物犯罪规定的行为。而刑法关于文物犯罪的规定是通过罪名的设置来体现的，我国刑法对于文物犯罪的罪名设置，采取了集中与分散相结合的方式。主要罪名集中规定在刑法第六章"妨害社会管理秩序罪"的第四节"妨害文物管理罪"（《刑法》第 324～329 条）中，该节设置了下列具体罪名：故意损毁文物罪；故意损毁名胜古迹罪；过失损毁文物罪；非法向外国人出售、赠送珍贵文物罪；倒卖文物罪；非法出售、私赠文物藏品罪；盗掘古文化遗址、古墓葬罪；盗掘古人类化石、古脊椎动物化石罪。此外，在刑法分则第三章"破坏社会主义市场经济秩序罪"的第二节"走私罪"中规定了选择性罪名：走私文物罪（《刑法》第 151 条）；在刑法分则第九章"渎职罪"中规定了：失职造成珍贵文物损毁、流失罪（《刑法》第 419 条）。由此可以进一步发现，文物犯罪的本质特质体现为违反刑法关于妨害文物管理罪、走私文物罪、失职造成珍贵文物损毁、流失罪规定的行为。

　　然而，文物犯罪的各罪设置除了体现文物犯罪的本质和立法规制范围外，并不能完全展现刑法规制文物犯罪的设置体例，根据犯罪的三阶层理论体系，罪的特征和设立仅是违法性的体现，"在三阶层的犯罪论体系中，构成要件该当性、违法性、有责性之间具有位阶关系"。[②]因此，违法性的成立和体现必然以该当性为基础，以有责性为进阶体现。所以，下面的论述将围绕犯罪构成的该当性和有责性的要素内容展开分析规制文物犯罪的刑法设置体例。

　　2. 文物犯罪的构成要素设置

　　刑法对文物犯罪的构成要素设置，解决的是如何构成文物犯罪的进阶性问题，主要通过明确文物犯罪各罪的主体、客体、对象体现出来，无论是何种犯罪构成学说，这些都是必然要研究的基础要素。

　　（1）文物犯罪的主体

　　按照刑法通论对犯罪主体的归类，文物犯罪的主体可以分类成自然人和

[①]　陈兴良：《社会危害性理论——一个反思性检讨》，《法学研究》2000 年第 1 期。
[②]　陈兴良：《犯罪论体系的位阶性研究》，《法学研究》2010 年第 4 期。

单位。在自然人犯罪中，根据主体身份的不同，又划分为一般主体和特殊主体。自然人犯罪是指达到法定年龄、具备刑事责任能力的自然人实施了刑法所规定的犯罪行为。刑法中大部分罪名规定的犯罪主体都是自然人，同理文物犯罪的绝大多数犯罪主体也属于自然人。在规制文物犯罪的 12 项罪名中，仅失职造成珍贵文物损毁、流失罪的主体是特殊主体：国家工作人员，其他 11 项罪名的构成只需要一般主体违反刑法规定的行为即可。

单位犯罪是指由公司、企事业单位或者机关等实体作为实施主体而做出的违反刑法规定的犯罪行为。只有在法律有明确规定的情况下，单位的犯罪行为才能根据刑法规定定罪并予以处罚。刑法第 325 条非法向外国人出售、赠送珍贵文物罪第 2 款规定：单位非法向外国人出售赠送珍贵文物的，将对单位处以罚金，对主要负责和管理人员处以有期徒刑或者拘役。此外，在《刑法》第 151 条当中还规定了走私文物罪，明确单位犯该罪的应处以罚金。在所有的文物犯罪中，仅非法向外国人出售、赠送珍贵文物罪，走私文物罪两项罪名在犯罪主体方面规定了单位犯罪的情形。

（2）文物犯罪的客体

"犯罪客体是我国刑法所保护的、为犯罪行为所侵害的社会关系。"[①] 所以，依据刑法对文物犯罪的罪名体系设置，妨害文物管理罪的客体是国家对文物的管理秩序，走私文物罪的客体是国家的外贸监管制度，失职造成珍贵文物损毁、流失罪的客体是负有保护珍贵文物职责的国家机关的正常工作秩序。由此可见，文物犯罪的客体在刑法上并未统一。

（3）文物犯罪的对象

文物犯罪，按文义解释的观点，应将犯罪对象理解为文物，但在现实的立法操作中，我国刑法中妨害文物管理罪的犯罪对象并不局限于文物保护法中设定的文物，妨害文物管理罪中包含抢夺、窃取国有档案罪和擅自出卖转让国有档案罪。但把档案归入文物范畴的立法操作是否科学，下文会有讨论。

3. 刑法对文物犯罪的规制立场和量刑设置

刑法规制罪行的立场，体现刑法保护法益的价值取向和态度，而刑法对罪行的规制态度，又通过对各罪的量刑设置得以诠释。就整体而言，我国刑

---

① 高铭暄、马克昌、赵秉志：《刑法学》（第五版），高等教育出版社，2011，第 52 页。

法对文物犯罪的规制基本做到了科学统一、统筹兼顾、衔接有序、宽严相济。

（1）刑法规制文物犯罪的立场

刑法规制文物犯罪的立场，通过对罪行的打击态度和价值取向得以体现。犯罪行为可根据行为的作为与不作为分为作为犯和不作为犯，又根据行为时的意志状态分为故意犯和过失犯。

第一，文物犯罪的规制以惩罚作为犯为主。

在文物犯罪的 12 个罪名中，有 11 个罪名针对的是作为犯罪：故意损毁文物罪；过失损毁文物罪；故意损毁名胜古迹罪；非法向外国人出售、赠送珍贵文物罪；倒卖文物罪；非法出售、私赠文物藏品罪；盗掘古文化遗址、古墓葬罪；盗掘古人类化石、古脊椎动物化石罪；抢夺、窃取国有档案罪；擅自出卖转让国有档案罪；走私文物罪。上述罪名中明确规定的故意损毁、出售、赠送、倒卖、盗掘、抢夺、窃取文物等行为不外乎都是积极的作为行为，而过失损毁文物罪也要求实施了损毁文物的犯罪行为，尽管在犯意上是过失状态。

第二，文物犯罪的规制以打击不作为犯罪为警示。

对文物犯罪不作为犯的打击，仅在《刑法》第 419 条中规定了失职造成珍贵文物损毁、流失罪。其规制的是负有保护珍贵文物义务的国家工作人员因为失职的不作为行为而导致的珍贵文物毁损、流失的后果，主要作用是通过警示的效果以达到强化保护文物安全的目的。

第三，文物犯罪的规制以惩罚故意犯罪为原则。

在刑法中，以惩罚故意犯罪为主，惩处过失犯罪为辅。对文物犯罪的打击亦是如此。在打击文物犯罪的 12 个罪名中，有 10 个罪名针对的是故意犯罪：故意损毁文物罪；故意损毁名胜古迹罪；非法向外国人出售、赠送珍贵文物罪；倒卖文物罪；非法出售、私赠文物藏品罪；盗掘古文化遗址、古墓葬罪；盗掘古人类化石、古脊椎动物化石罪；抢夺、窃取国有档案罪；擅自出卖转让国有档案罪；走私文物罪。上述罪名中明确规定故意损毁、出售、赠送、倒卖、盗掘、抢夺、窃取文物等行为都是具有明显故意色彩积极施行的犯罪行为。因此，上述故意犯罪也是刑法针对文物犯罪重点打击的罪行。

第四，文物犯罪的规制通过惩处过失犯罪强化保护目的。

对文物过失犯罪的打击，只在刑法第 324 条之一规定了过失损坏文物罪和第 419 条规定了失职造成珍贵文物毁损、流失罪。过失损毁文物罪，要求行为人在犯罪意识方面没有故意的心理，而是在过失的意识情态下造成了损毁文物的严重后果。失职造成珍贵文物毁损、流失罪要求负有管理、保护文物职责的国家机关工作人员，包括博物馆（院）、纪念馆、图书馆的工作人员、文化行政部门中主管文物保护工作的人员等，因为应该意识到但没有尽职履行保护珍贵文物的职责而导致的过失犯罪。由此可见，规制文物过失犯罪的目的是强化对文物的保护，也说明了我国刑法对文物保护的重视。

（2）刑法对文物犯罪的量刑设置

刑法对各罪的量刑设置诠释了对各罪的规制立场。在规制文物犯罪的刑罚设置中，从罚金、拘役至无期徒刑，跨度极大，刑种完备。尤其是针对文物故意犯罪的情形，都处三年以上的有期徒刑甚至无期徒刑，体现了对文物犯罪从重打击的刑罚立场。但是，对于规制文物犯罪的刑罚设置也存在不合理、不科学之处，此不足在下文会进一步详细论证。

二 文物犯罪罪与刑设置的不足与完善

"罪刑关系说"认为，"罪刑关系应该是刑法的基本命题，也是刑法的调整对象。"① 因此，根据该学理观点可以认为，刑法调整的是罪与刑的关系，因此，罪与刑生动地展现着刑法的实然性。所以，本章分为两节，通过对现行刑法规制文物犯罪时在罪与刑方面的现状进行分析，论证出刑法在规制文物犯罪方面存在的现实不足，并提出针对性的完善建议，旨在提高刑法规制文物犯罪的实然功能，进一步完善我国现行刑法对文物的保护功能。

（一）文物犯罪中各罪存在的问题与完善

文物犯罪通过刑法的各罪展现，又基于各罪发挥的规制功能，形成合力起到预防和打击文物犯罪的功效和目的。但是，在刑法规制文物犯罪的 12 项罪名中，有 7 个规制文物犯罪的罪名都存在一定的不足和有待完善之处，这些不足主要存在于损毁文物犯罪，非法向外国人出售、赠送珍贵文物罪，盗掘文物犯罪，倒卖文物犯罪这四类罪名的设置中。在不足的方面，可以概括

---

① 陈兴良：《刑法哲学》，中国政法大学出版社，2004，第 7 页。

为：主体和对象设置较为局限、功能作用缺陷、行为认定存疑、情形拟制不完备等方面。

1. 损毁文物犯罪

为规制损毁文物的犯罪行为，刑法中一共设置了3个罪名：故意损毁文物罪、过失损毁文物罪、故意损毁名胜古迹罪，但随着社会的发展，这三项罪名也产生了不足，即罪的主体仅局限于个人。

在当前的社会背景下，随着城市化进程的推进和加快，在开发景区、房地产建设、拆迁等过程中产生较多违法行为，以开发商、拆迁公司等为主体的单位往往对文物、名胜古迹的安全构成威胁甚至导致破坏结果，其行为也日趋猖獗。例如，2015年3月，南京市内一处有着长达220年历史的市级文物保护单位颜料坊49号宅院，在房企野蛮施工中被毁。开发商称是意外"手滑"，南京市文化综合执法总队的初步调查结果却证实房企是有意破坏，但该开发商仅被处以50万元的行政罚款了事。① 在现实生活中，由于单位在社会资源和实力上的优势地位，一旦这类非法事件发生，相较于个人损毁文物的犯罪，社会影响甚为恶劣，破坏性更大。而刑法至目前为止，未将单位纳入损毁文物犯罪的主体范围，实乃立法的一大不足。

从法理的角度分析，既然自然人主体损毁文物能够被刑法评价为犯罪，并且单位损毁文物的行为社会影响更为恶劣，造成法益侵害的紧迫危险和现实侵害性更大，那么单位基于法人意志做出的损毁文物行为更应当评价为犯罪。若是基于单位的意志而做出损毁文物的行为，仅处罚执行该意志的自然人，这就违反了罪责统一原则，在刑法的立法上属于规制漏洞，不利于刑法对文物犯罪的打击，更不利于发挥刑法的公正性。陈兴良教授认为，刑法的公正性由正当、公平、平等三个方面构成。② 设置对文物犯罪实施单位的惩处，符合刑法公正性中对于正当性、公平性和平等性的要求，是报应与预防、罪责刑相适应原则的体现。

所以，出于科学打击、透彻打击文物犯罪的需要，故意损毁文物罪、过

---

① 参见蒋芳、王珏玢《南京市级文保单位遭房企拆毁调查：房企为啥能任性拆古建?》，《中华建筑报》2015年3月24日，第1版；朱孔舒《保护文物就是在保护历史》，《襄阳日报》2015年3月25日，第1版。

② 参见陈兴良《本体刑法学》，商务印书馆，2001，第53~55页。

失损毁文物罪、故意损毁名胜古迹罪的主体应当扩展至单位。

2. 非法向外国人出售、赠送珍贵文物罪

《刑法》第 325 条规定了非法向外国人出售、赠送珍贵文物罪，该罪惩处的是将收藏的国家禁止出口的珍贵文物私自出售或私自赠送给外国人的行为。虽说物以稀为贵，但是非法向外国人出售、赠送国家禁止出境的其他文物，造成的社会危害性并不亚于非法向外国人出售或赠送珍贵文物的行为，所以，刑法把非法向外国人出售、赠送国家禁止出境的其他文物排除在规制范围之外，必然使该行为无法上升到罪的高度进而无法使其得到及时、有效的制止和惩罚，更不能起到全面保护文物、防止文物流失的作用。该罪存在的实然性不足主要通过论证其存在的功能缺陷进行诠释，论证的结论通过完善建议进行体现。

该罪的功能缺陷主要在于无法规制损害国家和民族利益的行为、无法与倒卖文物罪、走私文物罪相协调两个方面。

第一，无法规制损害国家和民族利益的行为。

《文物保护法》第 60 条规定，国有文物、非国有文物中的珍贵文物和国家规定禁止出境的其他文物，不得出境。此外，根据国家文物局印发的《文物出境审核标准》的规定（文物博发〔2007〕30 号），"1911 年以前（含 1911 年）生产、制作的文物一律禁止出境。少数民族文物以 1966 年为主要标准线。凡在 1966 年以前（含 1966 年）生产、制作的有代表性的少数民族文物禁止出境。凡有损国家、民族利益，或者有可能引起不良社会影响的文物，不论年限，一律禁止出境。"[①] 因此，国家禁止出境的文物并不局限于珍贵文物，一旦有损国家、民族利益，或者有可能引起不良社会影响的文物落入外国人的手中，就有可能造成严重损害国家、民族利益的后果，甚至会歪曲我国的国际形象，使我国的国际政治、文物地位处于不利而被动的局面。通过赠送的方式使有损国家、民族利益或者有可能引起不良社会影响的文物落入外国人手中的行为得不到刑法的惩戒，是非常让人震惊的损害国家利益却又未受到法律追究的情形。

第二，无法与倒卖文物罪、走私文物罪相协调。

非法向外国人出售、赠送珍贵文物罪是指违反文物保护法规，将收藏

---

① 《文物出境审核标准》（文物博发〔2007〕30 号），国家文物局 2007 年印发。

的国家禁止出口的珍贵文物私自出售或者私自赠送给外国人的行为。倒卖文物罪，是指以牟利为目的，倒卖国家禁止经营的文物，情节严重的行为。走私文物罪，是指单位或个人违反海关法规和文物保护法规，运输、携带、邮寄国家禁止出口的文物出境的行为。因此，非法向外国人出售、赠送珍贵文物罪作为一个选择性罪名，当中的非法向外国人出售珍贵文物罪与倒卖文物罪构成特别与一般法条的竞合，与走私文物罪在法理上应构成连结犯、牵连犯或想象竞合的关系；但非法向外国人赠送珍贵文物罪只有在通过走私的方式向外国人赠送时或是在非法赠送后由外国人走私出境的情况下才能与走私文物罪构成规制范围内的重合，而设立走私文物罪的目的之一就是遏制文物向境外流失。如果在实践中，非法向外国人赠送国家禁止出境的其他文物，不通过走私的方式完成，则无法给予刑事处罚。这种罪名设置不利于从内到外多层次多角度管制文物流失，是立法上的空白，更是犯罪管控体系上的缺憾。

因此，应当将把禁止出境的文物赠送给外国人的行为列为犯罪，将非法向外国人出售、赠送珍贵文物罪在对象上扩延至禁止出境的文物，并更名为非法向外国人出售、赠送禁止出境的文物罪。

3. 盗掘古文化遗址、古墓葬罪

盗掘古文化遗址、古墓葬罪在行为认定上存在争议。依据刑法的文义解释方法，"盗掘"应指未经国家文物主管部门批准，擅自发掘古文化遗址、古墓葬的行为。照此理解，一旦行为人未经国家文物主管部门批准，实施了发掘古文化遗址、古墓葬的行为，那么该罪构成既遂。但是，私自发掘古文化遗址和古墓葬，此类行为的目的多数都是占有古文化遗址、古墓葬内的相关价值遗产，因此，从刑事立法的规制目的而论，法条中的"盗掘"应是指以出卖或者非法占有为目的，私自秘密发掘古文化遗址和古墓葬的行为。由此可以断定，在认定该罪的时候，行为人必须具备占有或是控制古文化遗址、古墓葬内的价值遗产的犯意。而对于该罪的行为认定，究竟是仅以擅自盗掘的行为还是以盗掘且连带施行的盗窃行为作为认定标准？笔者认为，在该罪的犯罪行为认定方面，由于古文化遗址、古墓葬的脆弱性，一旦对其外围保护措施进行破坏，对其所藏的文物也将带来不可估量的灾难，所以，应当将基于非法占有古文化遗址、古墓葬内相关价值遗产为目的而施行的盗掘行为作为认定该罪的行为标准。至于发掘后连续实行的盗窃文物行为，基于行为人的非法占有目的，刑法对其发掘后盗取古文化遗址、古墓葬内文物的行为不具有期待性，盗掘和盗掘后的盗取是一对连结行为，行为人在擅自发掘古文化遗址、古墓葬后即便没有盗取里面的文物，也不应影响本罪的成立。但是，在盗掘古文化遗址、古墓葬后因为窃取、破坏文物而导致的危害结果，应按结果加重犯论处，以此作为量刑幅度的依据。

所以，在刑法理论上应该将盗掘古文化遗址、古墓葬后进行的盗窃和损毁文物的行为不再认定为其他犯罪，而是评价为盗掘行为的加重情节。同时刑法作为一个非常严谨的部门法，应当坚守罪刑法定原则，在盗掘古文化遗址、古墓葬罪的设立中明确其行为的认定标准，在刑法条文中阐明在盗掘古文化遗址、古墓葬后进行的盗窃和损毁文物的行为不再评价为其他犯罪，以此体现并发挥法的教育、评价、指引作用。

4. 盗掘古脊椎动物化石罪

根据我国刑法第 328 条，盗掘古脊椎动物化石罪是一个选择性罪名，该罪处罚的是盗掘国家保护的具有科学价值的古脊椎动物化石的行为。但是，该罪适用的对象存在局限性和认定上的争议，从打击文物犯罪、保护文物的角度而论，有必要将该罪的对象扩延至珍贵的远古无脊椎动物化石与恐龙蛋化石。

盗掘古脊椎动物化石罪，在对象的范围和认定上主要存在两个问题。第一，缺乏对远古珍贵无脊椎动物化石的保护；第二，对恐龙蛋化石的司法认定存在缺陷，即对恐龙蛋化石为何归属古脊椎动物化石的范畴存在立法缺失。

第一，缺少对远古珍稀无脊椎动物化石的保护。

无脊椎动物是背侧没有脊柱的动物，它们是动物的原始形式。其种类数量占动物总种类数的 95%。因此，作为动物的原始形式，一些珍贵的远古无脊椎动物化石也必然具有极高的科学研究价值。例如，已灭绝的三叶虫，它们是距今 5.6 亿年前的寒武纪就出现的最有代表性的远古动物，至 2.4 亿年前的二叠纪完全灭绝，总计有 1500 多个属，1 万多个种，其中发现于我国的有大约 500 个属，具有极高的考古价值。[①] 由于年代十分遥远，其标本较为稀

---

① 参见张恒《我国文物犯罪的刑事立法完善研究》，硕士学位论文，郑州大学刑法学专业，2013，第 27~28 页。

缺和珍贵，这些珍贵的远古无脊椎动物化石，与远古脊椎动物化石一样，是对人类具有重大科研价值的不可再创标本。一旦被盗掘和破坏，其社会危害性并不亚于盗掘古脊椎动物化石的行为。因此，刑法不应缺失对远古珍稀无脊椎动物化石的保护。

第二，恐龙蛋化石是否属于该罪的保护对象不明确。

恐龙蛋化石是非常珍贵的古生物化石，具有非常高的科研价值。我国恐龙蛋化石资源十分丰富，而外国此资源较为稀缺，因此，国外对恐龙蛋的科研需求量较大，这必然在现实中造成大量盗掘恐龙蛋的不法行为。但是，恐龙蛋化石是否属于古脊椎动物化石？这个问题无论是学界还是实务界都一直存在争议，我国法律或行政法规对其也无明确规定，这就导致了司法认定上的争议。一般在司法实务中，处理该问题主要依据1999年3月12日国土资源部地质环境司复函给湖北省地矿厅的《关于恐龙蛋化石归属问题的复函》，该复函认为恐龙蛋化石属于古脊椎动物化石。但该复函仅是行政部门的复函，其位阶和效力都与法律法规、司法解释无法等同，所以仅凭该复函认定恐龙蛋的司法属性，难以做到有法可依，甚至在法理层面上违背了罪刑法定原则。[①] 本章认为，恐龙化石是古脊椎动物化石，恐龙蛋是恐龙整体当中的一部分，则恐龙蛋化石应该被认定为恐龙化石的系属，所以，恐龙蛋化石应该被认定为古脊椎动物化石。但是，此认定应该通过立法给予明确，这是罪刑法定原则的要求。

因此，应当将盗掘古脊椎动物化石罪的对象扩延至古无脊椎动物化石，明确恐龙蛋为古脊椎动物化石，把该罪更名为盗掘古动物化石罪。需要指出的是，无脊椎动物化石虽然分布广泛、品种繁多，但并不是每种都值得刑法去保护。因此，刑法保护的无脊椎动物化石应当具有珍稀性和高价值性，对此，需要在立法前进行充分的调研和专业的生物化石科学论证。而后，才能对盗掘古动物化石罪的对象在立法上给予封闭式或概括式的罗列和明确。

5. 倒卖文物罪

倒卖文物罪在设置上存在两个瑕疵，一是适用对象的范围略有局限，尚

---

① 梁志敏、马志全：《盗掘恐龙蛋化石的司法认定》，《检察日报》2012年11月5日，第3版。

未将具有负面影响和有损民族形象的文物纳入其中；二是未在刑法上明确文物交易的合法方式，导致在相关的罪行认定上有失充分。对此，应在立法上进行改进和完善。

倒卖文物罪，是指以牟利为目的，倒卖国家禁止经营的文物，情节严重的行为。在这一概念中，需要区分的是"牟利"与"营利"。牟利的意思是取得的利益远远超出了应当获得的利益，甚至可以是贪婪攫取巨大利益，是不正当的；而营利也是谋取利益，但远未达到贪婪攫取巨大利益的程度，既可能是正当的，也可能是非法的。张明楷教授认为，"以营利为目的"和"以牟利为目的"，均是指行为人通过实施犯罪行为而谋求利润的心理状态，可以认为两者的意义完全相同。① 两者的心理状态的确均是故意，不过两者的差异在于对于"利"所追求的数量及可能的行为手段。认定国家禁止经营的文物，主要依据《文物保护法》第51条的规定："公民、法人和其他组织不得买卖下列文物：（一）国有文物，但是国家允许的除外；（二）非国有馆藏珍贵文物；（三）国有不可移动文物中的壁画、雕塑、建筑构件等，但是依法拆除的国有不可移动文物中的壁画、雕塑、建筑构件等不属于本法第二十条第四款规定的应由文物收藏单位收藏的除外；（四）来源不符合本法第五十条规定的文物。"同时，《文物保护法》第50条规定："文物收藏单位以外的公民、法人和其他组织可以收藏通过下列方式取得的文物：（一）依法继承或者接受赠与；（二）从文物商店购买；（三）从经营文物拍卖的拍卖企业购买；（四）公民个人合法所有的文物相互交换或者依法转让；（五）国家规定的其他合法方式。"文物收藏单位以外的公民、法人和其他组织收藏的前款文物可以依法流通。但是，是不是只要符合《文物保护法》第50条规定的文物取得方式，在刑法的法理价值上就应该评价为合法呢？然而，不是所有的一般文物，国家都允许经营。比如，具有消极和负面影响的文物，由于其本身不能或不应被列入珍贵文物范畴，国家对这些文物的态度是"加以封存""统一管理"，是不允许买卖与经营的。② 此外，由于在刑法上欠缺对合法拥有文物、合法交易文物情形的明确规定，对倒卖文物罪相关行为的认定也未作充分说

---

① 张明楷：《论刑法中的以营利为目的》，《检察理论研究》1995年第4期。
② 周锁成、薛瑞麟：《倒卖文物罪研究》，《中国文物科学研究》2014年第1期。

明，这就可能造成在司法实践中，个别司法机关将行为人出卖自己合法拥有的文物的行为认定成倒卖文物罪，这应当在立法层面上给予纠正。①

故在刑法的立法上应明确倒卖文物罪的对象，并且该罪的对象不应当局限于《文物保护法》第51条规定的公民、法人和其他组织不得买卖的文物，为了国家和民族的利益，应将买卖具有消极和负面影响的文物的行为列入倒卖文物罪惩处的范畴。为了恪守罪刑法定原则的基本要求，建议在立法层面上明确文物交易的合法情形，明确行为主体将自己合法拥有的珍贵文物出售的行为不构成倒卖牟利行为。

（二）刑罚设置的不足与完善

刑罚制度是刑事立法、刑事司法中的重要问题，② 其重要性体现在刑罚的正当性中。正如日本著名刑法学者平野龙一所言："为什么"属于刑罚是否正当的问题，也是何种程度的刑罚才能被评价为正当的根据。③ 但刑罚制度、量刑制度仍旧体现的是目的刑罚论。④ 基于已然犯罪的现实，刑法理论界通常认为刑罚的目的是对罪恶进行正义报应。当前刑法理论所承认的刑罚目的，只有报应目的针对的是已然之罪，该理论依据法益的损害程度并结合不法行为的可谴责性而量定刑罚。⑤ 因此，刑罚诠释的是对罪的规制立场和报应态度，亦是刑法通过规制文物犯罪，保护文物的实然性写照。但刑法的报应，应当是正义且理性，因此必须恪守罪刑法定原则、罪责刑相适应原则，不过在立法上基本刑的幅度确定之后，罪责刑相适应原则解决的实际上是一个量刑运作的正当性问题。所以，本节侧重围绕罪责刑相适应原则展开对文物犯罪的已然之罪的量刑及其正当化问题的研究。旨在找出刑法规制文物犯罪的刑罚设置的不足，并提出立法上的完善建议，使刑法规制文物犯罪的实然手段更加科学、合理、公正。

1. 规制文物犯罪的刑罚设置的不足

从整体而言，我国刑法对文物犯罪刑罚的设置，总体是强力积极、畅通

---

① 薛瑞麟：《文物犯罪研究》，中国政法大学出版社，2002，第197~198页。
② 赵秉志：《当代中国刑罚制度改革论纲》，《中国法学》2008年第3期。
③ 〔日〕中山研一：《刑法的基本思想》，姜伟、毕英达译，国际文化出版社，1988，第129页。
④ 张明楷：《刑法的基本立场》，中国法制出版社，2002，第343页。
⑤ 刘军：《该当与危险：新型刑罚目的对量刑的影响》，《中国法学》2014年第2期。

合理的，但若围绕着罪责刑相适应原则深究而论，仍旧存在瑕疵与缺陷，主要存在法定刑的规定幅度过于宽大、各罪的量刑在横向对比中发现匹配不合理、财产刑的适用不够科学这三个方面的问题。

（1）文物犯罪法定刑幅度规定得过于宽大

刑法关于法定刑的配置包括绝对确定的法定刑和相对确定的法定刑两种基本模式。[①] 而文物犯罪相对确定的法定刑幅度存在过于宽大的问题，主要存在于故意损毁文物罪、故意损毁名胜古迹罪、倒卖文物罪、走私文物罪这四个罪名中。故意损毁国家保护的珍贵文物或者被确定为全国重点文物保护单位、省级文物保护单位的文物的，处三年以下有期徒刑或者拘役，并处或者单处罚金；情节严重的，处三年以上十年以下有期徒刑，并处罚金。故意损毁国家保护的名胜古迹，情节严重的，处五年以下有期徒刑或者拘役，并处或者单处罚金。以牟利为目的，倒卖国家禁止经营的文物，情节严重的，处五年以下有期徒刑或者拘役，并处罚金；情节特别严重的，处五年以上十年以下有期徒刑，并处罚金。走私国家禁止出口的文物，处五年以上十年以下有期徒刑，并处罚金；情节特别严重的，处十年以上有期徒刑或者无期徒刑，并处没收财产；情节较轻的，处五年以下有期徒刑，并处罚金。由此可见，在这些罪名中，最低刑可以是拘役甚至是单处罚金，最高刑则可以高至十年以上的有期徒刑乃至无期徒刑，量刑的可跨越幅度非常之大。法定刑是罪行轻重的体现，法定最高刑3年以下有期徒刑的为轻微犯罪。[②] 所以，这些罪名当中的同一项罪名，可以被评价为重罪也可以被评价为轻罪，而这在立法和司法解释中都没有得到合理的区分和限制。因此，实务中对这些罪进行量刑时，常常有不同的刑种或若干个刑期可供选择，弹性较大。但深究而论，大幅度的量刑设定应由立法权把握，上述罪名的量刑设置在立法上让与了法官空间极大、高度自由的刑罚裁量权，并不利于司法的公平和公正。由此在实务中可能会出现两个高度近似的案件，其审判的结果呈现天壤之别的情形，即便有司法解释的约束和指引，但由于法定刑幅度的确立，量刑幅度在立法上得不到有效的细化与合理的制约之前，枉法裁判者依旧可以有权力寻租、

[①] 熊秋红：《中国量刑改革：理论、规范与经验》，《法学家》2011年第5期。
[②] 郑丽萍：《轻罪重罪之法定界分》，《中国法学》2013年第2期。

制造司法腐败的空间。

（2）有违罪责刑相适应原则

除了法定刑的幅度过于宽泛，规制文物犯罪的量刑还存在一个严重的不合常理之处。依照刑法的常理逻辑，在同一种实害结果的故意和过失犯罪中，故意犯罪的主观犯意应当大于过失犯罪的主观恶性。因此，在实害结果相同的情况下，对故意犯罪的处罚应该要重于过失犯罪。但横向对比相关联的文物犯罪，以损毁文物犯罪的两个罪名为代表，惩处故意损毁文物罪行的最低刑为罚金，而惩处过失损毁文物罪行的最低刑为拘役。由此可见，故意损毁文物罪可以单独地适用财产刑，而过失损毁文物罪的最低刑都必须要使用人身刑罚。这就表明，当前刑法在对故意损毁文物的行为量刑处罚时，可以比处罚过失损毁文物的行为量刑轻。因此，笔者认为，这已经明显地违背了罪责刑相适应原则的刑罚设置要求。

（3）罚金刑的适用不够全面彻底

罚金刑有着其他刑种所不具备的明显优势，而且在许多方面远比其他刑罚占有优势。[①] 通过横向对比规制文物犯罪的12项罪名，发现罚金刑的适用不够全面彻底。过失损毁文物罪，失职造成珍贵文物损毁、流失罪，盗窃、抢夺国有档案罪，擅自出卖、转让国有档案罪这四项罪名未设置罚金刑，这是规制文物犯罪的刑罚手段上的局限和遗憾。

2. 完善规制文物犯罪的刑罚设置

相对于刑罚正义，刑罚个别化应当是次要考虑的方面。[②] 但无论是刑罚正义还是刑罚个别化，都以量刑规范化为出发点。根据规制文物犯罪的刑罚规定现状，要完善规制文物犯罪的刑罚规范化设置，应从压缩法定刑幅度、优化罪刑匹配、扩大罚金刑的适用三个方面进行刑罚规范化的完善。

（1）细化量刑标准

需要首先阐明的是：量刑的公正是相对的，要保证量刑的公正，就必须要赋予法官自由裁量权，但同时刑罚的自由裁量权必须要受到严格、科学的规范和约束，只有在这样的前提下，量刑公正才可以最大限度地实现。这就

[①]　高铭暄、孙晓：《宽严相济刑事政策与罚金刑改革》，《法学论坛》2009年第2期。

[②]　周光权：《刑法总论》（第二版），中国人民大学出版社，2011，第41~42页。

需要构建一个标准的量刑幅度。构建标准量刑幅度的作用，主要是可以调整和限制法定刑幅度超过 4 年的裁量空间。① 此外，文物犯罪的法定刑幅度之所以较大，是出于打击文物犯罪的需要，为了体现罪责刑相适应原则，要求大幅度地压缩各罪的法定刑弹性空间并不科学。因此，限制法官量刑权的最佳手段就是在立法上细化量刑的标准，即在各罪的法定刑幅度内，设置多个量刑指标要求，分割多个量刑期间。故意损毁文物罪情节严重的，处 3 年以上 10 年以下有期徒刑，在这档刑罚期间，量刑幅度是 7 年，因此，有必要在"情节严重"的认定中再进行细分，以致使文物毁损的实害程度、主观犯意、作案手段等关键量刑评价要素作为依据，将 3 至 10 年的刑期划分为 3 至 7 年、7 至 10 年两档。同样，故意损毁名胜古迹罪情节严重的要处 5 年以下有期徒刑或者拘役，应当分为 3 年以下有期徒刑或拘役、3 年以上 5 年以下有期徒刑两档刑期；倒卖文物罪应细分为 3 年以下有期徒刑或拘役、3 年以上 7 年以下有期徒刑、7 年以上 10 年以下有期徒刑三档刑期。

虽然自 2016 年 1 月 1 日起实施的《最高人民法院、最高人民检察院关于办理妨害文物管理等刑事案件适用法律若干问题的解释》（法释〔2015〕23 号）重新明确了文物犯罪的具体情节，尤其是对走私文物罪，在第 1 条规定：刑法第 151 条规定的"国家禁止出口的文物"，依照《中华人民共和国文物保护法》规定的"国家禁止出境的文物"的范围认定。走私国家禁止出口的二级文物的，应当依照刑法第 151 条第 2 款的规定，以走私文物罪处 5 年以上 10 年以下有期徒刑，并处罚金；走私国家禁止出口的一级文物的，应当认定为刑法第 151 条第 2 款规定的"情节特别严重"；走私国家禁止出口的三级文物的，应当认定为刑法第 151 条第 2 款规定的"情节较轻"。走私国家禁止出口的文物，无法确定文物等级，或者按照文物等级定罪量刑明显过轻或者过重的，可以按照走私的文物价值定罪量刑。走私的文物价值在 20 万元以上不满 100 万元的，应当依照刑法第 151 条第 2 款的规定，以走私文物罪处 5 年以上 10 年以下有期徒刑，并处罚金；文物价值在 100 万元以上的，应当认定为刑法第 151 条第 2 款规定的"情节特别严重"；文物价值在 5 万元以上不满 20 万元的，应当认定为刑法第 151 条第 2 款规定的"情节较轻"。这确实细化了

---

① 简基松：《防范量刑偏差之理路》，《中国法学》2009 年第 6 期。

量刑，也构建了一个相对稍小的量刑幅度空间。但遗憾的是，该司法解释尚未对量刑进行一个非常到位的细化。为了维护刑法的稳定性，这些细化量刑、构建标准的量刑幅度期间的操作可以通过司法解释完成，使量刑的评价更为精确和细化，也使法官的自由裁量权和法定量刑得到有机统一。

（2）完善刑罚设置以保证罪责刑相适应

功利主义法学认为，只有让犯罪分子为他的犯罪行为付出的刑罚代价大于他因犯罪而获得的利益时，刑罚的目的才能真正实现。[①] 针对损毁文物的犯罪，过失损毁文物罪的主观犯意要比故意损毁文物罪的主观恶性小，而过失毁损文物罪的惩处却比故意损毁文物罪的起刑点要高，这就有可能在立法上产生刺激犯罪分子去故意犯罪的效果，因为故意损毁文物罪的行为有时会比过失损毁文物罪的行为承担的责任要轻。因此，为了体现罪责刑相适应原则的要求，尽可能地降低不合逻辑的犯罪实害结果，过失损毁文物罪的最低刑应当比照故意损毁文物罪的最低刑设置为罚金刑，这样更为合理。

（3）强化罚金刑的适用力度并优化刑罚的结构

罚金刑针对初犯者、过失犯者适用，能起到所期待的惩治效果。[②] 因此，作为刑期都是3年以下的过失损毁文物罪、失职造成珍贵文物损毁、流失罪都是轻罪和过失犯罪，并不必在量刑方面都设定为人身刑罚，而是应当设立罚金刑，并应规定单独适用罚金刑的情形。并且，罚金刑作为自由刑的一种，可以有效避免人身刑造成的不必要的负担和社会危害，如可以减轻监禁压力，避免犯人在狱中的交叉感染，体现文明的人道主义精神等优势。此外，罚金刑的设置更是对规制文物犯罪的刑罚结构的优化。刑罚结构决定刑罚运行的内部环境，构成了整体刑罚功能的基础。[③] 所以，针对文物犯罪，全面推进罚金刑的适用，增加刑种的设置，构建合理的刑罚选择模式，有助于刑罚结构的优化，可以使刑罚的运作和功能更加科学、合理、完善。

三　我国文物的刑法保护之应然性完善

上一部分是基于刑法规制文物犯罪的实然功能而论证的罪刑设置缺陷，

[①]　〔意〕切萨雷·贝卡里亚：《论犯罪与刑罚》，黄风译，北京大学出版社，2008，第63页。

[②]　张明楷：《外国刑法学纲要》，清华大学出版社，1999，第392页。

[③]　储槐植：《刑事一体化与关系刑法论》，北京大学出版社，1997，第403页。

并提出完善当前立法不足的建议。但除了实然的法，还有应然的法。"所谓应然，对法而言就是指理想的法，它是人们在认识事物，特别是认识人的本性与活动规律的基础上于内心所形成的对人生之道的观念。"① 因此，我们应当以法的应然性为立论，以强化刑法对文物的保护功能为主旨，论证刑法在保护文物的功用上可以提供哪些更好的措施，进而弥补当前刑法规制文物犯罪在功能上存在的空白，扩展刑法保护文物的作用范围，从而转换为刑法保护文物的实然功能，发挥刑法保护文物的必然作用。笔者认为，我国文物的刑法保护，在应然性的改进方面，应该从优化立法构造、加强对文物的刑法保护两大方面着手。

（一）优化立法构造

立法构造反映立法的价值观并体现立法水平。优化规制文物犯罪的立法构造，是法的应然要求。本节以提升规制文物犯罪的立法理念为核心，提出从四个方面优化规制文物犯罪的立法构造：在对象的明确上，应在刑法典中设立文物的概念；在法益上，应当统一理顺相关法益，并坚持其独立性；在罪的设置上，优化罪名体系设置；在刑罚上，应该顺应轻刑化趋势，逐步合理地降低规制文物犯罪的刑罚。

1. 在刑法中明确文物的概念

目前，在刑法上仍未规定文物的概念，在实务操作中，主要根据《最高人民法院、最高人民检察院关于办理妨害文物管理等刑事案件适用法律若干问题的解释》（法释〔2015〕23 号）的规定，直接把《文物保护法》中关于文物的规定等同于刑法上文物的概念范围。虽然这可以解决实务中关于什么是文物的司法认定问题，但这并不是理想的方式，欠缺严谨性和科学性。对于本观点的立场价值，本章将从必要性和完善建议两个方面给予阐释。

刑法作为基本法律，其地位和规则准入门槛应当高于《文物保护法》这一行政性的保护法律。因为刑罚具有最后的手段性，刑法对文物的保护也与

---

① 严存生：《"法"的"存在"方式之三义：必然法、应然法、实然法》，《求是学刊》2015 年第 2 期。

文物保护法对文物的保护存在内涵和价值上的差异。刑法规制文物犯罪时采用文物保护法中关于文物的定义和范围，欠缺严谨性。并且，刑法条文中也未明文规定对于文物的定义直接引入《文物保护法》中的规定，在实务中是通过司法解释得以疏通和运作。虽然司法解释的效力等同于法律，但司法解释是为了发现法律的真意而非创设法律，仅靠司法解释把刑法上文物的定义等同于文物保护法中的文物定义，有违罪刑法定原则。此外，虽然刑法在妨害文物管理罪中规定了故意损毁名胜古迹罪，但是《文物保护法》中并没有将名胜古迹归结为文物的范畴，因此，非常有必要在刑法上把名胜古迹也纳入文物的内涵中。再者，珍贵文物在立法上缺失一个判定的标准，这就需要通过立法或是立法解释给予说明。因此，为了保证刑法的严谨性，体现罪刑法定的原则，刑法中应明确定义文物的概念。

笔者建议，首先，应在刑法上明文规定：关于文物的定义，明确包括《文物保护法》中阐述的文物定义，但不应包括档案。其次，将名胜古迹纳入刑法的文物范畴。最后，应该在立法或立法解释上明确珍贵文物的判定标准。

2. 统一并坚定文物的刑法法益

对于文物的刑法法益，应从统一和坚定两个相辅相成的方面进行完善。

（1）统一文物的刑法法益

犯罪客体是我国刑法所保护的、为犯罪行为所侵害的社会关系。[1] 张明楷教授认为："犯罪的客体实际上就是刑法上的法益，即犯罪客体的内容应当是刑法上所保护的利益。"[2] 一般而言，类罪的篇章设置，都以刑法所保护的某类对象作为指引，进而在该类对象的内涵延伸点上找出其共同性给予整体保护，并将这种整体保护的关系确立为客体，即法益，然后在刑法典中设立专门的章节，规制犯罪行为所侵害的法益，从而体现对某一类犯罪对象的重视。在我国的现行刑法中，以文物作为犯罪对象侵害的法益，主要是国家对文物的管理秩序，此外走私文物罪侵害的是国家进出口的经济管理秩序，失职造成珍贵文物损毁、流失罪侵害的法益是国家机关对文物的保护工作秩序。但

---

[1]　高铭暄、马克昌、赵秉志：《刑法学》（第五版），北京大学出版社，2011，第52页。

[2]　张明楷：《法益初论》（第一版），中国政法大学出版社，2000，第181页。

无论是妨害文物管理罪，还是走私文物罪，或是失职造成珍贵文物损毁、流失罪，都在本质上侵害了文物本身的安全和管理秩序。走私文物罪的实害结果在本质上会造成国家丧失对走私出境的文物的现实管理权，失职造成珍贵文物损毁、流失罪的实害结果在本质上会破坏国家对文物安全的管理秩序。所以，本章认为，所有针对文物的犯罪，法益都应该统一为国家对文物的管理秩序，更为科学和合理，也更能体现刑法对保护文物的重视。

（2）坚定文物的刑法法益

但凡非常重要的利益，都以独立且不可替代的位置彰显。随着生态环境的恶劣，赵秉志教授主张，应当在刑法典中设立专门的环境犯罪章节，并认为，"应将《刑法》分则第六章第四节中的故意毁损名胜古迹罪，盗掘古文化遗址、古墓葬罪，盗掘古人类化石、古脊椎动物化石罪亦纳入侵害环境罪这一章中。名胜古迹、古文化遗址、古墓葬、古人类化石、古脊椎动物化石均属于《环境保护法》第2条所规定的环境要素，在环境问题日益成为重要的社会问题的情况下，对上述环境要素侵害的主要客体实际上已是对环境的侵害，而非对文物的侵害。"[1] 本章赞成设立环境犯罪章节的主张，但不同意将文物犯罪归属于环境犯罪。因为，虽然名胜古迹、古文化遗址、古墓葬、古人类化石、古脊椎动物化石属于《环境保护法》所规定的环境要素，盗掘古文化遗址、古墓葬罪，盗掘古人类化石、古脊椎动物化石罪所侵犯的客体也涉及环境要素，但若是将文物的刑法法益从属于环境的刑法法益，这就不足以在刑法上体现对文物保护的重视，也不利于刑法对文物的统一保护，在刑法对文物的保护功能方面甚至是一种观念退步。因此，要坚定对文物刑法法益的保护，设立妨害文物管理罪的独立章节，只有这样才可以彰显文物的重要性和不可替代性。

3. 优化罪名体系

刑法罪名的体系归属，一般由各罪的客体所决定。在统一文物的刑法法益后，应当优化文物犯罪的罪名体系设置，把走私文物犯罪、失职造成珍贵文物损毁、流失罪归入妨害文物管理罪的类罪中，把档案犯罪移出妨害文物管理罪。

---

① 赵秉志、陈璐：《当代中国环境犯罪刑法立法及其完善研究》，《现代法学》2011年第6期。

（1）将档案犯罪移出妨害文物管理罪的体系

刑法学界认为，档案犯罪的侵害法益是国家的档案管理制度和档案的国家所有权。[①] 至于刑法中认为的档案，其定义由《文物保护法》和《档案法》规定，包括一般国有档案和历史久远的档案。目前，我国在妨碍文物管理秩序罪的体系中，设置了盗窃、抢夺国有档案罪，擅自出卖、转让国有档案罪，这些罪名设定的犯罪对象是档案，而把档案归入文物的范畴中，甚是牵强。"国有档案"一般并不属于"文物"的范畴。虽然不能排除某些国有档案具有文物意义，但绝大多数的"国有档案"不具有历史文物的意义。[②] 的确，《文物保护法》中规定的文物明确包含："重要的革命文献资料以及具有历史、艺术、科学价值的手稿、古旧图书资料等"，这部分档案确实属于文物范畴，可以认定为文物，若是针对这部分档案的犯罪，可以认定是针对文物的犯罪。但是多数的国有档案，并不具有文物的特征。因此，为了罪名体例设置的科学性，应该将档案犯罪移出妨碍文物管理秩序罪的体系，建议在刑法中设立专门规制档案犯罪的章节，这不仅有利于文物犯罪各罪名设置的科学统一，更利于加强对档案的刑法保护。

（2）将走私文物罪、失职造成珍贵文物损毁、流失罪归入妨害文物管理罪的体系

虽然走私文物罪侵害了国家进出口经济管理秩序，失职造成珍贵文物损毁、流失罪侵害的法益是国家机关对文物的保护工作秩序。但与妨害文物管理罪的各罪一样，无论是走私文物罪，还是失职造成珍贵文物损毁、流失罪，都在本质上侵害了文物本身的安全和管理秩序。走私文物罪的实害结果在本质上会造成国家丧失对走私出境的文物的现实管理权，并且在走私的过程中往往会致使文物遭受破坏甚至灭失，由此可能会导致国家对文物所有权的灭失；失职造成珍贵文物损毁、流失罪的实害结果则在本质上会破坏国家对文物安全的管理秩序。因此，为了强调对文物的刑法保护的重视，优化罪名体系设置，体现对文物犯罪的科学评价，应将走私文物罪、失职造成珍贵文物损毁、流失罪归入妨害文物管理罪的体系。

---

① 王作富：《刑法》（第四版），中国人民大学出版社，2009，第507页。
② 谢望原：《论妨害文物管理罪》，《国家检察官学院学报》1999年第3期。

4. 逐步减轻对文物犯罪的刑罚

我国目前刑法，相较于其他国家或地区对文物犯罪的处罚，对文物犯罪规定的人身刑罚处罚程度过重，虽然从刑法的实然性的角度并不应评价为缺陷或是不足。但是，从刑法的应然性而言，应该逐步合理地减轻对文物犯罪的刑罚。毕竟，"刑罚处罚程度由重到轻，是历史发展的进步表示和必然结果。"①

《德国刑法典》第 304 条规定："非法损坏或毁坏德国境内的宗教团体的崇拜物品、礼拜物品、墓碑、公共纪念碑、重点保护的自然遗产、公共博物馆保管或者公开陈列的艺术、学术或手工物品，或公用或美化公共道路、广场或公园的物品的，处三年以下有期徒刑。"② 日本《文化财保护法》第 106 条之二规定："违反第 56 条之十三的规定，未经文化厅长官的许可，将重要有形民俗文化出口者，处以三年以下监禁，并处以 50 万以下罚款。"我国台湾地区在《文化资产保存法》中设置了刑事法律规范，对毁损、采掘、未经许可转移文化财产的犯罪行为，所处最重的刑罚仅为有期徒刑 5 年，并且对大多数的文化财产犯罪都可以单处罚金。由此可见，我国刑法对文物犯罪的刑罚，在人身刑方面存在过重的问题。

所以，在全球轻刑化的发展背景下，建议逐步废除走私文物罪无期徒刑的刑罚设置，并将文物犯罪各罪的有期徒刑最高法定刑降低至 10 年以下，体现人道和文明的精神，也体现法治的进步。

（二）加强对文物的刑法保护

加强对文物的刑法保护，主要通过三个方面实现。第一，玷污文物的行为应认定为犯罪；第二，将我国流失的文物纳入刑法保护范围；第三，增设两个罪名，把失职造成名胜古迹损毁、灭失的行为评价为犯罪，并设立失职造成名胜古迹损毁、灭失罪，把盗窃文物的犯罪独列为盗窃文物罪。

1. 故意玷污文物和名胜古迹的行为应被认定为犯罪

对于把故意玷污文物和名胜古迹的行为认定为犯罪的主张依据，本书将

---

① 赵秉志：《当代中国刑罚制度改革论纲》，《中国法学》2008 年第 3 期。
② 徐久生、庄敬华译：《德国刑法典》，中国方正出版社，2002，第 146 页。

从社会危害性、必要性、评价方式三个方面进行论述。

（1）社会危害性分析

一个行为之所以被评价为犯罪，是因为其具有严重的社会危害性。近年来，玷污涂画名胜古迹、文物的行为逐渐增多，甚至情形愈加恶劣，此类行为会导致名胜古迹和文物的评价降低，甚至丧失功能和价值。因为一般而言，名胜古迹和文物，都依靠整洁的外表去支撑它的社会观赏价值，进而为所有方创造财富。此外，名胜古迹和文物整洁的外表，更是通过它研究历史事件、发现文明历程、寻找功能价值的必要基础，而玷污行为破坏的这一切都是名胜古迹和文物的价值所在，玷污了文物，在一定意义上，无异于毁损文物。所以在实质上，其严重实害结果并不亚于损毁文物造成的损失，必须进行遏制和规范。

（2）认定为犯罪的必要性

第一，故意玷污文物或名胜古迹的行为主观恶性巨大，无异于对文物或名胜古迹的故意损毁，若是不对此类行为进行遏制，随着时间的推移，此类社会风气会造成故意玷污文物和名胜古迹行为的增多，使文物和名胜古迹的实质安全和功能价值遭受严重的危害。第二，玷污文物或是名胜古迹的行为，可以评价为损毁行为。因为对损毁的认定不应局限于通过暴力把文物或是名胜古迹的固态构成破坏掉，文物和名胜古迹的价值更应侧重于观赏性和研究性，一旦玷污的行为对文物或名胜古迹的观赏性和研究性造成损害，就应该被认定为损毁。第三，把故意玷污文物和名胜古迹的行为认定为犯罪，可以发挥预防犯罪的功能，在一定程度上震慑和遏制玷污文物和名胜古迹行为的发生和蔓延。第四，通过比较法的视野，其他国家将玷污文物的行为也认定为犯罪。意大利刑法在第639条中设立了污损或者玷污他人物品罪，当中明确规定："如果行为是针对位于任何地点的具有历史或艺术价值的物品实施的，或者是针对位于历史中心范围内的不动产实施的，处以1年以下有期徒刑或者1032欧元以下的罚金，并且实行公诉。"[①]而"具有历史或艺术价值的物品""历史中心范围内的不动产"的涵盖范畴就包括了文物。此外，在意大利，被提起公诉的犯罪指控都是严重的犯罪，

---

① 《最新意大利刑法典》，黄风译，法律出版社，2007，第230页。

污损和玷污文物都要通过公诉的方式被科以刑罚，可见意大利对文物在刑法上的保护是多么重视。

所以，有必要把故意玷污文物和名胜古迹的行为认定为犯罪，这有利于强化对文物和名胜古迹安全的保护。

（3）评价为犯罪的方式建议

对于把故意玷污文物和名胜古迹的行为认定为犯罪，在刑法上，有两种方式可以选择。第一，若是认为故意玷污文物和名胜古迹的行为，属于故意损毁的行为范畴，则把故意玷污文物的行为纳入故意损毁文物罪的行为范畴，把故意玷污名胜古迹的行为纳入故意损毁名胜古迹罪的行为范畴，不必设立新的罪名。第二，若是认为故意玷污文物和名胜古迹的行为，不属于损毁行为的范畴，或是为了方便具体情形和行为的认定，可以单独设立故意玷污文物罪和故意玷污名胜古迹罪。

2. 将我国流失的文物纳入刑法保护范围

我国流失海外的文物数量巨大。"中国文物学会统计，我国有超过1000万件中国文物流失海外，主要流失到了欧美、日本和东南亚等国家及地区，而其中有100多万件是国家一、二级文物。另据联合国教科文组织统计的数据显示，目前在全球47个国家的218个博物馆中藏有176万件中国文物，而民间所藏中国文物是馆藏数量的10倍之多。这个统计的范围还仅仅是各国博物馆中的藏品，属于有据可查的文物，而隐藏在世界各国大学图书馆、美术馆、画廊、私人收藏家手中的中国文物更是难以计数。需要指出的是这两个数据不包括通过合法途径流出的文物。"[①] 因此，为了发挥国家强制力对流失文物的追索，促进流失的文物回归祖国，遏制文物犯罪，应将我国流失的文物纳入刑法保护范围。对此观点，本章从必要性、可行性及立法建议两个方面进行论述。

（1）将我国流失的文物纳入刑法保护的必要性

任何国家在国际上追索流失的财产，都必须以自己的国内法为依据。在所有的法律救济途径中，刑法无论是对个人财产还是国家财产，都具有

---

① 贡蕊：《海外流失文物追索的法律问题研究》，硕士学位论文，河北经贸大学国际法学专业，2015，第27页。

最后的权利救济意义。对于流失文物，将其纳入刑法的保护范围，有两个方面的必要性。第一，国际公约欠缺对缔约国追索流失文物的完备机制支持；第二，通过国际诉讼或国际司法合作机制追索文物都需要以国内法的权属规定甚至罪刑规定作为依据，将流失文物纳入刑法保护范围，有利于国际追索。

第一，国际公约欠缺对缔约国追索流失文物的完备规定。

自二战结束以来，国际社会一直在寻找解决各国追索流失文物问题的方式和途径，而国际公约无疑是最好的途径和解决手段。至目前为止，国际社会制定的最主要的有关文物保护与返还的三项国际公约分别是联合国教科文组织通过的 1954 年《海牙公约》、1970 年《关于禁止和阻止非法进出口文化财产和非法转让其所有权的方法的公约》、国际统一私法协会 1995 年通过的《国际统一私法协会关于被盗或者非法出口文物的公约》。这三项公约从不同方面对文物的保护、返还等问题做出了规定，为解决国际纠纷提供了国际法依据。但是，这三个公约都难以对缔约国追索流失文物提供完备、强效的支持。这些公约条款的实现，都需要通过外交途径进行协商解决，这就需要政治力量的博弈；各缔约国也由于国内法的规定不一，难以对流失文物的权属做出统一的认定；各缔约国之间的司法机制也都存在较大的差异，更不可能在文物流失至各缔约国后，迅速直接地通过司法强制力进行返还。

第二，有利于在国际上追索流失的文物。

从国际文物追索诉讼的实践来看，权属不清的文物在外国法院的诉讼中容易受到各项限制。因此，如果可以通过立法的方式将流失文物的所有权确定为国家所有，并且将在外国对我国流失文物进行的一些不法行为确定为犯罪，那么在国际上追索流失文物，我国将有法可依、有罪可证，对追索流失文物能够产生一定的益处。同时能够发挥刑法震慑犯罪的作用，震慑流失文物犯罪的行为人，在事后也可有法可依地惩戒流失文物犯罪的行为人，有利于减少文物的流失。此外，针对因为走私、盗窃等原因流失的文物，若需要通过国际警务合作机制进行追索，防范流失的文物在境外再次被犯罪行为所践踏，就需要将国内刑事法律对流失的文物提供的保护作为依据。

（2）可行性及立法建议

对于在近代因侵略战争而流失的文物，由于复杂的国际法因素和政治考量，不宜通过国内刑法的强制力进行保护。但对于当今因为走私、倒卖、非法赠送的犯罪行为而流失出境的文物，国家可根据刑法的属地管辖原则，通过立法或立法解释，把流失出境的文物列为追索对象；对于在境外针对我国流失文物的进一步走私、转卖的行为，我国法律应否认其合法取得效力，并考虑将其实行行为认定为犯罪，根据具体情节，认定为走私文物罪或倒卖文物罪，一旦这些流失的文物再次进入我国境内，便可依法强制回收。虽然在执法操作实践上难以对在境外针对我国文物进行的犯罪进行及时、有效的打击，但是通过立法将流失出境的文物纳入我国的刑法保护范围，有助于震慑潜在的犯罪，为我国流失的文物回归起到国家强制力的保障作用。

3. 增设两个罪名

基于法律的应然要求，为了更彻底、更合理地规制和评价文物犯罪，预防文物犯罪的发生，发挥刑法保护文物的功能，建议增设失职造成名胜古迹损毁、灭失罪，盗窃文物罪两个罪名。

（1）设立失职造成名胜古迹损毁、灭失罪

刑法第 419 条规定了失职造成珍贵文物毁损、灭失罪，其主体是负有保护珍贵文物职责的国家工作人员，此处的"珍贵文物"是指可移动的文物。刑法上所保护的名胜古迹主要指的是不可移动的古文化建筑、古墓葬、古文化遗址，属于广义上不可移动的文物范畴。古文化建筑、古墓葬、古文化遗址同样具有很高的科研价值，当中往往埋藏有众多的一级、二级和三级珍贵文物，一旦古文化建筑、古墓葬、古文化遗址毁损，会直接破坏文物存在的环境，后果严重的将导致当中贮藏的文物丧失价值，因为名胜古迹被损毁或是灭失，其中贮藏或承载的文物就算没有被直接破坏，也会因为离开了所在的环境而存在无可估量的潜在风险。由于这些名胜古迹的高价值性，国家自然会赋予相关的机构和人员保护名胜古迹的职责。但由于失职造成名胜古迹损毁、灭失的行为并不被刑法评价为犯罪，那么如果是失职造成名胜古迹毁损乃至灭失的严重后果，只要不致使其中贮藏的珍贵文物损毁或灭失，就不会受到刑法的惩处。但这样的行为与失职造成珍贵文物毁损、灭失的行为相比，其社会危害程度有过之而无不及。

所以，为了强化负有保护名胜古迹职责的相关责任人的权责意识，提高文物的保护层次，应当设立失职造成名胜古迹毁损、灭失罪。

（2）设立盗窃、抢夺文物罪

《刑法修正案（八）》中，对刑法原第 264 条的盗窃罪进行了大幅修改，删除了原有的盗窃珍贵文物被认定为严重情节的规定，但至今的《刑法修正案（九）》都没有设立盗窃、抢夺文物罪的情形或罪名。笔者认为，文物并不能等同地被评价为一般财物，它有自己独特的价值，因为文物具有不可再生性并蕴含着历史价值，盗窃或抢夺文物具有特殊的社会危害性。正如由于盗窃、抢夺枪支、弹药、爆炸物、危险物质会具有特殊的社会危害性，所以刑法中设立了盗窃、抢夺枪支、弹药、爆炸物、危险物质罪。虽然，在《最高人民法院、最高人民检察院关于办理妨害文物管理等刑事案件适用法律若干问题的解释》第 2 条中规定：盗窃一般文物、三级文物、二级以上文物的，应当分别认定为刑法第 264 条规定的"数额较大""数额巨大""数额特别巨大"。盗窃文物，无法确定文物等级，或者按照文物等级定罪量刑明显过轻或者过重的，按照盗窃的文物价值定罪量刑。但是，若是针对文物的抢夺甚至抢劫行为，该如何认定损失的价值？这在司法解释中并无规定，因此，在实践中一旦发生此类案件，只能鉴定文物的市场价值，并将其认定为抢夺文物或抢劫文物造成的损失金额。但文物的鉴定本身就是一项高技术含量的工作，有其非常独特的专业性和主观操作空间，这就容易在实务中产生司法鉴定的争议，乃至影响案件的公正裁判。

所以，为了提高对文物的刑法保护层次，打击盗窃、抢夺文物的行为，建议在妨害文物管理罪的类罪中，设立盗窃、抢夺文物罪，并明确相关的认定情形和损失判定依据，以保证罪刑法定原则的落实。

四　本章小结

中国作为一个文明古国，有着丰富的文化财富，而当中最具智慧的物质结晶当属文物。文物因其独有的文化地位、科研考古价值及巨大的经济价值，成为众多犯罪分子和犯罪组织意图非法获取的目标，尤其是近年来，盗掘古墓葬、走私文物、损毁文物行为频频发生，保护文物的工作显得十分紧迫和艰巨。

目前，我国保护文物的法律体系中，形成了以文物保护法为核心，与其他法律法规相辅相成的严密的法律保护网。其中，刑法作为对文物的终极救济法律，设置了 12 个规制文物犯罪的罪名，并在刑罚方面突出了对文物犯罪的从重打击，基本可以满足规制文物犯罪的需要。但规制文物犯罪的立法并不是一劳永逸的，由于各罪的设置本身就难以尽善尽美，并且随着社会的发展和危害行为的演变，先前的立法就会与当前规制文物犯罪的需求产生不相适应的矛盾，因此刑法保护文物就会出现机能不足的状况。这就需要了解文物犯罪的基本概念和刑法设置，进而找出罪刑设置的不足，并对此提出完善的建议。但是，完善现行刑法规制文物犯罪的各罪，还不足以达到全面、彻底、合理地保护文物的应然要求，这就需要紧紧围绕罪刑法定原则、罪责刑相适应原则，从法律的应然性角度，提出刑法对文物保护的完善建议。这一系列建议，主要针对优化刑法的整体构造、强化刑法对文化财产的保护两大方面提出，旨在使现行刑法在保护文物方面存在的空白和欠缺得到一个应然的补全，以此期望刑法对文物起到更全面、更深入、更合理的保护功效。

法治是一个动态的过程，体现在立法方面即是对法律的不断改进和优化。刑法对文物的保护任重而道远，应随着时代的变化和现实的需要不断地做出调整，通过规制文物犯罪、预防文物犯罪发挥对文物的保护功能，从而守护中华民族祖先留下来的历史智慧财富和文明痕迹。

第七章　余论：刑法应该如何保护具有历史、艺术、宗教等意义的文化财产

——国际和国内的进路

　　具有历史、艺术或宗教等意义的财产，有着人类社会发展的足印，是一笔笔丰富的文化财富。历史见证了许多国家和人民遭受的由残酷和严重文化毁损行为带来的辛酸命运，一些文化已经不复存在，而另一些则深深地、不可逆转地改变了相关群体的文化认同。因此，起诉文化财产的犯罪显得极其重要。

　　从国际抑或国内的角度，我们都可以看出，法律对文化财产的保护首先源于财产自身的金钱价值，正如法律对于私人财产的保护一样。尽管国际刑法对于这些文化财产保护源于战争法的规范，但始终未能脱离对文化财产金钱价值进行保护这一路径。即使在 20 世纪人类历史第一次真正意义上的国际刑事审判实践（纽伦堡审判）中，对于纳粹掠夺、毁坏文化财产的行为大多仍然认定为对于公私财产的侵犯，而对被破坏财产的历史、文学、宗教、考古、科学价值的认定是不充分的。这一状况直至 1954 年的《海牙公约》才得以改善，《海牙公约》开始对每一民族具有重大意义的可移动及不可移动财产在武装冲突下进行保护。20 世纪后期及 21 世纪初的几个国际法律文件又将保护的范畴扩大至自然景观遗产和非物质文化遗产，同时将保护的期间扩展至非武装冲突时期。《柬埔寨法院高等法庭规约》甚至将武装冲突下文化财产的犯罪作为一个单独的罪名列入其中，欲对这类严重的国际犯罪行为进行惩治，不过遗憾的是，直至现在，《柬埔寨法院高等法庭规约》第 7 条还未应用于对任何嫌疑人的起诉和审判之中。在《国际刑事法院规约》生效前后，一些国家在自己国内的刑事立法中，相继加入了对于特定情形下破坏文化财产的行

为以战争罪行定罪的规定。这些国际、国内刑事立法的规定对于文化财产的保护起到了积极的作用。不过，无论是国际公约还是各国内的刑事立法，在这一问题上的规定还有许多不尽如人意之处，在打击文化财产犯罪方面明显力不从心。

虽然早在1974年著名的国际刑法学家巴西奥尼编纂《国际刑法典草案》之时，侵害文化利益的犯罪就被列入其中。而《罗马规约》谈判之初，也有代表认为应将破坏或者盗窃国家珍贵文化财产罪列入国际刑事法院的管辖范围之内。① 但真正要将有关文化利益的犯罪纳入国际刑事法院的属事管辖之中，困难是显而易见的。首先，涉及如何定义文化利益犯罪的问题，文化利益所涵盖内容的确定本身就是一个不小的难题。除了具有历史、文学、考古、宗教、科学价值的文化财产外，自然景观、非物质文化遗产如果也包括在内的话，那这一罪名所涵盖的对象很难有准确的名单，因为每一国家所保护的非物质文化遗产都是不断增加、无法准确确定的；而如果不将自然景观、非物质文化遗产包括进来，文化利益的犯罪概念又是不完整的。其次，文化利益相关的犯罪行为构成是纷繁复杂的。除了毁损、盗窃之外，在和平时期则更多地表现为非法贩运、非法进出口、非法交易等形式。所以，即使以"罗列但不完全限于"的方式硬将文化利益的犯罪对象纳入国际刑事法院的属事管辖之中，恐怕国际刑事法院也无法应付此类犯罪的审判。因为世界上几乎每天都在发生非法破坏、非法盗窃、非法贩运、非法交易等针对文化财产的犯罪行为。最后，除了已经列入《罗马规约》中的属国际刑事法院管辖的四类犯罪以外，还有许多也严重威胁到人类社会安全和发展的国际性犯罪未包含在国际刑事法院管辖之内，如海盗罪、毒品及精神调理物质非法贩运及交易罪、恐怖主义犯罪等等。如果侵害文化利益的犯罪交由国际刑事法院管辖的话，那更多的国际性犯罪毫无疑问也应当由国际刑事法院来进行管辖。这样一来，即使在国际刑事法院管辖权与国家主权不存在冲突的情况下，国际刑事法院也根本无力应付如此众多的国际性犯罪。如此，由国际刑事法院管辖侵害文化利益的犯罪并不可行。

---

① See Preparatory Committee on The Establishment of An International Criminal Court（11-21 February 1997），U. N. Doc. A/AC：249/1997/L. 5.，available at http：//www.iccnow.org/documents/DecisionsTaken11to21Feb97. pdf.

当然，国际刑事法院无法管辖单纯的侵害文化利益的犯罪（非战争状态下对文化财产的毁损或对作为精神迫害之文化财产的破坏），并不能说明此类犯罪就不是国际性罪行。据此，此类犯罪便可以从国际和国内两种刑事立法进路尽量得以合理安排。

1. 国际刑事立法进路的探讨

《危害人类和平及安全治罪法草案》（1996 年联合国国际法委员会修正）①规定了 5 类国际性犯罪，包括侵略罪、种族灭绝罪、危害人类罪、危害联合国及相关人员安全罪以及战争罪。这比 1991 年的草案还减少了干涉他国内政罪、实施殖民统治和其他外来统治罪、种族隔离罪、招募使用资助和训练雇佣军罪、国际恐怖主义犯罪以及非法贩运麻醉药品罪。② 当然，这与当时成立国际刑事法院，制定《罗马规约》有着莫大的关系，最终《罗马规约》只规定了可管辖的 4 类犯罪（事实上，国际社会也有了第一例因破坏历史文化财产而遭受审判并被定罪的案件。2016 年 9 月 27 日，国际刑事法院对马里武装组织"伊斯兰捍卫者组织"在廷巴克图的机构负责人马赫迪做出判决，认定其在 2012 年 6 月 30 日至 7 月 11 日期间在马里古伊斯兰文化中心廷巴克图直接指挥部队对具有高度历史和宗教价值的纪念碑和建筑物进行的蓄意破坏行为构成战争罪，判处其 9 年有期监禁，并赔偿廷巴克图社区的个人和集体 270 万欧元（赔偿令最终于 2018 年 3 月 8 日做出）。这是国际刑事法院对首例破坏历史和宗教遗产案具有里程碑意义的判决，对于具有保护历史、艺术、宗教等意义的文化财产保护有着深远的意义）。但国际社会对于国际性犯罪的立法编纂不应就此停止，《罗马规约》规定管辖的犯罪种类与国际性犯罪的立法并不冲突，将有关文化利益的犯罪（还包括故意破坏、非法盗窃、非法贩运、非法交易等行为）规制进入国际刑事立法之中是符合人类利益且在操作上完全可行的。将这类犯罪列入国际性刑事立法之中，并不是一定要某个国际刑事机构对这类犯罪实施管辖，它展现的是国际社会打击这类犯罪的态度，即

---

① See *Draft Code of Crimes against the Peace and Security of Mankind* (*1996*), available at http：//legal. un. org/ilc/texts/instruments/english/draft_ articles/7_ 4_ 1996. pdf.

② See *Draft Code of Crimes against the Peace and Security of Mankind* (*1991*), Yearbook of The International Law Commission 1991, pp. 94 - 98. Available at http：//legal. un. org/docs/? path =/ilc/publications/yearbooks/english/ilc_ 1991_ v2_ p2. pdf&lang = EFSRAC.

国际社会对侵害文化利益犯罪的不容忍。同时将这类犯罪的管辖权明确交与国家，可以让针对这类犯罪的国家普遍管辖权成为一种国际法的习惯，正如世界各国对于海盗罪、酷刑罪的认可一样。

通过国际社会对于国际罪行的立法，整合现有的国际性犯罪，规范犯罪的构成要件，使相当的国际性犯罪不只停留于学术探讨层面，避免在实践运用上的困难。就文化利益的犯罪来说，综合国际社会现有的具有法律效力的公约以及不具拘束力的文件，可以最大可能地涵盖文化利益犯罪的对象、行为要件，不至于发生一场战争就需要出台一个国际性法规来进行制裁，也不至于出现一个较极端的破坏行为再宣告一个宣言，① 并将有关非法进出口、非法转让文化财产的国际现有规定进行整合。这样，有了一个综合性的国际刑事立法，再在立法中规定国家的普遍管辖权，这样任何一个类似的犯罪无论犯罪人国籍、犯罪行为地、受害国等因素，任何一个国家都可对这类犯罪行为实施刑事制裁。这更有利于打击针对文化财产的犯罪行为。

2. 国内刑事立法进路之考量

在国际性综合刑事立法的基础上，各国需要对针对文化财产犯罪的国内立法进行完善。这种完善可以考虑从以下三个方面进行。

一是与国际刑事法院管辖的犯罪相结合，设置对相关的犯罪行为的制裁，如满足一定条件的侵犯文化财产的行为构成战争罪和危害人类罪行，需要承担个人刑事责任。从各国针对文化财产犯罪的刑事立法来看，只有欧洲一些国家、美洲的加拿大、个别的非洲国家以及南太平洋地区的新西兰、澳大利亚对此有与《罗马规约》相衔接的国内立法，如英国的《国际刑事法院法》、德国的《违反国际法的犯罪治罪法典》、新西兰的《国际刑事法院法》、澳大利亚的《国际刑事法院法及其修正案》、加拿大的《危害人类罪和战争罪法》、南非共和国的《国际刑事法院法》，以及捷克的《刑法典》和澳大利亚的《联邦刑法》中专章规定的"危害人类罪"等。除这些国家外，世界上大多数国家对于《罗马规约》中所规定的犯罪均未有国内的立法。这当然不利于对构成战争罪、危害人类罪中文化财产破坏行为的惩处，因为国际刑事法

---

① 二战后有了惩治德国战犯的《欧洲国际军事法庭宪章》，前南斯拉夫内战后有了《前南斯拉夫问题国际刑事法庭规约》，巴米扬大佛被毁后有了《关于蓄意破坏文化遗产问题的宣言》，ISIS破坏伊拉克和叙利亚文化古迹后又有了《世界文化遗产波恩宣言》（2015年）。

院的管辖毕竟是对国家管辖权的一种补充，国家管辖权的实施仍然是最重要的打击文化财产犯罪的方式。

二是制定与国际刑事司法协助相关的国内立法。事实上，前文所述的几个国家的国际刑事法院法大多都规定有与国际刑事法院进行司法协助的内容，也有一些国家在其单独制定的国际刑事司法协助法中有相关的规定。如新西兰的《刑事司法协助法》、加拿大的《刑事司法协助法》、新加坡的《刑事司法协助法》和毛里求斯《刑事司法协助和相关事项法》等。这些国家的相关立法规定本国与国际刑事法院间的刑事司法协助事宜，包括调查取证、执行逮捕、执行没收等。这样的规定对于国际刑事法院打击战争罪和危害人类罪中侵犯文化财产的行为提供了强有力的保证。

三是在国内刑事立法中对文化利益的犯罪进行详细的规范，并在国内刑法总则规定上，对这类犯罪规定完整的普遍管辖权。详细地进行规范，即对犯罪的对象、犯罪的行为、犯罪的主观状态以及犯罪的主体特征等内容要有细致的说明，犯罪的构成要件能够成为在具体情形下进行判断的依据。对这些内容的规范可以根据各国的刑事立法习惯放在刑法之中或其他行政管理法之中。具体内容在哪部或哪几部法律内进行规定不必一致，重要的是对于具有人类历史、文学、宗教、考古、科学等价值的文化财产有完备的法律保护，当出现违反行为时有严厉的刑事制裁措施。另外，国家的刑事立法还应在普遍管辖的犯罪种类、普遍管辖的实施等方面也有细致的立法规定，使侵害文化利益这类国际性犯罪的普遍管辖便于在国内得以真正实施。在侵害文化利益的犯罪已经进入国际性犯罪领域的基础上，对此类犯罪以国内立法的方式规定国家的普遍管辖是合理的，也是应当的。

毋庸置疑，侵犯具有历史、文学、宗教、考古、科学等价值的文化财产的行为是国际犯罪行为，这样的行为违反了国际刑事法律规范（包括 1970 年 UNESCO 公约对盗窃、非法进出口、非法交易等行为的规定），属于严重违反人类和平与安全的行为，是应当接受刑事制裁的行为。但现在的国际刑法与各国的国内刑事立法在打击针对这些文化财产的犯罪行为方面还显得有所欠缺，或是犯罪行为要件不完整，或是制裁不严厉，或是合作不紧密，这些都使得侵害文化财产的犯罪行为有增无减，从武装冲突下的毁损扩展到包括和平时期的非法贩运和交易。为保护拥有人类历史社会印迹的文化财产，国际社会必须通力合作，从国际和国内立法两种进路出发，制定完善、合理的制止针对文化财产犯罪的刑事立法。只有这样，我们才能有效保护我们人类的文化财产免予遭受战火的摧毁、蓄意的破坏和过度的开发，使之在人类文明进程中永远散发着历史的光芒。

参考文献

一 著作类

[1] 马呈元：《国际刑法论》，中国政法大学出版社，2013。

[2] 王世洲：《现代国际刑法学原理》，中国人民公安大学出版社，2009。

[3] 郭玉军：《国际法与比较法视野下的文化遗产保护问题研究》，武汉大学出版社，2011。

[4] 赵秉志、王秀梅：《国际刑事审判规章汇编》，中国人民公安大学出版社，2003。

[5]〔德〕P.A.施泰尼格尔编著《纽伦堡审判》（上卷），王昭仁等译，王昭仁校，商务印书馆，1985。

[6]〔德〕P.A.施泰尼格尔编著《纽伦堡审判》（下卷第一、第二分册），石奇康等译，王昭仁校，商务印书馆，1988。

[7]《远东国际军事法院判决书》，张效林译，群众出版社，1983。

[8] 凌岩：《跨世纪的海牙审判——记联合国前南斯拉夫国际法庭》，法律出版社，2002。

[9] 利旋：《纽伦堡大审判——第二次世界大战纳粹战犯受审纪实》，四川人民出版社，1994。

[10] 顾军、苑利：《文化遗产报告——世界文化遗产保护运动的理论与实践》，社会科学文献出版社，2005。

[11]〔荷〕格老秀斯：《战争与和平法》，何勤华等译，上海人民出版社，2005。

[12]〔意〕切萨雷·贝卡里亚：《论犯罪与刑罚》，黄风译，北京大学出版社，2008。

[13]〔比〕布鲁诺·考比尔特斯等：《战争的道德制约：冷战后局部战争的哲学思考》，邹琳、戴锋宁译，法律出版社，2003。

[14]〔德〕哈恩斯－克里斯蒂安·罗尔：《第三帝国的艺术博物馆——希特勒与"林茨特别任务"》，孙书柱、刘英兰译，三联书店，2009。

[15] 盛振为等编著《中国历次刑法比较》，东吴大学法律学院法学杂志社，1935。

[16]《法国刑法典·刑事诉讼法典》，罗结珍译，国际文化出版公司，1997。

[17]《埃及刑法典》，陈志军译，中国人民公安大学出版社，2011。

[18]《古巴刑法典》，陈志军译，中国人民公安大学出版社，2010。

[19] 孙谦、韩大元主编《美洲大洋洲十国宪法》，中国检察出版社，2013。

[20]《澳大利亚联邦刑法典》，张旭、李海滢、李蓦通、蔡一军译，北京大学出版社，2006。

[21]《德国刑法典》，徐久生、庄敬华译，中国方正出版社，2002。

[22]《最新意大利刑法典》，黄风译，法律出版社，2007。

[23] 王铁崖：《国际法》，法律出版社，1995。

[24]〔法〕米歇尔·米绍、张杰、邹欢：《法国城市规划40年》，社会科学文献出版社，2007。

[25] 黎宏：《日本刑法精义》（第2版），法律出版社，2008。

[26] 薛瑞麟：《文物犯罪研究》，中国政法大学出版社，2002。

[27] 曹兵武：《中国索还走私文物案例》，《国际博物馆全球中文版》，译林出版社，2009。

[28] 高铭暄、马克昌、赵秉志：《刑法学》，北京大学出版社、高等教育出版社，2011。

[29] 陈兴良：《刑法哲学》，中国政法大学出版社，2004。

[30] 陈兴良：《本体刑法学》，商务印书馆，2001。

[31]〔日〕中山研一：《刑法的基本思想》，姜伟、毕英达译，国际文化

出版社，1988。

［32］ 张明楷：《刑法的基本立场》，中国法制出版社，2002。

［33］ 周光权：《刑法总论》，中国人民大学出版社，2011。

［34］ 张明楷：《外国刑法学纲要》，清华大学出版社，1999。

［35］ 储槐植：《刑事一体化与关系刑法论》，北京大学出版社，1997。

［36］ 张明楷：《法益初论》，中国政法大学出版社，2000。

［37］ 王作富：《刑法》，中国人民大学出版社，2009。

［38］ 睡虎地秦墓竹简整理小组编著《睡虎地秦墓竹简》，文物出版社，1990。

［39］《唐律疏议》，岳纯之点校，上海古籍出版社，2013。

［40］《简明华夏百科全书》总编辑委员会：《简明华夏百科全书》，华夏出版社，1998。

［41］ 夏征农、陈至立主编《辞海》，上海辞书出版社，2009。

［42］ Wayne Sandholtz, *Prohibiting Plunder*: *How Norms Change*, Oxford University Press, 2007.

［43］ Jiri Toman, *The Protection of Cultural Property in the Event of Armed Conflict*, Dartmouth Publishing Company, 1996.

二　学位论文类

［1］ 胡秀娟：《武装冲突下文化财产的国际法保护》，武汉大学国际法专业博士学位论文，2009。

［2］ 黄树卿：《武装冲突情况下保护文化遗产的法律规则与实践》，中国人民大学法律史专业博士学位论文，2010。

［3］ 洪永红：《卢旺达国际刑事法庭研究》，湘潭大学诉讼法专业博士学位论文，2007。

［4］ 俞世峰：《保护性管辖权的国际法问题研究》，华东政法大学国际法专业博士学位论文，2012。

［5］ 朱海波：《〈罗马规约〉国家实施立法研究——以欧盟国家为主要视角》，山东大学宪法学与行政法学专业博士学位论文，2013。

［6］ 杨文涛：《文化财产的国际保护和追索的法律体制构建》，吉林大学

国际法学专业硕士学位论文，2011。

［7］刘芳：《论埃及追索海外流失文物的法律制度》，湘潭大学国际法专业硕士学位论文，2011。

［8］贡蕊：《海外流失文物追索的法律问题研究》，河北经贸大学国际法学硕士学位论文，2015。

［9］迟君辉：《国际流失文化财产返还法律问题研究》，华东政法大学硕士学位论文，2010。

［10］张恒：《我国文物犯罪的刑事立法完善研究》，郑州大学法律硕士学位论文，2013。

［11］王天山：《文化财产保护中的国际刑事责任》，上海交通大学国际法硕士学位论文，2013。

［12］杨琳曦：《中韩世界文化遗产管理制度比较及其影响研究》，四川师范大学旅游管理专业硕士学位论文，2008。

三　期刊论文及报刊类

［1］黄树卿：《武装冲突中文化遗产保护思想及制度的起源和发展》，《岳麓法学评论》第8卷。

［2］唐海清：《论1954年〈海牙公约〉对于文化遗产的国际保护》，《湖南行政学院学报》2010年第1期。

［3］郭玉军、唐海清：《文化遗产国际法保护的历史回顾与展望》，《武大国际法评论》（第12卷）2010年第S1期。

［4］唐海清：《武装冲突情况下文化财产国际法律保护的历史演进》，《时代法学》2009年第4期。

［5］黄树卿：《文化财产国际司法保护的里程碑》，《沈阳工业大学学报》2014年第7卷第1期。

［6］黄树卿：《文化财产国际司法保护的发展》，《沈阳工业大学学报》2015年第8卷第3期。

［7］赵秉志、王秀梅：《论战争罪之内涵及其刑事责任主体》，《河北法学》2001年第19卷第2期。

［8］李永胜、朱勇：《武装冲突中文化财产的保护》，《法学杂志》1999

年第 1 期。

〔9〕 郑育林：《国际文化遗产保护理念的发展与启示》，《文博》2010 年第 1 期。

〔10〕〔美〕詹姆斯·A. R. 纳夫齐格：《关于保护文化财产的国际刑法措施》，周叶谦译，《环球法律评论》1986 年第 6 期。

〔11〕 孙君、陈解：《战争法"军事必要"原则的理论阐释》，《西安政治学院学报》2006 年第 19 卷第 1 期。

〔12〕 刘健：《论国际刑事法院管辖权与国家主权》，《法律科学》2004 年第 9 期。

〔13〕 黄世席：《非法文化财产国际流通的国际法管制》，《中国矿业大学学报（社会科学版）》2001 年第 1 期。

〔14〕 孙君、陈解：《战争法"军事必要"原则的理论阐释》，《西安政治学院学报》2006 年第 19 卷第 1 期。

〔15〕 张维亚、喻学才、张薇：《欧洲文化遗产保护与利用研究综述》，《旅游学研究》2007 年第 2 辑。

〔16〕 白瑞斯、王霄冰：《德国文化遗产保护的政策、理念与法规》，《文化遗产》2013 年第 3 期。

〔17〕 杨丽霞：《英国文化遗产保护管理制度发展简史（上）》，《中国文物科学研究》2011 年第 4 期。

〔18〕 刘爱河：《英国文化遗产保护成功经验借鉴与启示》，《中国文物科学研究》2012 年第 1 期。

〔19〕 潘汝欣：《英美法中文物保护规定的评析》，《云南大学学报》（法学版）2013 年第 26 卷第 1 期。

〔20〕 余诚：《英美有关水下文化遗产保护的政策及立法介评》，《武大国际法评论》2010 年第 S1 期。

〔21〕 顾军：《法国文化遗产保护运动的理论与实践》，《江西社会科学》2005 年第 3 期。

〔22〕 叶秋华、孔德超：《论法国文化遗产的法律保护及其对中国的借鉴意义》，《中国人民大学学报》2011 年第 2 期。

〔23〕 彭峰：《法国文化遗产法的历史与现实：兼论对中国的借鉴意义》，

《中国政法大学学报》2016 年第 1 期。

[24] 李冈原:《意大利历史文化遗产保护刍议——以威尼斯为个案》,《浙江传媒学院学报》2007 年第 4 期。

[25] 何洁玉、常春颜、唐小涛:《意大利文化遗产保护概述》,《中南林业科技大学学报》(社会科学版) 2011 年第 5 卷第 5 期。

[26] 苑利:《韩国文化遗产保护运动的历史与基本特征》,《民间文化论坛》2004 年第 6 期。

[27] 都重弼、潜伟:《韩国文化遗产保护政策现状及未来发展方向》,《中国文物科学研究》2007 年第 2 期。

[28] 许庚寅:《韩国〈文化财保护法〉的架构探讨》,《文化遗产》2011 年第 4 期。

[29] 尚继媛:《埃及保护文化遗产新举措》,《北京观察》2003 年第 3 期。

[30] 李永乐、张雷、陈远生:《澳大利亚遗产立法及其对我国的启示》,《理论与改革》2007 年第 3 期。

[31] 周晓永、黄风:《跨国非法贩运文化财产犯罪界定——与国际刑事合作》,《人民检察》2014 年第 13 期。

[32] 周晓永:《解决追索流失海外文化财产法律困境的刑事化途径》,《刑法论丛》2013 年第 4 期。

[33] 胡秀娟:《国际文物返还实践中外国文物国有立法的承认——美英两国的新发展及启示》,《河北法学》2013 年第 31 卷第 1 期。

[34] 黄进、宋晓、曾涛、刘益灯:《国家及其财产管辖豁免的几个悬而未决的问题》,《中国法学》2001 年第 4 期。

[35] 张函:《美国文化财产保护法律制度研究——兼论 1970 年 UNESCO 公约中的"保有方案"之弊》,《武大国际法学评论》2010 年第 1 期。

[36] 谢新胜:《国际海底沉船文物打捞争议的解决路径——以美国"奥德赛"案的审理为视角》,《环球法律评论》2012 年第 34 卷第 3 期。

[37] 吴辉:《论中国民办博物馆登记管理的立法必要性》,《东南文化》2014 年第 4 期。

[38] 关福金、杨书文:《论刑法的功能》,《中国刑事法杂志》2001 年第

3 期。

［39］薛瑞麟：《关于文物犯罪几个问题的思考》，《杭州师范学院学报》
（社会科学版）2005 年第 2 期。

［40］罗朝辉：《我国刑法对文物的保护及立法完善思考》，《重庆交通学
院学报》（社科版）2006 年第 2 期。

［41］夏勇：《犯罪本质特征新论》，《法学研究》2001 年第 6 期。

［42］陈兴良：《社会危害性理论——一个反思性检讨》，《法学研究》
2000 年第 1 期。

［43］陈兴良：《犯罪论体系的位阶性研究》，《法学研究》2010 年第
4 期。

［44］赵能文：《单位犯罪与自然人犯罪的处罚标准宜统一》，《法学》
2015 年第 1 期。

［45］杨岩：《文物犯罪疑难问题研究》，《黄河科技大学学报》2015 年第
5 期。

［46］张明楷：《论刑法中的以营利为目的》，《检察理论研究》1995 年第
4 期。

［47］周锁成、薛瑞麟：《倒卖文物罪研究》，《中国文物科学研究》2014
年第 1 期。

［48］赵秉志：《当代中国刑罚制度改革论纲》，《中国法学》2008 年第
3 期。

［49］刘军：《该当与危险：新型刑罚目的对量刑的影响》，《中国法学》
2014 年第 2 期。

［50］熊秋红：《中国量刑改革：理论、规范与经验》，《法学家》2011 年
第 5 期。

［51］郑丽萍：《轻罪重罪之法定界分》，《中国法学》2013 年第 2 期。

［52］高铭暄、孙晓：《宽严相济刑事政策与罚金刑改革》，《法学论坛》
2009 年第 2 期。

［53］简基松：《防范量刑偏差之理路》，《中国法学》2009 年第 6 期。

［54］严存生：《"法"的"存在"方式之三义：必然法、应然法、实然
法》，《求是学刊》2015 年第 2 期。

[55] 赵秉志、陈璐：《当代中国环境犯罪刑法立法及其完善研究》，《现代法学》2011 年第 6 期。

[56] 谢望原：《论妨害文物管理罪》，《国家检察官学院学报》1999 年第 3 期。

[57] 赵秉志：《当代中国刑罚制度改革论纲》，《中国法学》2008 年第 3 期。

[58] 勒内·科西尔尼克：《1977 年议定书：国际人道法发展史中的一座里程碑》，《红十字国际评论》1997 年第 320 期。

[59] 刘曙光：《文明古国 遗产大国 保护强国——意大利文化遗产保护速写》，《中国文物报》2003 年 9 月 12 日。

[60] 朱兵：《意大利文化遗产的管理模式、执法机构及几点思考》，《中国文物报》2008 年 3 月 28 日。

[61] 辛俭强、林建杨：《埃及多方筹措资金保护文化遗产》，《中国旅游报》2006 年 7 月 7 日。

[62] 梁志敏、马志全：《盗掘恐龙蛋化石的司法认定》，《检察日报》2012 年 11 月 5 日。

[63] John Henry Merryman，"Thinking about the Elgin Marbles"，*Michigan Law Review*，1985，Vol. 83，No. 8.

[64] Andrew Slayman，"Rencent Cases of Repatriation of Antiquities to Italy from the United States"，*Nternational Journal of Cultural Property*，2009. Vol 7.

[65] Annualize de L'Institute de Droid International，*Yearbook of the Institute of International Law 403*，1992.

四　法律类

[1] 1972 年《保护世界文化和自然遗产公约》。

[2] 2003 年《保护非物质文化遗产公约》。

[3] 1970 年《关于禁止和防止非法进出口文化财产和非法转让其所有权的方法的公约》。

[4] 2015 年《世界文化遗产波恩宣言》。

[5] 《陆战法规和惯例章程》（1907 年）。

［6］1907 年《关于战时海军轰击公约》《海牙第九公约》。

［7］1935 年《关于保护艺术和科学机构及历史纪念物条约》(《罗里奇条约》)。

［8］1954 年《关于发生武装冲突时保护文化财产的公约》(《海牙公约》及附加议定书)。

［9］1945 年《欧洲国际军事法庭宪章》。

［10］1946 年《远东国际军事法庭宪章》。

［11］1949 年 8 月 12 日《日内瓦公约》及其附加议定书。

［12］1998 年《国际刑事法院规约》(《罗马规约》)。

［13］1963 年《关于在航空器内的犯罪和其他某些行为的公约》。

［14］1985 年《制止危及海上航行安全的非法行为的公约》。

［15］1979 年《反对劫持人质国际公约》。

［16］1995 年《国际统一私法协会关于被盗或者非法出咬物的公约》(《罗马公约》)。

［17］1969 年《保护考古遗址欧洲公约》。

［18］1993 年《前南斯拉夫问题国际刑事法庭规约》。

［19］1976 年《保护美洲国家考古历史和艺术遗产公约》。

［20］《中华人民共和国文物保护法》(2013 年修订)。

［21］《中华人民共和国刑法》(2015 年修订)。

［22］《最高人民法院关于贯彻执行〈民法通则〉若干问题的意见(试行)》。

［23］美国《外国主权豁免法》。

［24］日本《文化财保护法》。

［25］韩国《文化财保护法》。

［26］法国《遗产法典》(2011 年修订)。

［27］英国《古迹与考古区域法》。

［28］Convention on Cultural Property Implementation Act, 19 U. S. C. 2601-2613 (2000).

［29］The Torts (Interference with Goods) Act of 1977.

［30］Acts and proceedings of the Diplomatic Conference for the Adoption of the Draft UNIDROIT Convention on the International Return of Stolen or Illegally Exported Cultural Objects，Rome，7-24 June 1995.

［31］ The Native American Graves Protection and Reputation Act. 18 U. S. C.

［32］ Draft Code of Crimes against the Peace and Security of Mankind （1991）.

五　电子文献类

［1］杰夕：《二战流失文物之争》，凤凰网，http：//news. ifeng. com/history/gundong/detail_ 2013_ 08/01/28134129_ 0. shtml。

［2］一了：《塔利班炸毁巴米扬大佛 举世震惊》，凤凰新闻网，http：//fo. ifeng. com/special/zhutifoyeduihua/chongtuyujuexing/detail _ 2012 _ 03/13/13166312_ 0. shtml。

［3］晓冬：《纳粹缘何疯狂掠夺艺术品?》，《深圳特区报》2013 年 11 月 13 日，http：//sztqb. sznews. com/html/2013-11/16/content_ 2686257. htm。

［4］吴锐汶、李崇寒：《档案揭秘：〈史上最大的艺术品掠夺案——纳粹夺宝〉（上）播音词》，国际广播电台《档案揭秘》栏目 2015 年 12 月 3 日播出，http：//www. aiweibang. com/yuedu/70291606. html。

［5］欧叶：《基地组织毁坏马里古迹 被指犯下战争罪》，凤凰网，http：//news. ifeng. com/world/detail_ 2012 _ 07/05/15807974_ 0. shtml? _ from_ ralated。

［6］陈升龙：《ISIS 摧毁和倒卖文物 两河文明遗迹危在旦夕》，界面网，http：//www. jiemian. com/article/204024. html。

［7］HN666：《联合国决议打击 ISIS》，东方早报，http：//henan. hexun. com/2014-08-18/167607256. html。

［8］王星桥、史译：《综述：意大利保护文化遗产不遗余力》，新华网，http：//news. xinhuanet. com/world/2013-06/24/c_ 116264032. htm。

［9］郑苒编译《德国发布新文化财产法律草案》，《中国文化报》2015 年 9 月 21 日，http：//epaper. ccdy. cn/html/2015 - 09/21/content _ 163982. htm。

［10］夏文辉：《如何把历史留下来——新西兰文化遗产"边用边护"》，

天维新闻网，http：//news. skykiwi. com/na/zh/2006-06-06/22367. shtml。

[11] 郭文斌：《执法"尖牙利齿"，开发商才不敢有意破坏文物》，人民网，http：//opinion. people. com. cn/n/2015/0314/c1003-26693275. html。

[12]《伊拉克和大叙利亚伊斯兰国》，百度百科，http：//baike. baidu. com/view/ISIS&fromi14507116&type=syn。

后 记

本书是笔者主持的中央高校专项科研项目"国际刑法视野下的民族文化遗产保护——法律、政策与实践"的最终成果。课题的研究中途遭遇了一些难题，也有自己懈怠的原因，所以课题一拖再拖，直至现在才最终完稿。终至搁笔，感慨万端，心中五味交杂。

在本书写作将尽结束之际，笔者遇到了一个懵懵却又不免有些心酸的话题。一些朋友问道："国家还有那么多的孩子上不起学，那么多民众看不起病，为什么我们还要花大力气去保护文物？"甚至有人直接反讽地提出："凭什么文物等级的鉴定标准该是这样设立的？""文物的价值鉴定该如何进行，并进而量化？""凭什么刑法要设立独立的章节来保护与我们普通百姓生活几乎不关联的文物？"面对这样的质问，笔者竟是一时语塞，公民大众如果不能认同文化财产蕴含的文化价值，又何以指望国家的刑法对破坏文化财产的行为进行惩罚？也许一首小诗、一首曾经载于联合国网站上的英文小诗，它短短的诗文可以给我们一些启示——文化遗产是一种身份的认同，它能重建破碎的群体，将他们的过去、现在与未来连接在一起。

Lives are being lost. Families are beeoming reufgees. Children are being maimed. Why care for monuments?

Some day the conlfict will be over. Some day people will retum to their homes. Some how shattered lives should be rebuilt. The cultural heritage relfects identity. Its preservation helps to rebuild broken communities, reestablish their identities, and link their past with their present and future. ①

　　文化遗产承载着历史，也为未来收藏着现在。它是民族情感的体现，更是民族精神的寄托。没有过去的民族是不存在的，不尊重历史的民族也是不值得尊重的。我们保护文化遗产，不是简单地维护它在交易中的货币价值，不是机械地维护交易群体的交易行为，我们更重要的是让破坏、掠夺、非法交易文化遗产的行为无处藏身，我们要让民族的珍品留在自己的民族群体之内，让它闪烁智慧的光芒。我们所做的这一切就是尊重历史、通过文化遗产来见证民族的文明历程。在这个过程中，法律是守卫文化遗产的一道重要防线。只有这样，再加上全社会的重视与行动，民族文化遗产才可能灿烂恒远。

　　本书由赵琪总体策划、编写大纲，并最终统稿修订完成。我的部分研究生们参与了书中部分章节的写作，具体分工如下：前言，赵琪；第一章，赵琪，杨晓莉；第二章，邹媛，熊达邻，赵琪；第三章，赵琪，武进远；第四章，谭惠芳；第五章，于潇；第六章，谢详帅；第七章，赵琪。还有刘光、李莉、朱敏等也为本书的最终成稿付出了辛苦的劳动，帮助收集资料并翻译了部分文献，在此一并致谢。

　　最后，本书在写作中，资料难免会有欠缺，论证也许并不完善，敬请各界人士能够批评指正。

赵　琪

2018 年 5 月 10 日

---

① 联合国网站上现在已无法找到这首小诗的原文，本诗的英文原文及中文译文一并参见胡秀娟《武装冲突下文化财产的国际法保护》导论，武汉大学国际法专业博士学位论文，2009，第 1 页。

图书在版编目（CIP）数据

文化财产的刑法保护：国际和国内的视角／赵琪著
. -- 北京：社会科学文献出版社，2018.10
（西南民族大学法学院学术文库）
ISBN 978-7-5201-3566-5

Ⅰ.①文⋯　Ⅱ.①赵⋯　Ⅲ.①文化-财产-保护-国
际刑法-研究　Ⅳ.①D997

中国版本图书馆 CIP 数据核字（2018）第 219352 号

·西南民族大学法学院学术文库·

文化财产的刑法保护

——国际和国内的视角

著　　者／赵　琪

出 版 人／谢寿光
项目统筹／芮素平
责任编辑／李　晨

出　　版／社会科学文献出版社·社会政法分社（010）59367156
　　　　　地址：北京市北三环中路甲 29 号院华龙大厦　邮编：100029
　　　　　网址：www. ssap. com. cn
发　　行／市场营销中心（010）59367081　59367083
印　　装／三河市尚艺印装有限公司

规　　格／开本：787mm × 1092mm　1/16
　　　　　印　张：14.25　字　数：234 千字
版　　次／2018 年 10 月第 1 版　2018 年 10 月第 1 次印刷
书　　号／ISBN 978-7-5201-3566-5
定　　价／59.00 元